Lieblingsplätze für Wanderer
SCHWÄBISCHE ALB

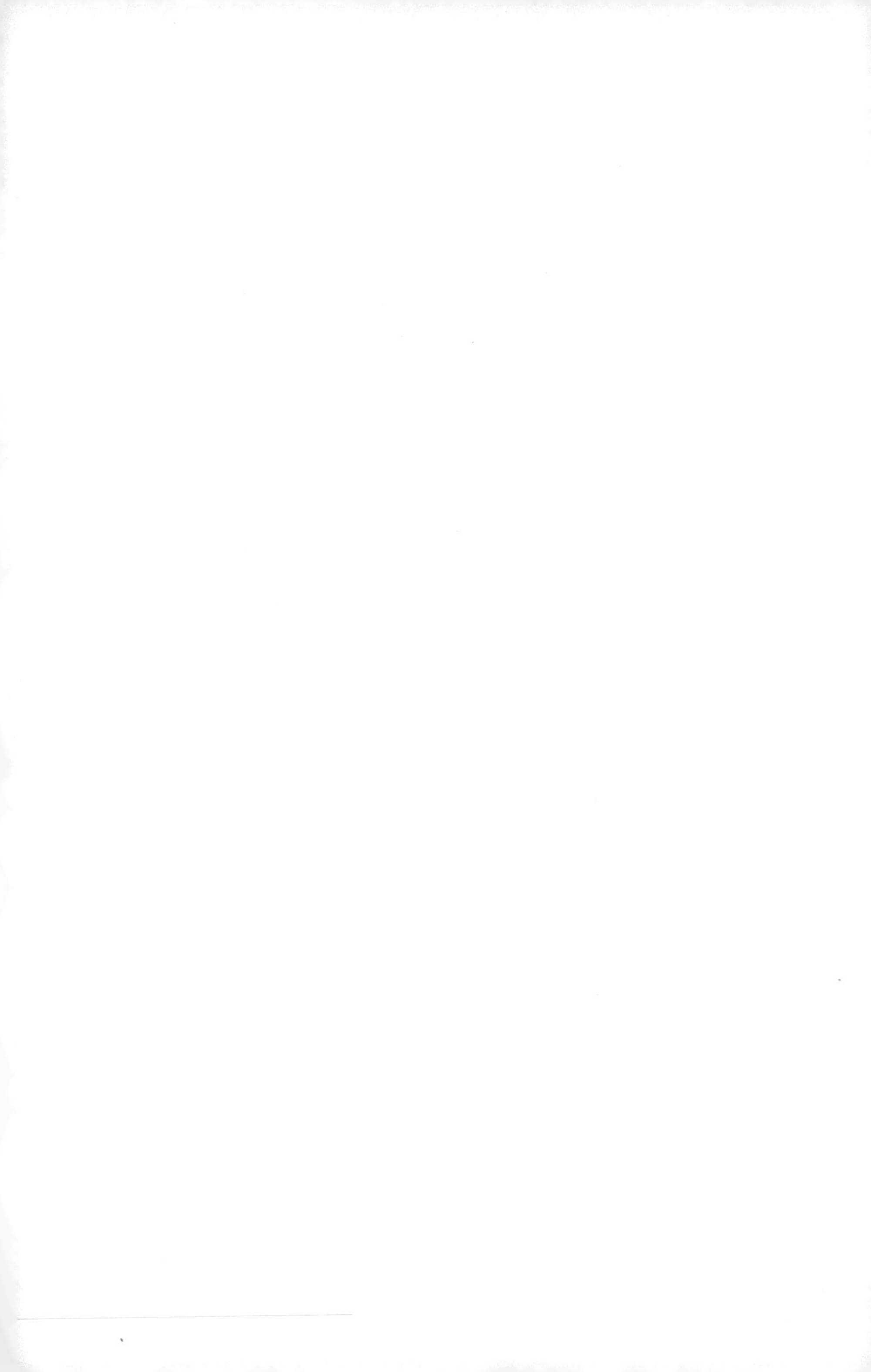

Lieblingsplätze für Wanderer

SCHWÄBISCHE ALB

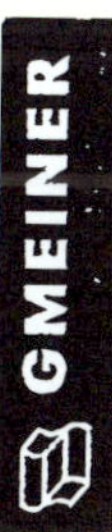

THOMAS FALTIN

 Top-Tour

 Bewertung

 Wanderwegfamilie u./od. Betreiber

 Länge, Dauer, Rundweg

 Länge, Dauer, Streckenweg

 Länge, Dauer, Fernweg

 Höhenmeter

 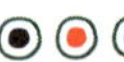 Schwierigkeitsgrad (schwer, mittel, einfach)

 Kurzlink

 Premiumpunkte

 Infoseite

 Startpunkt u. Geokoordinaten

 ÖPNV

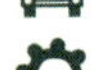 Tourenmerkmale

 Tipp

 Einkehr

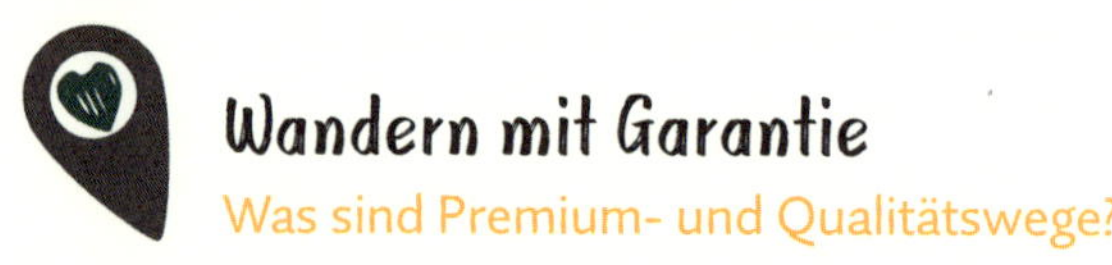

Wandern mit Garantie

Was sind Premium- und Qualitätswege?

Die Schwäbische Alb erfreut sich so großer Beliebtheit wie niemals zuvor. Tatsächlich sind ihre Gipfel, Höhlen, Quelltöpfe und Burgruinen von betörender Schönheit, und wer sich einmal in ihre Natur verliebt hat, wird immer wieder zurückkehren. Die Alb berührt unsere Seele, denn sie stillt ein wenig unsere Sehnsucht nach Ursprünglichkeit und Einfachheit, nach Stille und Weite. Dieses Mittelgebirge aus Kalkstein, das sich wie ein Riegel quer durch Baden-Württemberg zieht und durch die Steilstufe des Albtraufs wie entrückt wirkt, erhält deshalb stetig mehr Zulauf an Menschen, die gerne wandern, gut essen oder die Natur genießen wollen. Zu dieser Entwicklung tragen stark die vielen Premium- und Qualitätswege bei, die im deutschen Südwesten – neben dem Schwarzwald – vor allem auf der Schwäbischen Alb ausgewiesen wurden.

Konzept der All-inclusive-Wanderung

Als die Stadt Albstadt 2010 die ersten Premiumwege auf der Schwäbischen Alb eröffnete, wunderten sich viele noch: Was soll das denn – gibt es nicht schon genug Wanderwege? Tatsächlich verlaufen viele der Qualitätstouren auf bestehenden Pfaden. Dennoch hat sich das Konzept der geprüften und zertifizierten Touren in atemberaubender Geschwindigkeit durchgesetzt. In Deutschland existieren mittlerweile mehr als 1.000 Routen, allein auf der Schwäbischen Alb rund 100. Woran das liegt? Am Versprechen, das von den Tourismusverbänden, Landkreisen oder Kommunen gegeben wird. Es ist eine All-inclusive-Garantie, die lautet: »Sie müssen sich nicht um die Planung kümmern, wir ermöglichen Ihnen schöne Erlebnisse mit vielen Höhepunkten, die Wege sind zu großen Teilen naturbelassen, und die Beschilderung ist so gut, dass Sie sich nicht verirren können. Gehen Sie einfach los!«

Meist stimmt diese Zusicherung, wenngleich mittlerweile auch Touren ausgezeichnet werden, deren Erlebnischarakter nicht so hoch angesiedelt ist. Aber die Erkenntnis, dass es unter diesen Wanderungen Unterschiede gibt, ist noch nicht ins Bewusstsein aller gedrungen.

Die Kriterien

Aber gehen wir nochmals einen Schritt zurück. Denn *der* Qualitätsweg existiert nicht; vielmehr zertifizieren zwei Verbände die Wanderwege nach bestimmten Kriterien. Da ist zum einen das *Deutsche Wanderinstitut*, ein Verein von Experten in Marburg, der den Begriff »Premiumweg« erfunden hat. Zum anderen hat der *Deutsche Wanderverband*, die Dachorganisation aller Wandervereine in Deutschland, ein gleiches Angebot entwickelt. Dessen zertifizierte Touren heißen »Qualitätswege Wanderbares Deutschland«. Im Volksmund wird oft für beide Auszeichnungen die griffige Bezeichnung »Premiumwege« verwendet. Die Kriterien, nach denen die Zertifizierungen erfolgen, sind in beiden Organisationen ähnlich. Wie abwechslungsreich ist das Landschaftsbild? Liegen Ausflugsziele an der Strecke, etwa eine Burgruine oder ein Tiergehege? Wie naturnah sind die Pfade? Und wie gut ist die Beschilderung?

Das *Deutsche Wanderinstitut* vergibt für positive Aspekte Punkte, zieht aber bei negativen auch welche ab, etwa bei langen Asphaltstrecken. Der *Deutsche Wanderverband* prüft 23 Wahl- und neun Kernkriterien, und er unterteilt nach Kategorien, wie »Komfortwandern« oder »Naturvergnügen«.

Bewertung

Aber wie lassen sich die Wege nun vergleichen? Bei den tatsächlichen Premiumwegen ist es einfach: Das *Wanderinstitut* veröffentlicht eine Punktzahl auf seinen Seiten. 100 Punkte sind maximal möglich, die Wege auf der Schwäbischen Alb erreichen zwischen 55 und 92. Schon daran sieht man, wie unterschiedlich die Premiumwege sind. Der hilfreiche Wert wird deshalb in diesem Buch genannt.

Der *Deutsche Wanderverband* publiziert dagegen leider kein solches Beurteilungssystem. Aus diesem Grund greift in diesem Buch zusätzlich eine unabhängige Bewertung, die alle Premium- und Qualitätswege umfasst und miteinander vergleichbar macht. Sie reicht von einer bis fünf Kronen. Es sei aber betont: Die Bewertung erfolgt subjektiv und erhebt nicht den Anspruch, mit den detaillierten Systemen der beiden Wandereinrichtungen gleichgesetzt werden zu können. Sie soll vielmehr Orientierung vermitteln. Dabei wurden vor allem die Höhepunkte und Sehenswürdigkeiten entlang der Strecke gewichtet.

Somit finden Sie im Buch bei den Premiumwegen des *Wanderinstituts* zwei Bewertungen, bei den Qualitätswegen *Wanderbares Deutschland* eine. Darüber hinaus sind meine persönlichen Top Ten der Premiumwege auf der Alb mit Sternen ausgezeichnet.

Auswahl

Es war nicht leicht festzulegen, welche zertifizierten Strecken zum Gebiet der Schwäbischen Alb zählen. Ich habe mich vor allem an der Geologie orientiert – der Jurakalkstein ist es ja, der der Alb ihren Charakter verleiht; deshalb wurden nicht immer alle Touren einer Wanderfamilie aufgenommen, wenn sie zu weit weg im Albvorland liegen. Umgekehrt habe ich einige Routen der *Hegauer Kegelspiele* berücksichtigt, weil dort teilweise noch Juraschichten vorkommen.

Ausrüstung

Im Prinzip werden die Premium- und Qualitätswege als »unverirrbar« beworben. Vor Ort ist man aber, wenn man im Gespräch oder in Gedanken vertieft ist, schnell an einem Schild vorbeigelaufen, oder der Handyempfang oder der Akku können einen im Stich lassen. Für diese Fälle empfiehlt es sich, eine gute alte analoge Karte dabeizuhaben oder sich zumindest einen Ausdruck der Route gemacht zu haben.

Zu jeder Tour wird in dem Buch ein QR-Code angegeben, der zu einem einschlägigen Online-Wanderportal führt. Dort sind alle detaillierten Informationen samt Startpunkt und einem ausführlichen Streckenverlauf aufgeführt. Wer die kostenpflichtige Premiumversion des Wanderportals abonniert, kann die Touren zudem als GPX- oder KLM-Dateien downloaden und offline nutzen.

Nach Regenfällen oder im Winter können die Pfade im Mittelgebirge schlammig oder glatt sein – gutes Schuhwerk ist deshalb unabdingbar. Auch eine Regenjacke und etwas Proviant sollten immer im Rucksack sein. Und Vorsicht: Im Winter werden viele Wege nicht gepflegt oder sind gar gesperrt. Unterschätzen Sie deshalb die Alb nicht. Und überschätzen Sie Ihre Möglichkeiten nicht.

Gastronomie

Bei der Auswahl der Gaststätten war ich bestrebt, besonders schön gelegene Gasthöfe zur Einkehr zu empfehlen. Nicht alle Tipps liegen daher direkt an der Strecke, sondern erfordern eine kurze Anfahrt, die jedoch immer lohnt.

Öffentlicher Nahverkehr

Fast immer fahren Bus oder Bahn zum Startpunkt einer Wanderung. Manchmal wäre die Nutzung des öffentlichen Nahverkehrs aber mit mehreren Umstiegen und einer längeren Anfahrtszeit verbunden. Prüfen Sie bitte unter den angegebenen Kurzlinks, der Website der Bahn oder der regionalen Verkehrsbetriebe den aktuellen Fahrplan und die für Sie beste Möglichkeit.

Nun aber raus in die Natur! Die Schwäbische Alb ist ein malerisches, idyllisches Wandergebiet – selbst die UNESCO betont, dass kein anderes der rund 20 Biosphärengebiete in Deutschland »eine so hohe Vielfalt der Landschaft« aufweise wie das Reservat auf der Schwäbischen Alb. Entdecken Sie diesen Schatz vor Ihrer Haustüre oder während Ihres Aufenthalts in der Region. Ich wünsche Ihnen viel Freude und Genuss, zu Hause beim Vorbereiten der Touren mit diesem Buch und »droben« auf der Alb beim Wandern.

Wenn Sie einmal länger auf der Alb Urlaub machen möchten: Bad Urach und Blaubeuren bieten sich als ideale Standorte an – beides sind wunderschöne Städtchen und besitzen eine herrliche Umgebung.

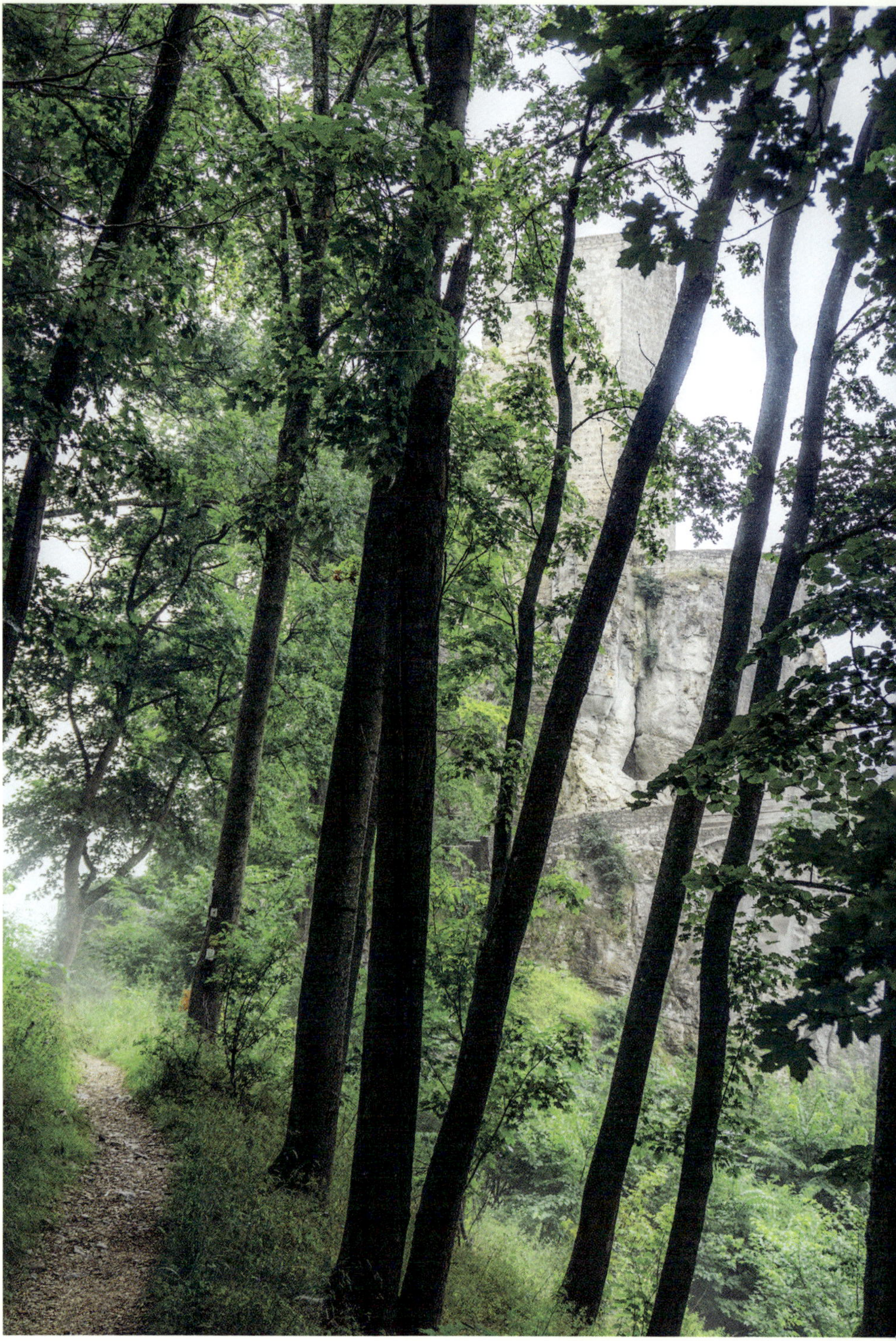

Die Burgruine Reußenstein im Morgennebel

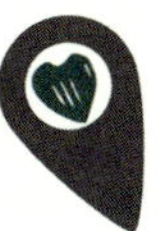

Immer am Trauf entlang

Albsteig (HW 1)

1

Zu Recht steht diese Tour an erster Stelle dieses Buches, auch wenn die wenigsten sie je zur Gänze ablaufen werden. Der *Hauptwanderweg 1* (HW 1) des Schwäbischen Albvereins – oder der Albsteig, wie er seit einigen Jahren etwas aufgepeppt heißt – gehört ohne jeden Zweifel zu den schönsten Wanderungen Deutschlands und ist unbestrittener Höhepunkt aller Qualitätswege auf der Alb.

Aussichtsreicher, höher und weiter hinein in die Seele der Alb geht es nimmer. Der HW 1 zählt schon mehr als 100 Jahre, und doch hat sich seine Streckenführung bis heute bewährt: Sie meidet die Orte und ist unglaublich naturnah.

Natürlich kann man auch einzelne Abschnitte herausgreifen. Die stillste Etappe ist die Route zwischen Gingen an der Fils und dem Kornberg kurz vor Gruibingen. Sie bietet keine großen Highlights, aber man wandert stetig durch unberührte Natur. Die ereignisreichste Etappe liegt zwischen dem Boßler und Owen, dort reiht sich ein Juwel ans nächste, wie die Burgruine Reußenstein und der Vulkanschlot des Randecker Maars. Auf der höchsten Etappe zwischen Plettenberg und Lemberg besteigt man sieben der zwölf Tausender der Alb. Die schönste Etappe aber verbindet Albstadt-Lauten und den Schafberg – dieses Stück des Albsteigs ist schlicht ein Traum aus Naturschutzgebieten, steilen Kalkfelsen und einsamen Wacholderheiden.

Schwäbischer Albverein 

358 km
12–25 Tagesetappen 

8.346 Hm 

schwer 

– 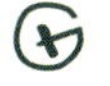

Startpunkt:
Bahnhof Donauwörth
48.718387, 10.781107
Endpunkt:
Bahnhof Tuttlingen
47.985716, 8.818040 

Bahn bis Donauwörth 

Aussicht, Kultur/
Sehenswürdigkeiten,
Botanik, Geologie 

Übernachten Sie
fernab der Städte
in den Wanderhütten
des Albvereins –
oder nehmen Sie
ein Zelt mit 

out.ac/R9oX 

Unzählig sind die Gasthäuser am Wegesrand – herrlich gelegen ist die Waldschänke Eisbrunn bei Harburg.

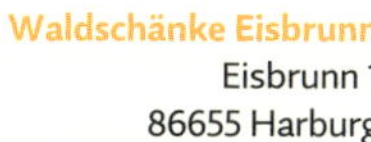
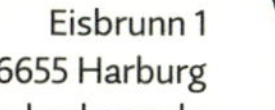

Waldschänke Eisbrunn
Eisbrunn 1
86655 Harburg
www.eisbrunn-harburg.de 

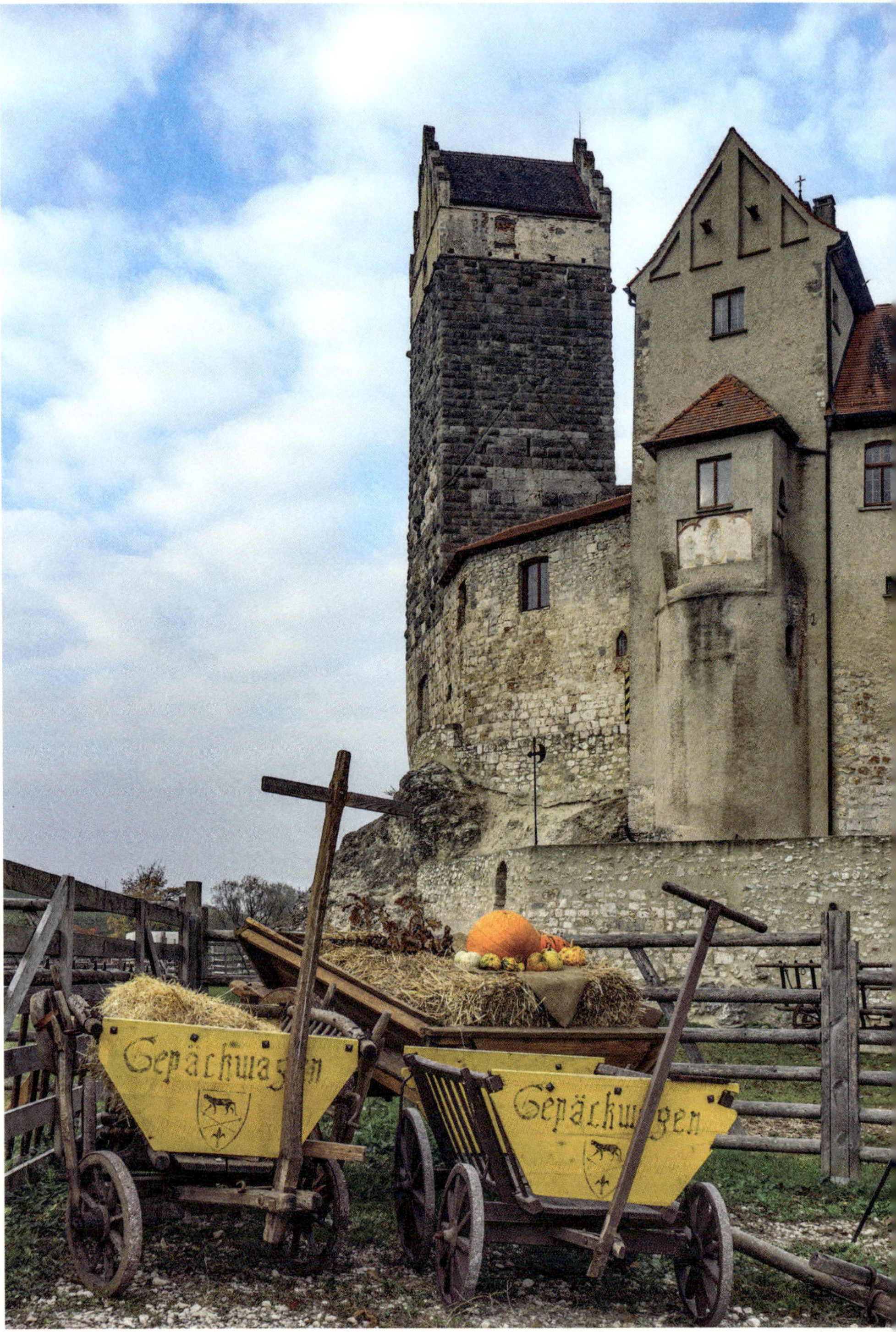

Die Burg Katzenstein besitzt echten mittelalterlichen Charme

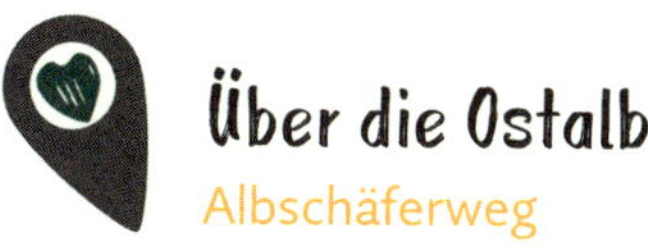

Über die Ostalb

Albschäferweg

2

Der Osten der Schwäbischen Alb ist bisher nicht mit allzu vielen Premium- und Qualitätswegen gesegnet, doch der zertifizierte Albschäferweg kompensiert diesen Mangel, führt er doch zu zahlreichen Höhepunkten der Ostalb. So sind drei Eiszeithöhlen im Lonetal mittlerweile als Weltkulturerbe geadelt worden.

Die Charlottenhöhle bei Hürben zeichnet sich als längste Schauhöhle der Alb aus. Das Eselsburger Tal besticht durch die Grandezza seiner Steinernen Jungfrauen, die in Wirklichkeit schmale Felsnadeln sind. Im Steinheimer Becken ist der Einschlag eines Meteoriten vor 15 Millionen Jahren noch immer sichtbar. Im Wental begegnen wir bizarren Felsgebilden, die Namen wie »Nilpferd« oder »Sphinx« tragen. Das Kloster Neresheim beeindruckt mit einer himmlischen Barockkirche. Und die staufische Burg Katzenstein hat sich den Charme einer mittelalterlichen Festung bewahrt.

Den roten Faden dieser Tour bildet die Wanderschäferei, die auf der Ostalb noch weit verbreitet ist. Wahr ist allerdings auch, dass die genannten Höhepunkte teils weit auseinanderliegen, und viele Passagen sind recht landwirtschaftlich geprägt. Zudem führen viele Abschnitte über Schotter- oder Asphaltboden. Wer nur Zeit für eine Tages- oder eine Wochenendtour hat, der findet auf der Website viele Vorschläge.

Am Höhlenhaus in Hürben gibt es einen schönen Biergarten mit Abenteuerspielplatz – und an der Hürbe lässt sich gut planschen.

Landkreis Heidenheim 

157 km
4–10 Tagesetappen 

2.126 Hm 

schwer

– 

Bahnhof
Giengen a. d. Brenz
48.619338, 10.243231 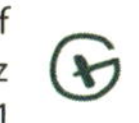

Bahn bis Giengen 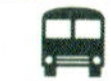

Kultur/Sehenswürdigkeiten, Botanik, Geologie 

Das Steiff-Museum in Giengen begeistert mit zahlreichen Plüschtieren Groß und Klein 

out.ac/ZxS9B 

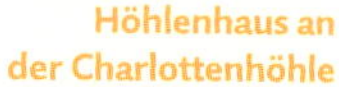

Höhlenhaus an der Charlottenhöhle 
Lonetalstraße 61
89537 Giengen-Hürben
hoehlenerlebniswelt.de

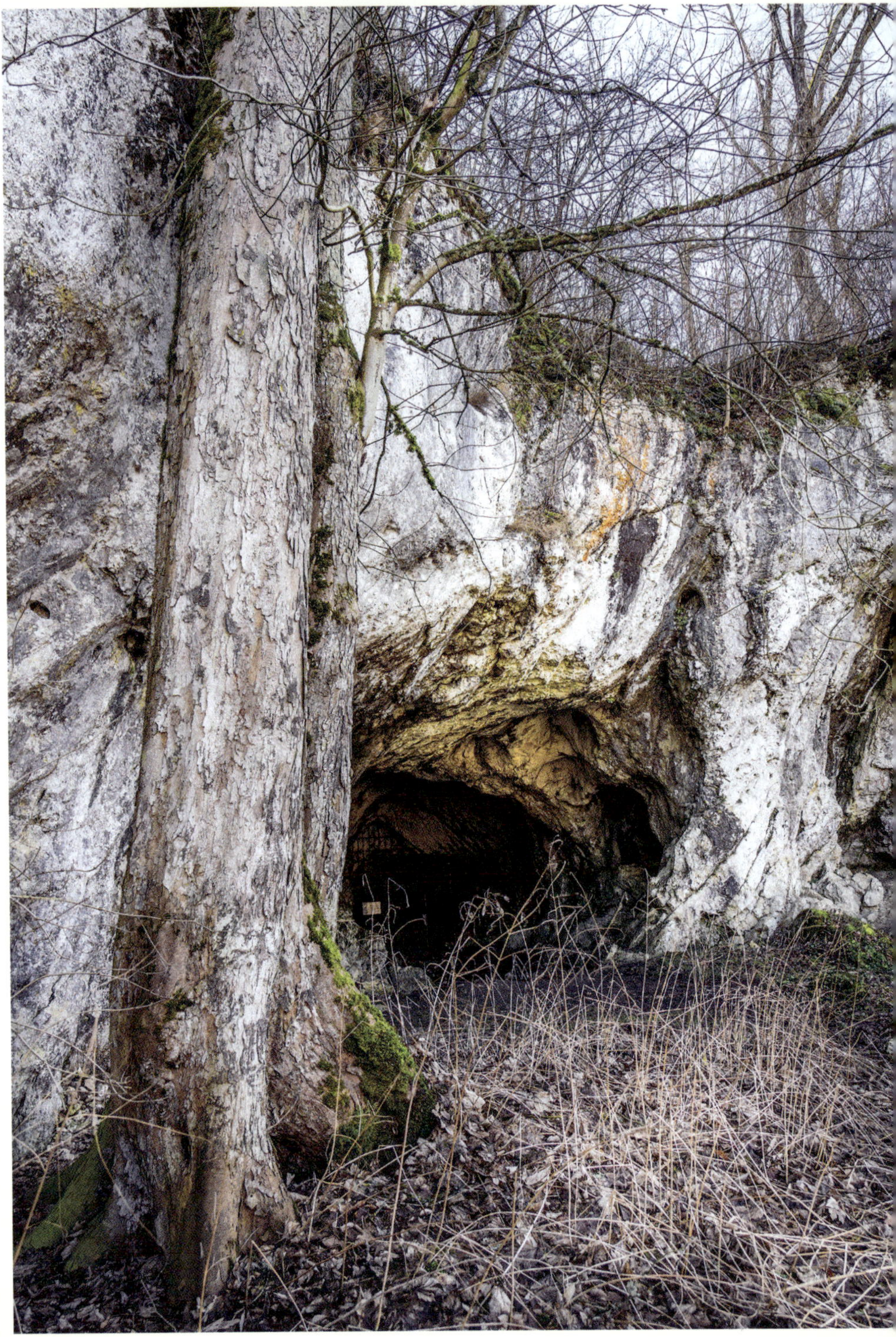

Im Hohlenstein wurde der weltberühmte Löwenmensch gefunden

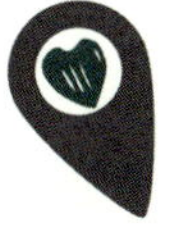

Weltkulturerbe hoch drei

Neandertalerweg

3

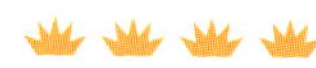

Eiszeitpfade
Alb-Donau-Kreis

11,9 km; 3:00 h

100 Hm

mittel

–

Parkplatz am Schlössle Lindenau 48.540702, 10.170654

Bahn via Ulm oder Aalen bis Niederstotzingen, Buslinie 59 bis Stetten, Haltestelle Kirche, dort Toureneinstieg

Kinder, Kultur/ Sehenswürdigkeiten, Geologie

Die Charlottenhöhle im nahen Giengen-Hürben ist eine der schönsten und zudem die längste Schauhöhle der Alb

out.ac/SOPLV

Drei auf einen Streich: Bei dieser Wanderung kann man in die Finsternis von drei Höhlen und zugleich in die Dunkelheit der Äonen eintauchen. Man besucht drei Eiszeithöhlen des Lonetals, die als Fundorte erster Kunstwerke der Menschheit zum Weltkulturerbe gehören. Sie verleihen dieser Tour, die entlang des Lone-Bachs und durch die umliegenden Hangwälder führt, eine atemberaubende historische Dimension.

Allen drei Höhlen – der Vogelherdgrotte, dem Hohlenstein und dem Bockstein – sieht man auf den ersten Blick nicht an, welch bedeutende Rolle sie in der Weltgeschichte spielen. In einem Teil des Hohlensteins, dem Stadel, ist die magischste aller Schnitzereien entdeckt worden: der sagenumwobene, rund 40.000 Jahre alte Löwenmensch, eine rund 30 Zentimeter hohe Mischfigur. Um das Original zu sehen, muss man ins Museum nach Ulm fahren – eine überdimensionalen Replik liegt an der Strecke. Bei dieser Wanderung bekommt man aber auch echte Steinzeitkunstwerke zu Gesicht. Der Archäopark rund um die Vogelherdhöhle ist ein geniales Freilichtmuseum, in dem man lernen kann, Feuer zu machen oder ein steinzeitliches Zelt zu bauen. In der kleinen Ausstellung darf man über zwei Originale staunen, darunter ein knuddeliges, kleines Mammut.

Mittlerweile ist die Strecke stark mit Hinweisschildern, lebensgroßen Eiszeittieren aus Holz und Spielplätzen bestückt – für Kinder macht das die Wanderung jedoch interessant. Als kürzere Alternative böte sich eine der »Eiszeitspuren« an.

Das Ausflugslokal in Lindenau mit weitläufigem Biergarten, frischem Bauernbrot und kleinem Eiszeitmuseum ist ein Klassiker.

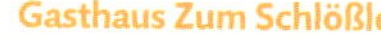

Gasthaus Zum Schlößle
Lindenau 1
89192 Rammingen-Lindenau
www.ausflug-lindenau.de

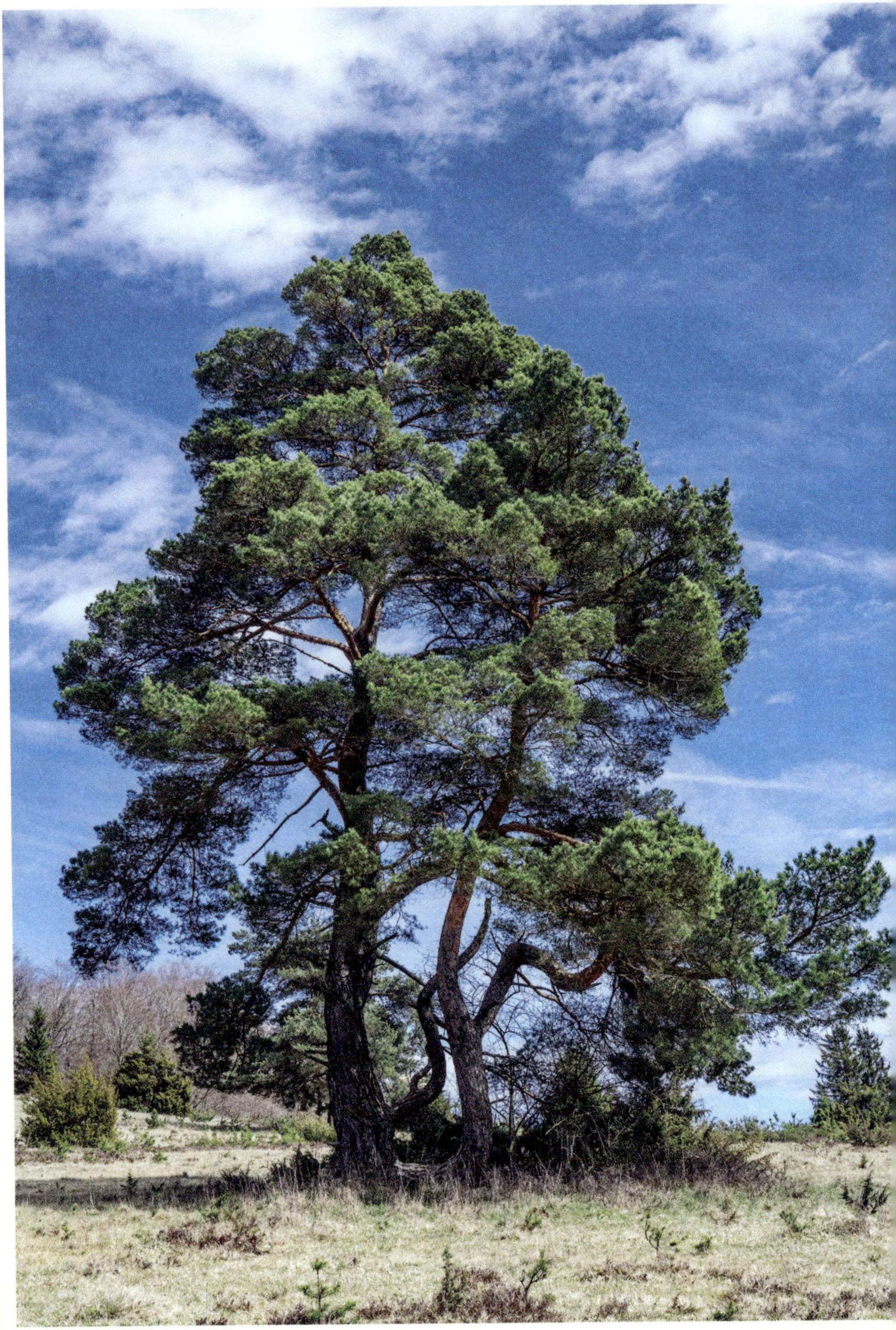

Entlang des Weges durchstreift man immer wieder herrliche Wacholderheiden

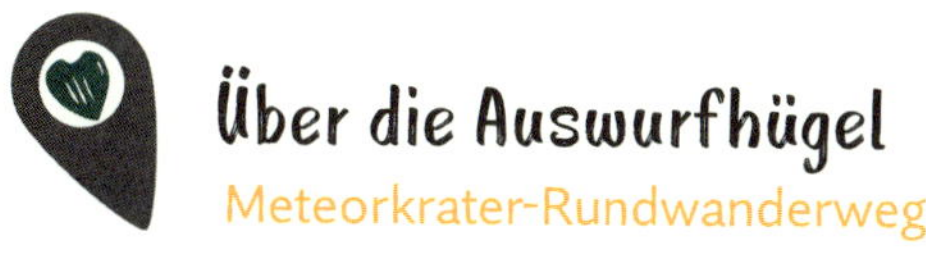

Über die Auswurfhügel

Meteorkrater-Rundwanderweg

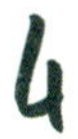

Zum Glück gab es damals noch keine Menschen, denn die Katastrophe hätte sonst unvorstellbare Folgen gehabt: Vor etwa 15 Millionen Jahren raste ein Meteor mit einer aberwitzigen Geschwindigkeit von 72.000 Kilometern pro Stunde auf die Erde zu. Er zerbrach noch in der Luft – der größere Teil schlug beim heutigen Nördlingen ein, der kleinere bei Steinheim. Aber so klein war auch dieser Brocken nicht: Er wühlte das Gestein bis in mehrere hundert Meter Tiefe auf und schuf einen Krater, dessen äußerer Rand eine Länge von 20 Kilometern aufweist. Ihn gilt es auf dem Meteorkrater-Rundwanderweg zu umrunden.

Es handelt sich zwar nicht um den Kraterrand des Kilimandscharo, aber anstrengend ist diese Tour aufgrund des beachtlichen Auf und Abs und der stattlichen Länge dennoch. Die steilen Hänge bedecken größtenteils Wacholderheiden, dahinter beginnt meist der Wald. So ist der Krater bis heute gut im Landschaftsbild erkennbar, und die Strecke gestaltet sich sehr naturnah. Sie ist mit 28 Tafeln versehen, die Auskunft über das einstige geologische Großereignis geben sowie über die Schäferei (am Schafhof Smietana mit Hofladen kommt man vorbei) und die verschiedenen Burgen, die im Verlauf der Zeit auf den Auswurfhügeln errichtet worden sind. Der mitunter beste Blick auf den Krater eröffnet sich am Burgstall, gleich zu Beginn der Wanderung.

Wem der »Halbmarathon« zu viel ist, der kann sich auf den sechs Kilometer langen Geologischen Lehrpfad ab dem Kratermuseum beschränken. In dem Fall ist zur Einkehr das Restaurant *sKreuz* in der Hauptstraße in Steinheim zu empfehlen.

Die Ausflugsgaststätte Heiderose mit schnuckeligem Biergarten und gemütlicher Stube liegt direkt am Segelflugplatz.

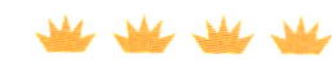

Albschäfer-Zeitspuren
Landkreis Heidenheim 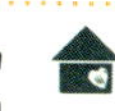

20,4 km; 5:40 h 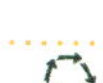

433 Hm 

schwer 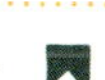

– 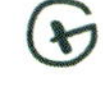

Startpunkt:
Meteorkratermuseum Steinheim
48.677377, 10.068750 

Bahn bis Heidenheim, Buslinien 35 und 75 bis Sontheim 

Aussicht, Sonne, Botanik, Geologie

Im Meteorkratermuseum wird nicht nur über den Einschlag informiert, sondern auch über das reichhaltige Leben im daraufhin entstandenen Kratersee.

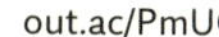

out.ac/PmUO 

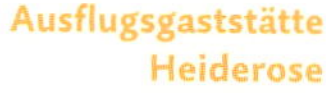

Ausflugsgaststätte Heiderose
Schäfhalde 1
89555 Steinheim am Albuch
www.heiderose-steinheim.de

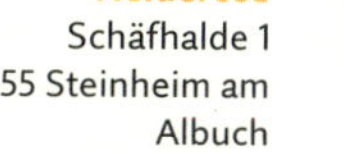

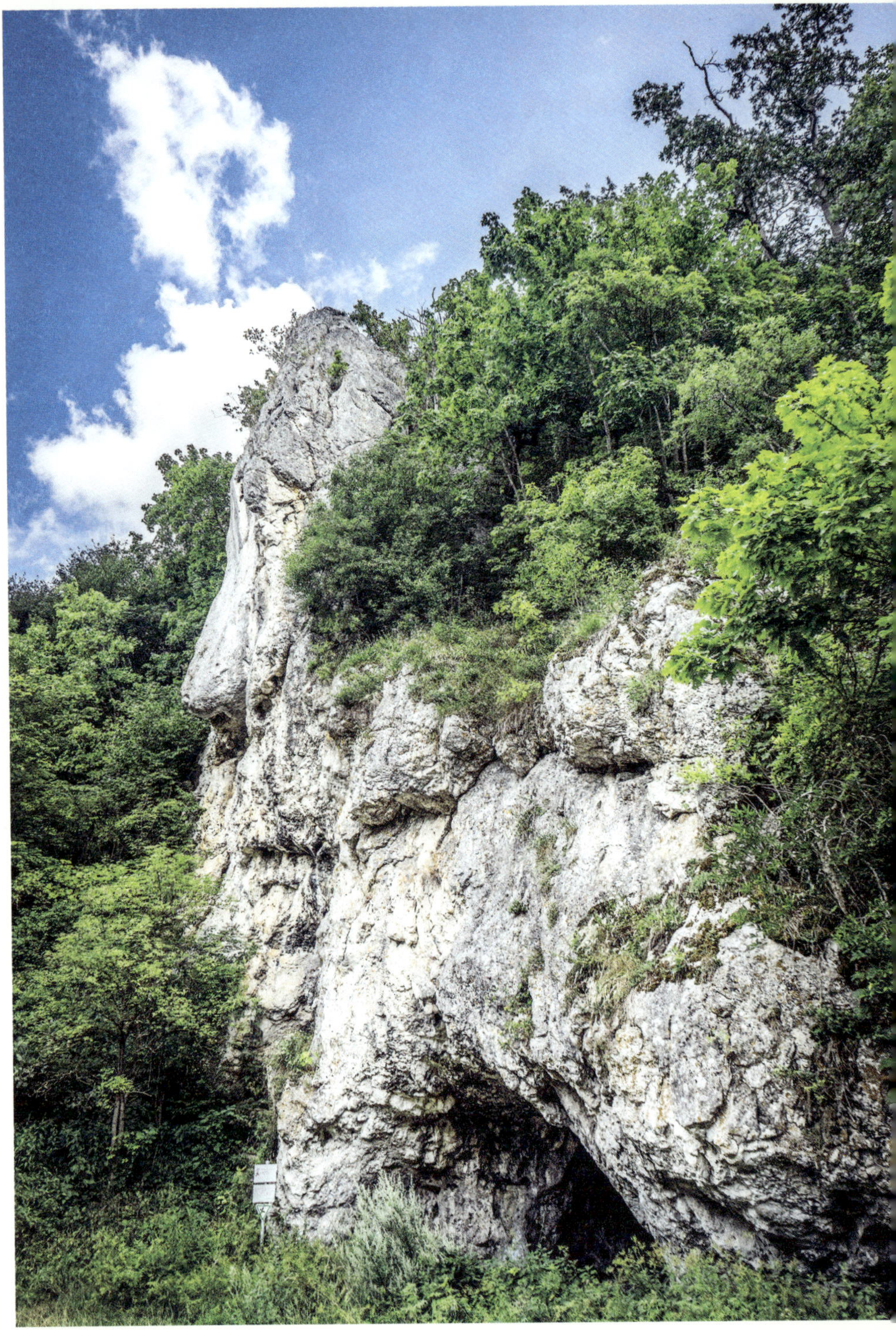

Hinter dem schönen Namen »Fohlenhaus« versteckt sich ein eindrucksvoller Felspfeiler mit gleich zwei Höhlen

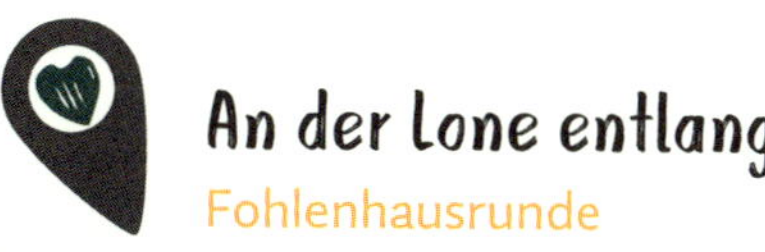

An der Lone entlang

Fohlenhausrunde

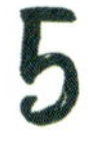

Wenn im Sommer die Grillen auf den Wiesen zirpen und die orangefarbenen Distelfalter auf den Kleeblüten schaukeln, dann wähnt man sich im südlichen Arkadien, so still und abgeschieden und so fern aller Zivilisation fühlt sich der Wanderer hier im Lonetal. Tatsächlich geht man im ersten Drittel der Tour durch den natürlichsten Teil des gesamten Tals, zu keiner Zeit wird eine Siedlung berührt oder gerät auch nur in Sicht. Langsam schlängelt sich das Bächlein, das man mehrfach auf Brückchen überquert, durch die Auen. Zeit sollte sich auch der Wanderer nehmen, um abzuschalten und diese wunderbare Natur zu genießen.

Namhafte Sehenswürdigkeiten sucht man vergebens; die Strecke verläuft größtenteils auf naturnahen Wegen durch den Wald und am Waldrand entlang. Nur das Fohlenhaus macht eine Ausnahme: Es handelt sich um einen Felspfeiler, der sich vor Millionen von Jahren im Jurameer gebildet hat und dessen zwei Höhlen vor mehreren 10.000 Jahren immer wieder von Steinzeitmenschen als Unterschlupf genutzt worden sind. So spektakulär wie weiter unten im Lonetal auf dem Neandertalerweg sind die Funde im Fohlenhaus aber nicht. Heute sammelt sich hier das Wandervolk vor allem, weil eine schön gelegene Grillstelle samt Schutzhütte zur ausgedehnten Rast einlädt – also unbedingt die Rote Wurst nicht vergessen.

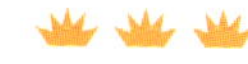

Eiszeitpfade
Alb-Donau-Kreis 

11 km; 3:00 h 

148 Hm 

mittel 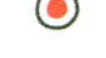

–

Parkplatz Salzbühl bei Bernstadt 48.517478, 10.033950 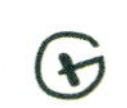

Bahn bis Ulm, Buslinie 58 bis Bernstadt, Haltestelle Frauenstraße, 2 km Fußweg 

Geologie 

Warum nicht mal auf zwei Rädern? Der 41 Kilometer lange Lonetal-Radweg führt von der Quelle bis zur Mündung. Zurück geht's mit der Bahn. 

out.ac/SOP4T 

Das *Waldhorn* mit Biergarten liegt in einem modernen Gebäude im Gewerbegebiet, ist aber trotzdem sehr heimelig.

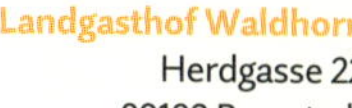

Landgasthof Waldhorn
Herdgasse 22
89182 Bernstadt
www.landgasthof-waldhorn-noller.de

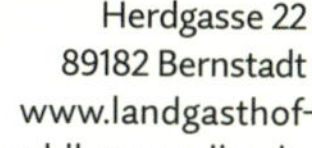

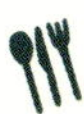

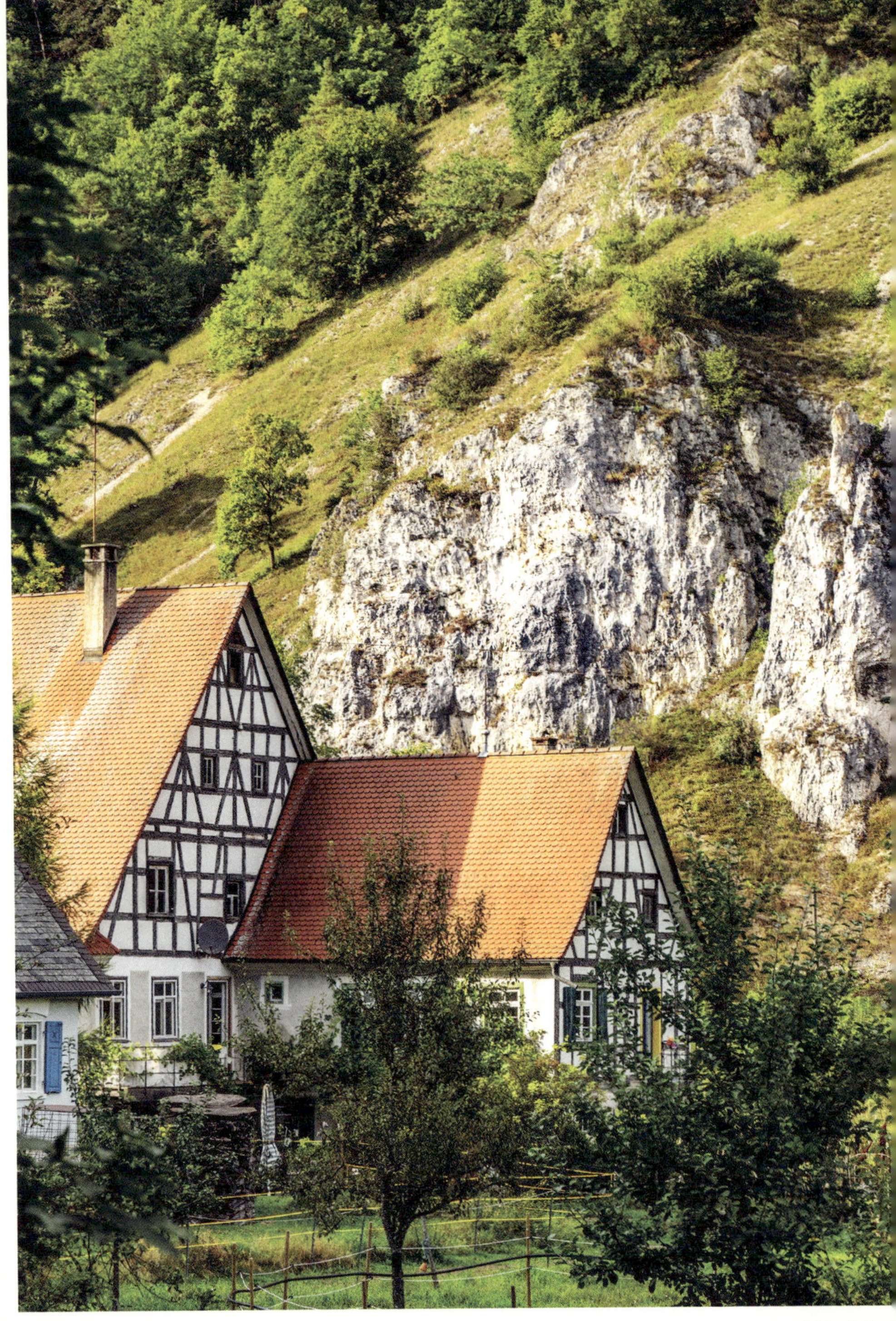

Das Kleine Lautertal besticht durch unterschiedliche Naturräume

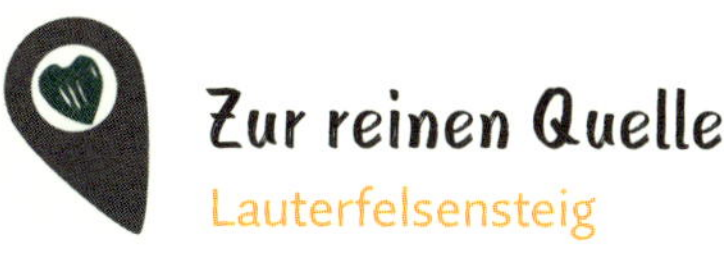

Zur reinen Quelle

Lauterfelsensteig

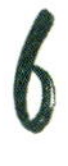

Im Dunstkreis der quirligen Stadt Ulm würde man einen solchen Ort kaum vermuten: Das Tal der Kleinen Lauter, durch das diese Qualitätsroute nahe dem Bach führt, wirkt noch so ursprünglich und natürlich, als bildete es die Kulisse für bäuerliches Leben im 19. Jahrhundert. Tatsächlich ist das Tal ein Naturschutzgebiet, in dem weiß glänzende Felssporne, dichte Wälder und das Wiesenflüsschen ein stimmiges Bild ergeben. Nur die kleine Fahrstraße stört zugegebenermaßen etwas.

Das eigentliche Juwel aber ist die malerische Quelle der Kleinen Lauter am Talende, im Miniaturort Lautern. Das Wasser zwängt sich unter einer senkrechten Felswand hervor und sammelt sich in einem Becken, Wasserpest windet sich behäbig in der Strömung. Stunden möchte man verweilen, wenn nicht schon das Weizenbier vom nahen Gasthof Zum Lamm locken würde.

Der Rückweg auf der Höhe ist leider nicht ganz so aufregend, auch wenn man nach der Quelle durch einen felsdurchsetzten Schluchtenwald aufwärts und am Ende über einen wacholderbestandenen Bergrücken abwärts geht. Die Güte der Aussichten hält sich in Grenzen, und einige Passagen durch den Wald sind etwas monoton.

Wer möchte, kann noch in Herrlingen das Museum in der Villa Lindenhof besuchen – dort wird auch Erwin Rommel gedacht, des glorifizierten NS-Generalfeldmarschalls, den Adolf Hitler 1944 in Herrlingen in den Selbstmord trieb.

Eiszeitpfade
Alb-Donau-Kreis 

13,8 km; 3:50 h 

292 Hm 

mittel 

–

Bahnhof Herrlingen
Blaustein-Herrlingen
48.418098, 9.897686 

Bahn bis Herrlingen 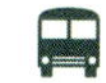

Schatten, Wasser, Botanik 

Das *Bad Blau* in Blaustein mit Sole-Außenbecken und Saunalandschaft sorgt für Entspannung nach der Wanderung 

out.ac/SONfV 

Der Gasthof *Zum Lamm* liegt direkt an der Quelle der Kleinen Lauter – romantischer geht es kaum.

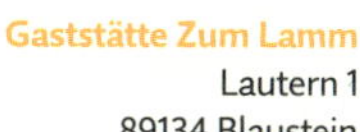

Gaststätte Zum Lamm
Lautern 1
89134 Blaustein 

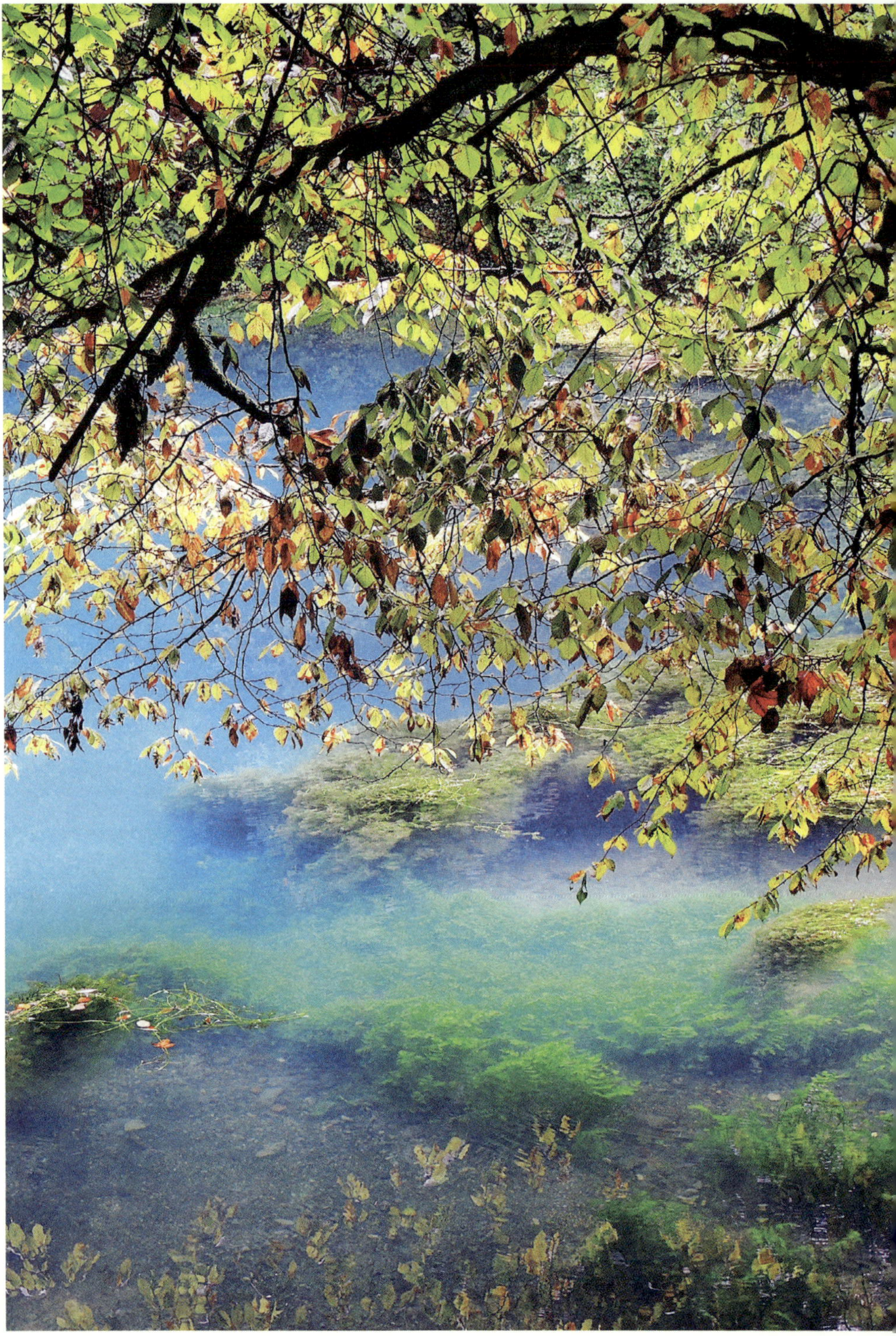

Der Blautopf ist ein Wunderwerk und ein sehr beliebtes Ausflugsziel

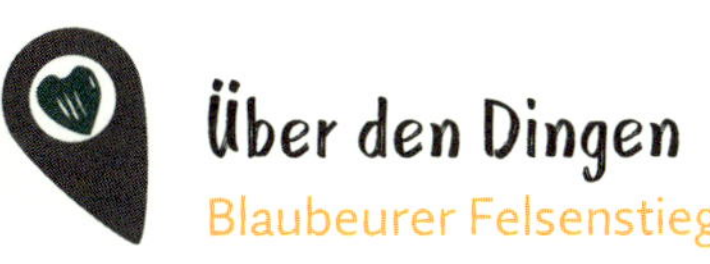

Über den Dingen

Blaubeurer Felsenstieg

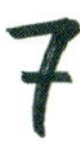

Eiszeitpfade
Alb-Donau-Kreis 

10,4 km; 3:25 h 

440 Hm 

mittel 

–

Bahnhof Blaubeuren
48.404114, 9.791093 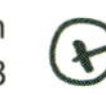

Bahn bis Blaubeuren 

Aussicht, Kultur/Sehenswürdigkeiten, Geologie 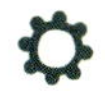

Ein Besuch auf der *Sommerbühne am Blautopf*. Auf dem Programm stehen Open-Air-Konzerte, Theater und Comedy. 

out.ac/SO9oE 

Vor allem am Sonntag wuselt es in Blaubeuren nur so vor Touristen – alle wollen den sagenumwobenen Blautopf sehen und danach zur Belohnung ein Eis schlecken. Da der Blaubeurer Felsenstieg durch die Altstadt führt, sollte man also lieber die Wochenenden meiden.

Aber ohnehin erhebt sich der Wanderer bei dieser Tour weitgehend über die Dinge. Denn Blaubeuren liegt in einem Wald- und Felsenkessel, und die Wanderstrecke umrundet diesen einmal an seiner oberen Kante. Immer wieder bieten sich deshalb erhabene Blicke von oben hinab ins Wimmelbild des Ortes.

Zunächst steigt man hinauf zum abgeschiedenen Felsenlabyrinth, der Brillenhöhle und der Ruine Günzelburg; das ist die landschaftlich reizvollste Passage. Sie verläuft übrigens parallel zum Eiszeitjägerpfad; beide Wege ließen sich also zu einer langen Tour verbinden.

Nun führt der Pfad hinunter in die Altstadt, und man taucht nolens volens ins Getümmel ein. Nehmen Sie sich unbedingt nicht nur für den Blautopf Zeit, sondern auch für das Kloster und das Urgeschichtliche Museum. Danach wandert man auf der Höhe im Halbkreis um Blaubeuren herum; kurz nach Sonderbuch gelangt man zu einer schönen Grillstelle. Über die kühne Ruine Rusenschloss steigt man schließlich wieder nach Blaubeuren hinab.

Das Café Kuhn mit Confiserie direkt am Kirchplatz ist für seine einfallsreichen Kuchen bekannt.

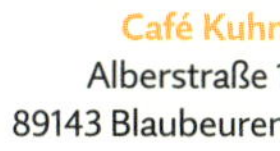

Café Kuhn
Alberstraße 1
89143 Blaubeuren
www.cafe-kuhn.de 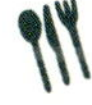

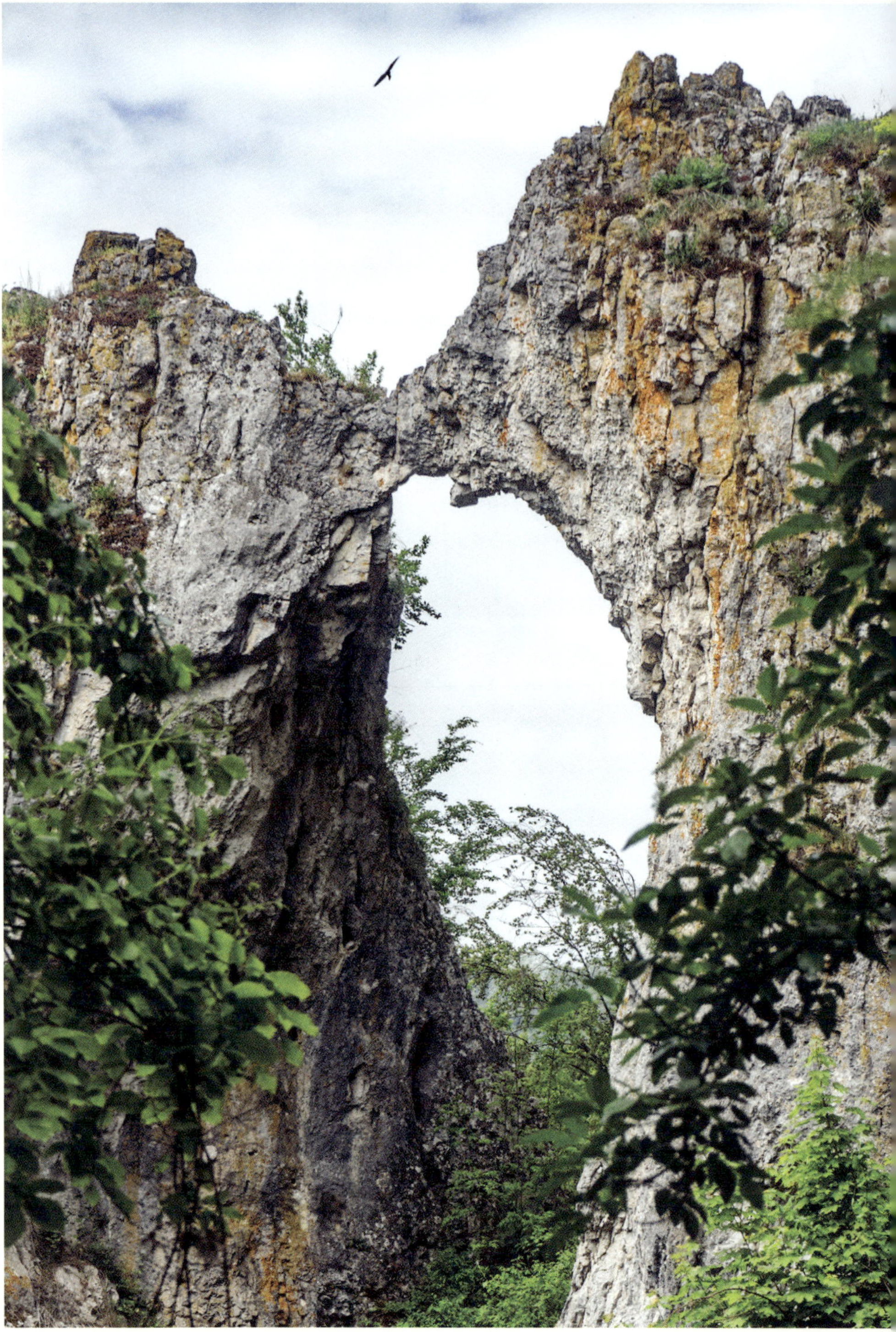

Die »Küssende Sau« verzückt jeden Wanderer

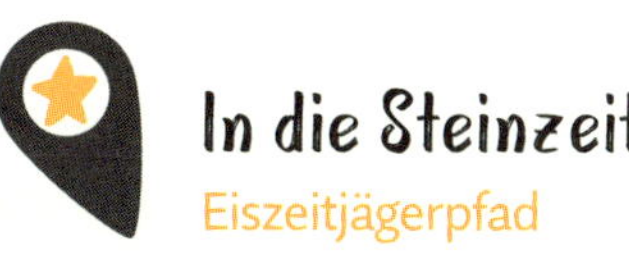

In die Steinzeit

Eiszeitjägerpfad

8

Die Top-Tour bei Blaubeuren ist für mich dieser Eiszeitjägerpfad. Er führt zurück in die Eiszeit, in eine Epoche vor 40.000 Jahren. Damals nutzten die Neandertaler und der Homo sapiens die Höhlen der Gegend als Schutz vor Schnee und Kälte. Bei dieser Wanderung wird unter anderem die Brillenhöhle und das Geißenklösterle passiert. Letztere gehört zu den sechs Eiszeithöhlen mit Weltkulturerbestatus, weil dort die ersten Kunstwerke der Menschheit gefunden wurden. Wer möchte, kann noch den sechs Kilometer langen Abstecher zum Hohlen Felsen machen, der ebenfalls Teil des Weltkulturerbes ist: Die Höhle mit ihrer riesigen Halle kann gegen ein Eintrittsgeld besichtigt werden.

Auch unabhängig von der atemberaubenden Geschichte ist dieser Landstrich wunderschön. Markante Felsgebilde wie die Küssende Sau oder der Bruckfels und die Aussichten, etwa von der Ruine Günzelburg oder vom ungewöhnlich gestalteten Schillerstein, machen die Tour zu einem Erlebnis. Das kleine Blaubeuren selbst hat ebenfalls so viel zu bieten, dass Sie sich dort locker einen Tag aufhalten können: Besuchen Sie den Blautopf, das Kloster mit dem berühmten spätmittelalterlichen Hochaltar, das Urgeschichtliche Museum und die gemütliche Altstadt mit den kleinen Wasserkanälen.

Wer eine rund 18 Kilometer lange Tour und gut 700 Höhenmeter nicht scheut, kann den Eiszeitjägerpfad mit dem Blaubeurer Felsenstieg zur Nonplusultra-Tour verschmelzen.

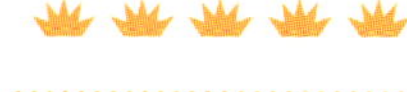

Eiszeitpfade
Alb-Donau-Kreis 

9,3 km; 3:00 h 

433 Hm 

mittel 

– 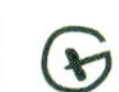

Bahnhof Blaubeuren
48.404114, 9.791093 

Bahn bis Blaubeuren 

Aussicht, Kultur/Sehenswürdigkeiten, Geologie 

Im Urgeschichtlichen Museum sind Originale von eiszeitlichen Kunstwerken ausgestellt 

out.ac/SO9kk

Schön am Waldrand gelegen, und danach geht es nur noch bergab – dem Besuch in der Gaststätte *Zum Schillerstein* steht nichts entgegen.

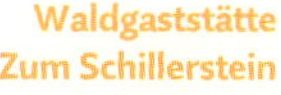

Waldgaststätte Zum Schillerstein
Gleißenburg 15
89143 Blaubeuren
www.schillerstein-blaubeuren.de 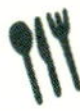

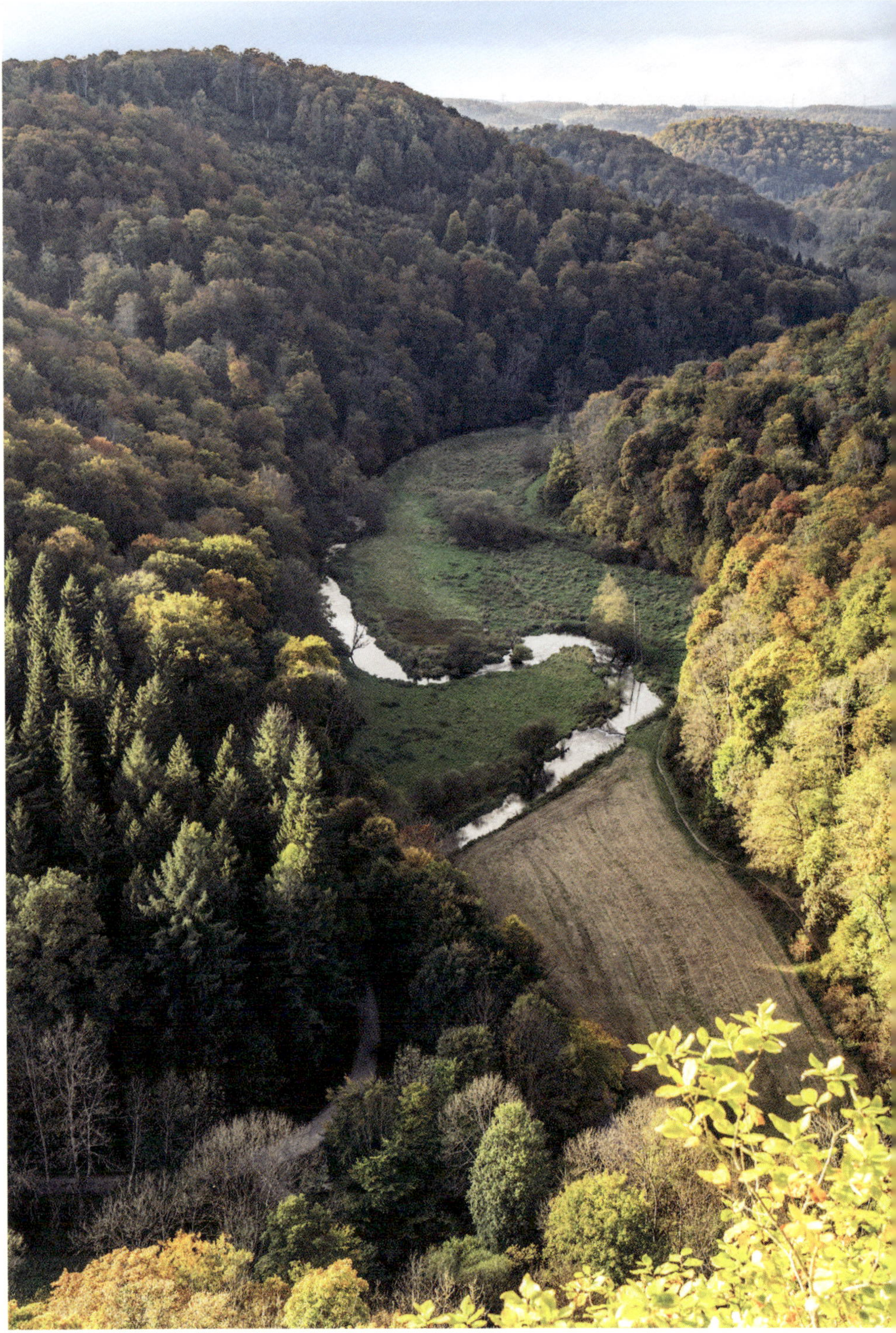

Ausblick vom Turm der Burgruine Wartstein über das Lautertal

Im ruhigen Lautertal

Burgfelsenpfad

9

Eiszeitpfade Alb-Donau-Kreis 

6,5 km; 2:00 h 

148 Hm 

leicht 

–

Parkplatz in Ehingen-Unterwilzingen 48.265358, 9.541042 

Bahn bis Ehingen, Buslinie 319 bis Unterwilzingen 

Kinder, Kultur/Sehenswürdigkeiten, Wasser 

Das nahe Barockschloss Mochental beherbergt eine Galerie für moderne Kunst 

out.ac/4wmfg 

Im Großen Lautertal scheint die Zivilisation weit entfernt zu sein: Unten am Fluss sieht man höchstens einmal einen Bauern seine Wiesen mähen, und selbst beim großen Rundblick vom Turm der Ruine Wartstein entdeckt man nur wenige Häuser. Insofern führt der Burgfelsenpfad in eine sehr einsame Gegend und zeigt sich zudem abwechslungsreich.

Auf dem Hinweg schlendert man gemütlich an der Großen Lauter entlang und kann zuschauen, wie ihr glasklares Wasser behäbig der Donau entgegentreibt. Dann führt die Strecke, an einigen Aussichtsfelsen vorbei, hinauf zu den drei Burgruinen auf dieser Tour. Als Erstes wird die Ruine Wartstein besucht, deren gewaltige Ausmaße einem erst klar werden, wenn man beim Abstieg erneut auf hohe Mauerreste viel weiter unten am Hang trifft. Verträumt im Wald steht dagegen die kleine Burgruine Monsberg. Und die Ruine St. Ruprecht könnte man glatt übersehen, denn von ihr sind nur noch die Burggräben und der Schutthügel übrig. Insgesamt hätte die Tour den Charakter eines Spazierganges, wenn nicht der steile, steinige und fast alpine Auf- und Abstieg zur Burgruine Wartstein wäre.

Dieser Teil des Lautertals ist übrigens so attraktiv, dass sich gleich drei Premium- und Qualitätswege kreuzen – der Burgfelsenpfad, der Besinnungsweg Ehinger Alb sowie der Weg *Hochgehlautert*. Mit Letzterem ließe sich der Burgfelsenpfad zu einer etwa 16 Kilometer langen Tour verknüpfen.

Die Laufenmühle liegt nicht weit entfernt vom Wolfstal, das bekannt ist für Märzenbecher und Kelchbecherlinge, eine Pilzart.

Laufenmühle
Laufenmühle 4
89584 Lauterach 

Jesus, der gute Hirte, wacht neben der Marienkapelle über den Ort Hütten und das Schmiechtal

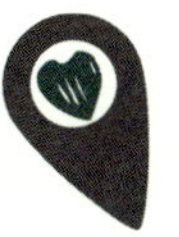

Durch putzige Dörfer

Erlebnisrunde Oberes Schmiechtal

10

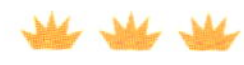

Alb-Donau-Kreis

10 km; 3:10 h

288 Hm

mittel

–

Parkplatz am Biosphärenzentrum Mühlstraße 5 Schelklingen-Hütten 48.372605, 9.638002

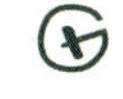

Bahn bis Ulm,Schwäbische-Alb-Bahn bis Hütten, 300 m Fußweg

Kultur/Sehenswürdigkeiten, Botanik, Geologie

Die schöne Quelle der Schmiech im Ortsteil Springen kennen nur wenige

out.ac/HxPCX

Im Schmiechtal scheint die Welt stillzustehen. Von allen Fernstraßen unberührt, liegen die putzigen Dörfer still im Tal, Gänse watscheln über die Straße und Ziegen meckern in ihren Ställen. In Sondernach sind Rat-, Back- und Feuerwehrhaus in einem kleinen Gebäude untergebracht, und das Bahnhöfchen sieht eher aus wie eine Gartenlaube. Wenn im Sommer noch die historische Dampflok der Schwäbischen-Alb-Bahn vorbeituckert, ist die Illusion der guten alten Zeit perfekt.

Tatsächlich gibt es wenige so abgeschiedene Gegenden auf der Alb wie das Talgewirr des Oberen Schmiechtals. Die Erlebnisrunde Oberes Schmiechtal führt nie weit weg von den Siedlungen und doch mitten hinein in die Natur, zumal die Talhänge als Naturschutzgebiet ausgewiesen sind und zur Kernzone des Biosphärengebiets gehören.

Die eigentlichen Höhepunkte der Wanderung liegen jedoch geballt auf ihren letzten zwei Kilometern: die Bärenhöhle, aus der manchmal geheimnisvoll ein Luftzug weht, das kurze Bärental mit seinen bizarren Felsformationen und das Schloss Justingen, von dessen einstigem Stolz aber leider nicht mehr viel übrig ist. Und zu guter Letzt wacht die 5,60 Meter hohe Statue von Jesus, dem guten Hirten, auf einem Hügel bei Hütten über das Schmiechtal und hebt die Hand zum Segensgruß. Ein wenig erinnert sie an die Christusstatue in Rio de Janeiro. Wer hätte das gedacht: Die Copacabana liegt im Schmiechtal.

Der *Bären* mitten im Ort Hütten bietet gutbürgerliche Küche und ist als »musikantenfreundliche Gaststätte« ausgezeichnet.

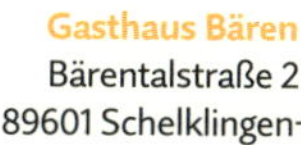

Gasthaus Bären
Bärentalstraße 2
89601 Schelklingen-Hütten

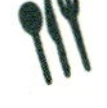

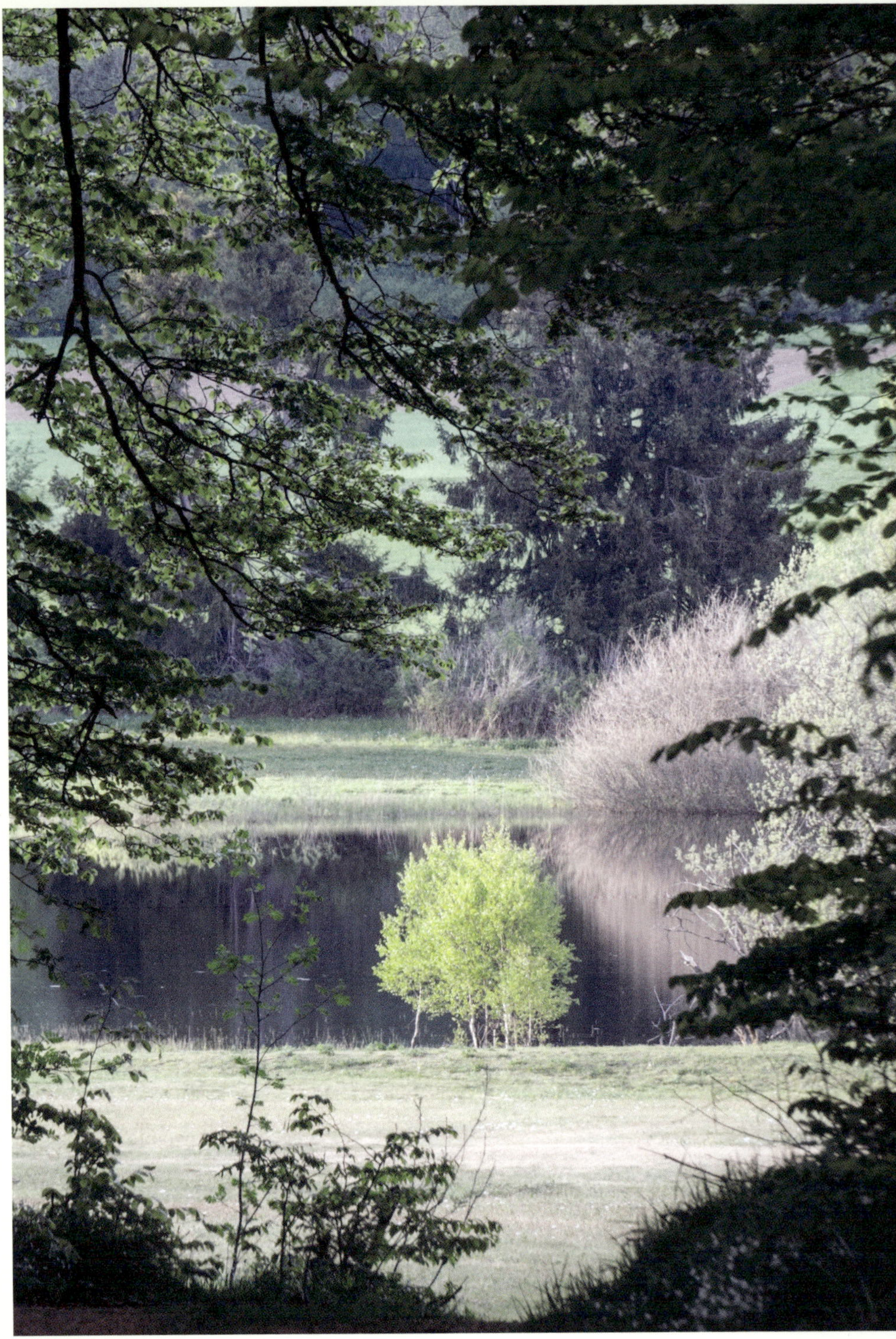

Die Weiherwiesen könnten einem Märchen entsprungen sein

Wie eine Fata Morgana

Weiherwiesenweg

11

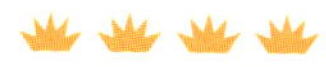

Weit entrückt vom Lärm der Welt liegen die beiden Weiherwiesenseen in einer Lichtung im Wald – einer Fata Morgana gleich, denn Teiche sind im porösen Kalkgestein der Alb sehr selten. Hier aber sorgt eine Decke aus Feuersteinlehm dafür, dass das Wasser nicht abfließen kann. Auch sonst sind die Weiherwiesen anders – mit den vielen Birken und den Trollblumen auf den nassen Wiesen könnte man sich beinahe nach Skandinavien versetzt fühlen.

Es ist ein kleines Wunder, dass es die Seen überhaupt noch gibt. Sie waren im 19. Jahrhundert schon verschwunden, doch der Schwäbische Heimatbund hat sie wieder aufgestaut. Dankenswerterweise achtet der Verband seitdem darauf, dass die Teiche nicht wieder verlanden und die wertvolle Flora und Fauna auf der Lichtung erhalten bleibt. Früher nutzten die Bauern das Wasser, um ihre Schafe vor der Schur zu waschen – bis zu 20.000 Tiere sollen hier jährlich ein unfreiwilliges Bad genommen haben. Wer heute freiwillig ins Wasser springen will: Das ist leider nicht erlaubt. Doch den See zu umrunden, erfrischt zumindest den Geist.

Übrigens kommt man auf dem Spaziergang unterwegs an einer Doline vorbei: Hier versickert das Bächlein, das aus den Weihern fließt, unversehens im Untergrund – eine Fata Morgana also auch hier. Die Alb ist zum Staunen.

Remstal Wanderschätze
Remstal-Tourismus  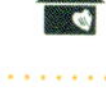

5,9 km; 1:30 h

60 Hm 

leicht 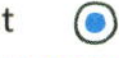

–

Wanderparkplatz Tauchenweiler oberhalb von Essingen 48.780280, 10.038456 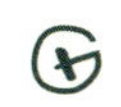

Bus bis Essingen, 5 km Fußweg 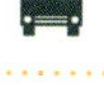

Kinder, Wasser 

Die Limes-Thermen in Aalen sind mit dem Auto nicht weit entfernt 

out.ac/3vIZoM 

Im Sommer sitzt man im Biergarten der Gaststätte Tauchenweiler schön schattig unter alten Kastanienbäumen.

Gastwirtschaft Tauchenweiler
Tauchenweiler 1
73457 Essingen
www.tauchenweiler.de

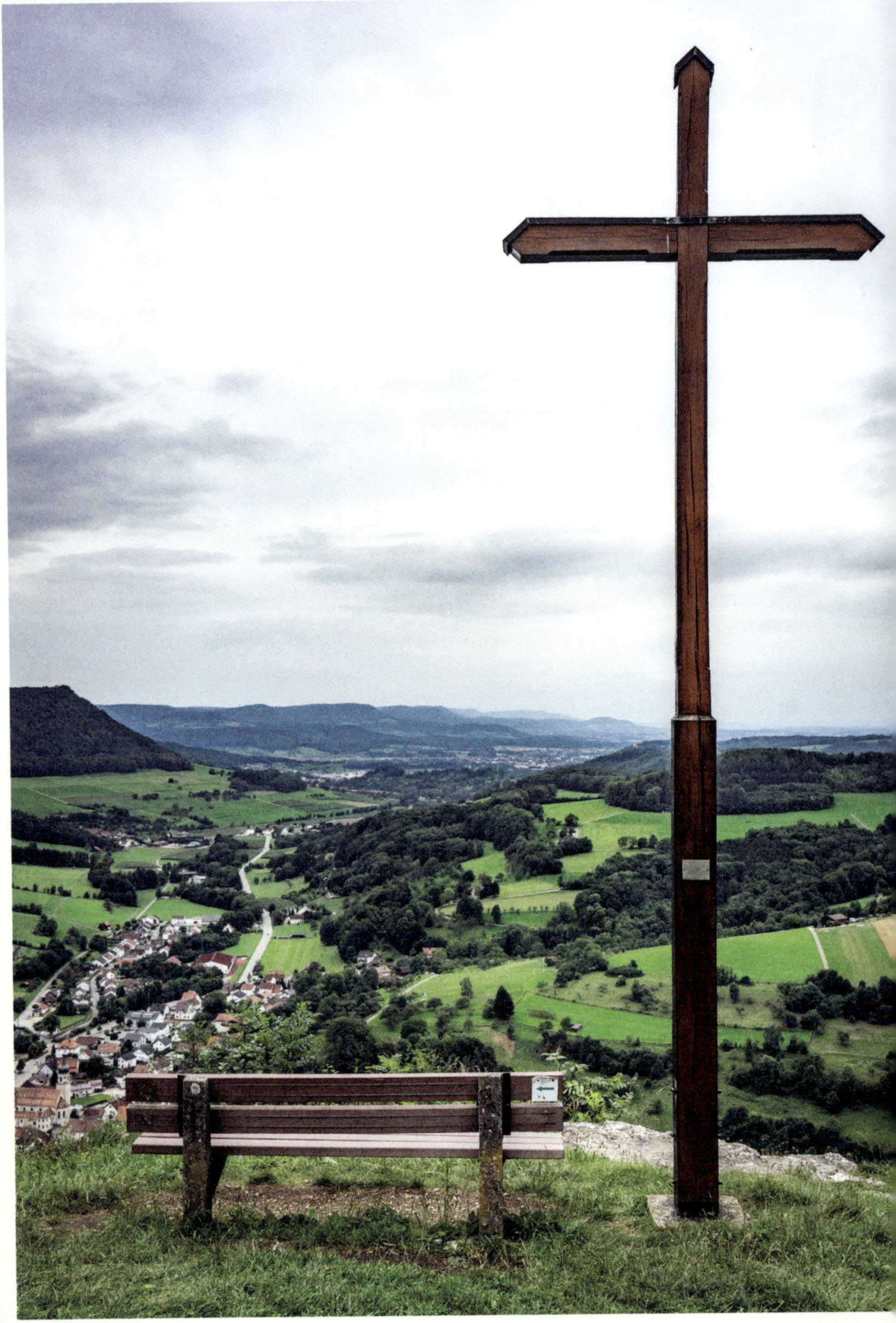

Vom Galgenberg eröffnet sich ein Weitblick den Albtrauf entlang

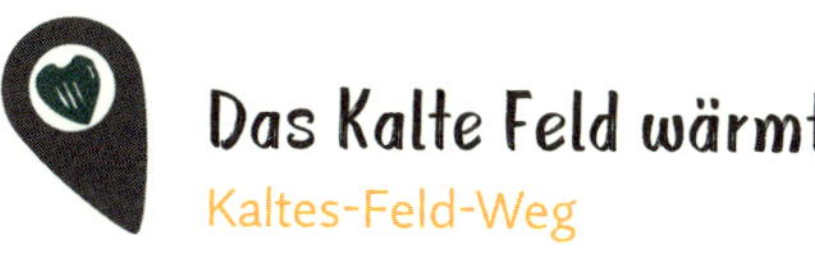

Das Kalte Feld wärmt

Kaltes-Feld-Weg

12

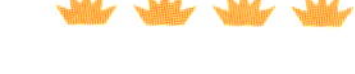

Ja, sind wir im Schwarzwald oder gar in Norwegen? Tatsächlich kommt man auf dem Galgenberg an vier teils beeindruckend hohen Skisprungschanzen vorbei, die so auf der Alb nicht zu vermuten wären. Doch der Skiclub Degenfeld existiert schon seit 1922 und hat mit Carina Vogt sogar eine Olympiasiegerin hervorgebracht. Vogt gewann 2014 bei den Spielen in Sotschi die Goldmedaille.

Ansonsten aber stört auf dem Kalten-Feld-Weg kaum ein menschliches Bauwerk die Aussicht. Fast die gesamte Strecke führt durch Naturschutzgebiete; viele Wacholderheiden säumen den Wegesrand. Berühmt ist der Blick vom Galgenberg – der Albtrauf mit all seinen Einkerbungen und Ausbuchtungen lässt sich bis weit über die Burg Teck hinaus verfolgen. Oben geht man durch dichte Wälder, vorbei an einem mystisch im Wald aufragenden Findling und kommt über offenes Gelände zum Franz-Keller-Haus, einer viel besuchten Hütte des Schwäbischen Albvereins. Auch Grillstellen finden sich dort. Aber das Kalte Feld wärmt auch von innen. Am Ende kehrt man über den Hornberg, wo ein Segelflugplatz liegt, zum Furtlepass zurück. Unterwegs ergeben sich weitere schöne Aussichten, unter anderem auf die Kaiserberge.

Von Degenfeld bis zum Franz-Keller-Haus verläuft der Kalte-Feld-Weg parallel zur Heldentour.

Remstal Wanderschätze
Remstal Tourismus

15 km; 5:10 h

441 Hm

schwer

–

Parkplatz Furtlepass
Schwäbisch-Gmünd
Teilort Weiler i. d. Bergen
48.747621, 9.871532

Bahn bis Schwäbisch Gmünd, Buslinie 2 bis Haltestelle Furtlepass

Aussicht, Botanik

Die Bernhardus-Kapelle lohnt zu Beginn einen kleinen Abstecher (1,5 km hin und zurück)

out.ac/3utukr

Das *Knörzerhaus* besticht durch seinen schönen Biergarten und seine wunderbare Alleinlage.

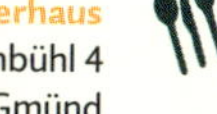

Knörzerhaus
Steinbühl 4
73529 Schwäbisch Gmünd
www.knoerzerhaus.com

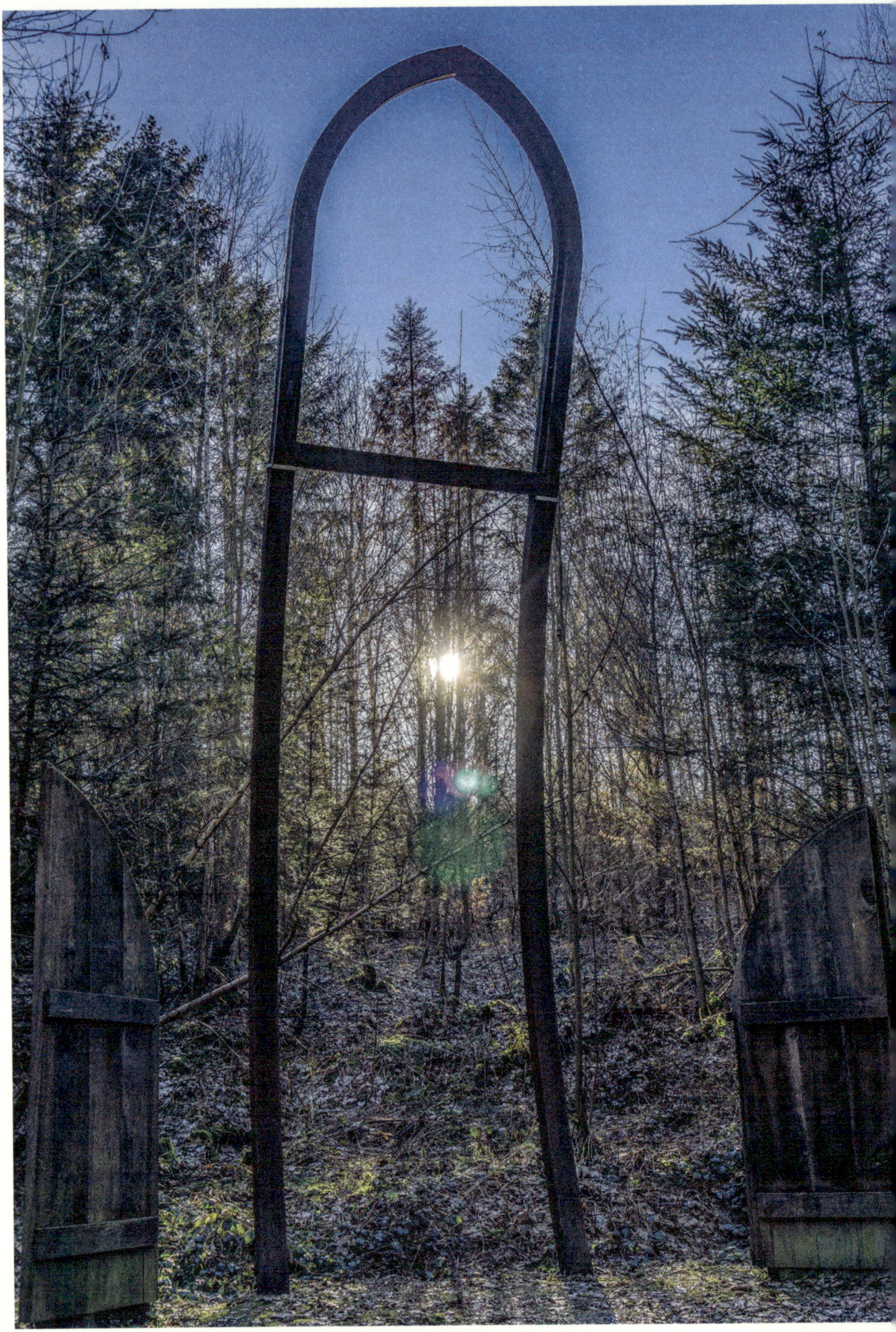

Zur Waldkugelbahn verläuft parallel ein Lebensweg. Hier ist das »Tor zum ewigen Leben« zu sehen.

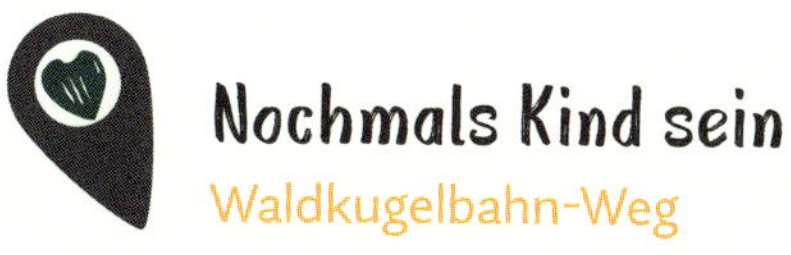

Nochmals Kind sein

Waldkugelbahn-Weg

So kurz ist dieser Spaziergang – und doch so pickepackevoll mit Erlebnissen. Die Hauptattraktion ist natürlich die Waldkugelbahn: Oben am Waldrand bei Wetzgau stehen Kaugummiautomaten, aus denen man kleine Holzkugeln herauslassen kann, und diese schickt man in langen Bahnen aus ausgehöhlten Baumstämmen bergab auf die Reise. Ehrlich, wer hier nicht wieder zum Kind wird und vor Freude gluckst, sollte mal einen Termin beim Psychologen buchen.

Oder alternativ den *Lebensweg* gehen, den man bei dem Spaziergang durch das Taubental ebenfalls kreuzt. Es handelt sich um einen christlich geprägten Meditationspfad, an dem der Künstler Martin Burchard den Wanderer an sieben Installationen zum Nachdenken bringen möchte. Es geht darum, wie »gereiftes Leben«, »erfülltes Leben« oder am Ende »ewiges Leben« aussehen könnte.

Nahe beim Stadtteil Wetzgau fand im Jahr 2014 die Landesgartenschau Schwäbisch Gmünds statt, und das Gelände namens *Himmelsgarten* ist noch immer sehenswert. Bei dieser dritten Attraktion entlang der Strecke sind für Kinder sicherlich die lebensgroßen Dinosaurier am interessantesten. Ältere werden vermutlich durch den 38 Meter hohen Aussichtsturm und einen Kletterpark angelockt.

Nahe am Parkplatz schließlich passiert man den Limes, den einstigen römisch-germanischen Grenzwall. »Wow!«, muss man da mal sagen. Oder vornehmer: »Chapeau, Schwäbisch Gmünd!«

Vom Biergarten der *Salvatorklause* eröffnet sich ein toller Blick über die Stauferstadt Schwäbisch Gmünd. Das Lokal ist nur im Sommer sonntags geöffnet.

13

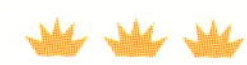

Remstal Wanderschätze
Remstal Tourismus 

3,7 km; 1:10 h 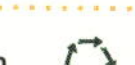

131 Hm 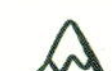

leicht 

–

Wanderparkplatz Taubental
Taubentalstraße
Schwäbisch Gmünd
48.805675, 9.784864 

Bahn bis Schwäbisch Gmünd, 600 m Fußweg 

Kinder, Schatten, Unterhaltung/Event 

Die in den Fels gehauenen Kapellen von St. Salvator sind sehr eindrucksvoll – der Abstecher lässt sich leicht in den Spaziergang einbauen 

out.ac/3utukv 

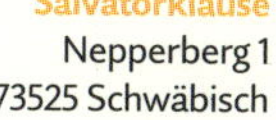

Salvatorklause 
Nepperberg 1
73525 Schwäbisch Gmünd
www.salvator-freundeskreis.de

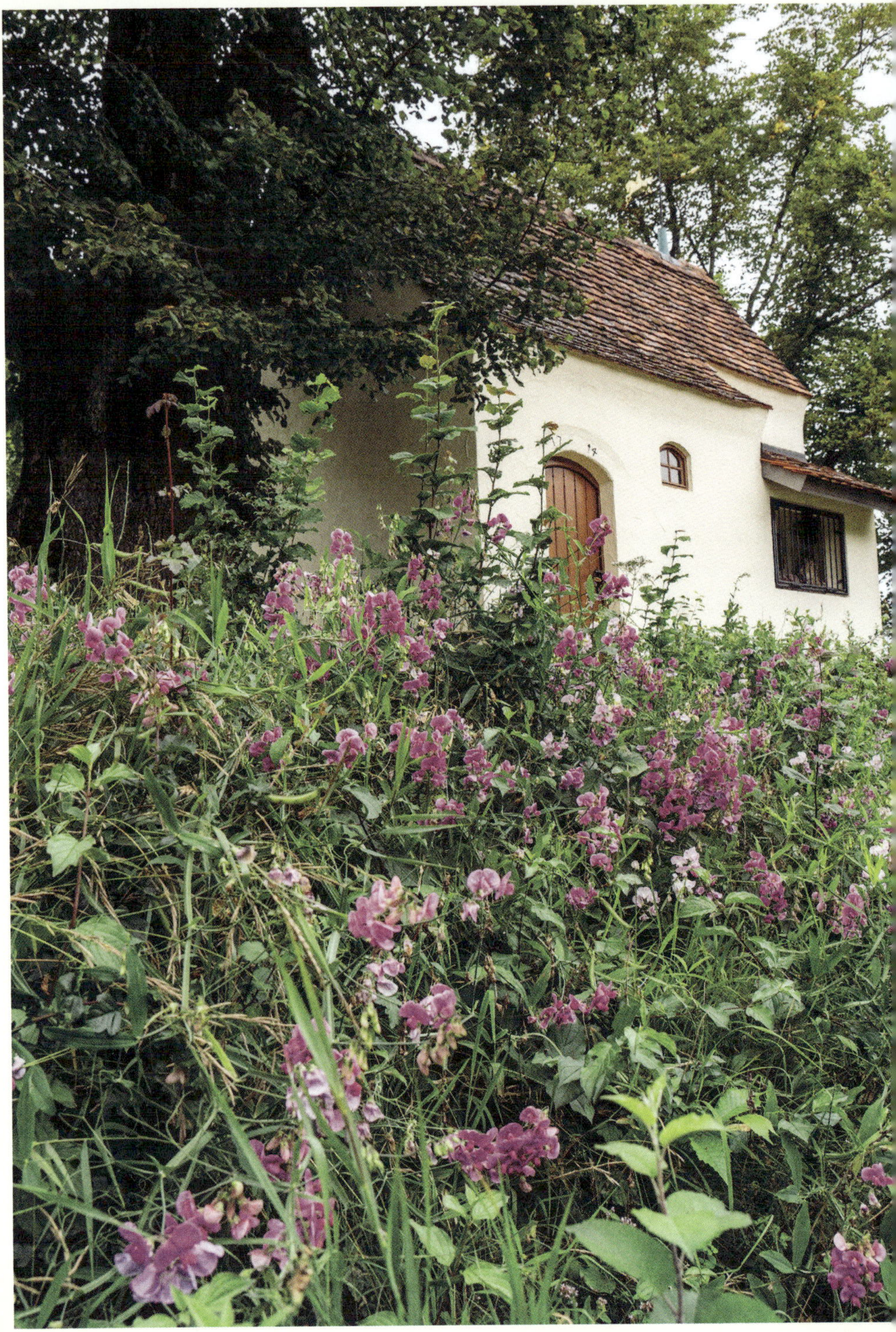

Die Reiterleskapelle steht reizvoll am Sattel zwischen Rechbergle und Kaltem Feld

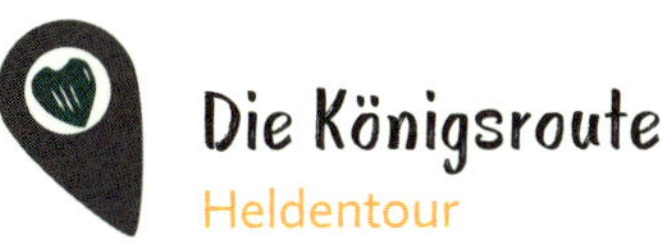

Die Königsroute

Heldentour

14

Diese Tour ist nur etwas für echte Helden, das suggeriert jedenfalls augenzwinkernd der Name der Wanderung – und tatsächlich stößt dieser jüngste Löwenpfad mit rund 24 Kilometern, rund 900 Höhenmetern und vier knackigen Anstiegen durchaus in alpine Dimensionen vor. Die Heldentour stellt damit eine der längsten Tageswanderungen in diesem Buch dar. Da kann jeder einmal ausprobieren, wie gut die eigene Kondition ist.

Ganz profan leitet sich der Name aber vom Heldenberg ab, der zu Beginn der Route umrundet wird. Zusammen mit dem Kalten Feld, das ebenfalls überquert wird, bildet er eines der größten Naturschutzgebiete auf der Schwäbischen Alb. Wacholderheiden begleiten den Wanderer auf langen Passagen.

Es gibt einige kulturelle Sehenswürdigkeiten bei dieser Wanderung, wie die idyllisch gelegene Reiterleskapelle, das schön hergerichtete Schloss Weißenstein und die Rokoko-Pietà in der Nenninger Friedhofskirche direkt am Startpunkt. Ein solches Kunstwerk mit Weltrang erwartet man in der Provinz – Pardon, liebe Nenninger – sicher nicht.

Der eigentliche Höhepunkt aber ist die ursprüngliche Landschaft, die noch heil und im Gleichgewicht wirkt. So fordert diese Wanderung den Körper – und schmeichelt der Seele.

Löwenpfade
Landkreis Göppingen

23,3 km; 7:00 h

920 Hm

schwer

–

Parkplatz an der Pietà
Lauterstein-Nenningen
48.709003, 9.858004

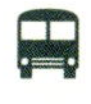

Bahn bis Süßen, Buslinie 972 bis Nenningen, Haltestelle Kirche

Aussicht, Kultur/Sehenswürdigkeiten, Botanik

Das Museum *Mikroversum* im Schloss Weißenstein stellt fantastische Mikrofotografien von Tieren und Pflanzen aus (Besuch nur mit Führung)

out.ac/EyCPi

Das Franz-Keller-Haus ist eine Hütte des Schwäbischen Albvereins und liegt wunderbar auf einer Wacholderheide.

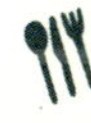

Franz-Keller-Haus
Hornberg 99
73529 Schwäbisch Gmünd
https://tuerme-wanderheime.albverein.net/wanderheime/

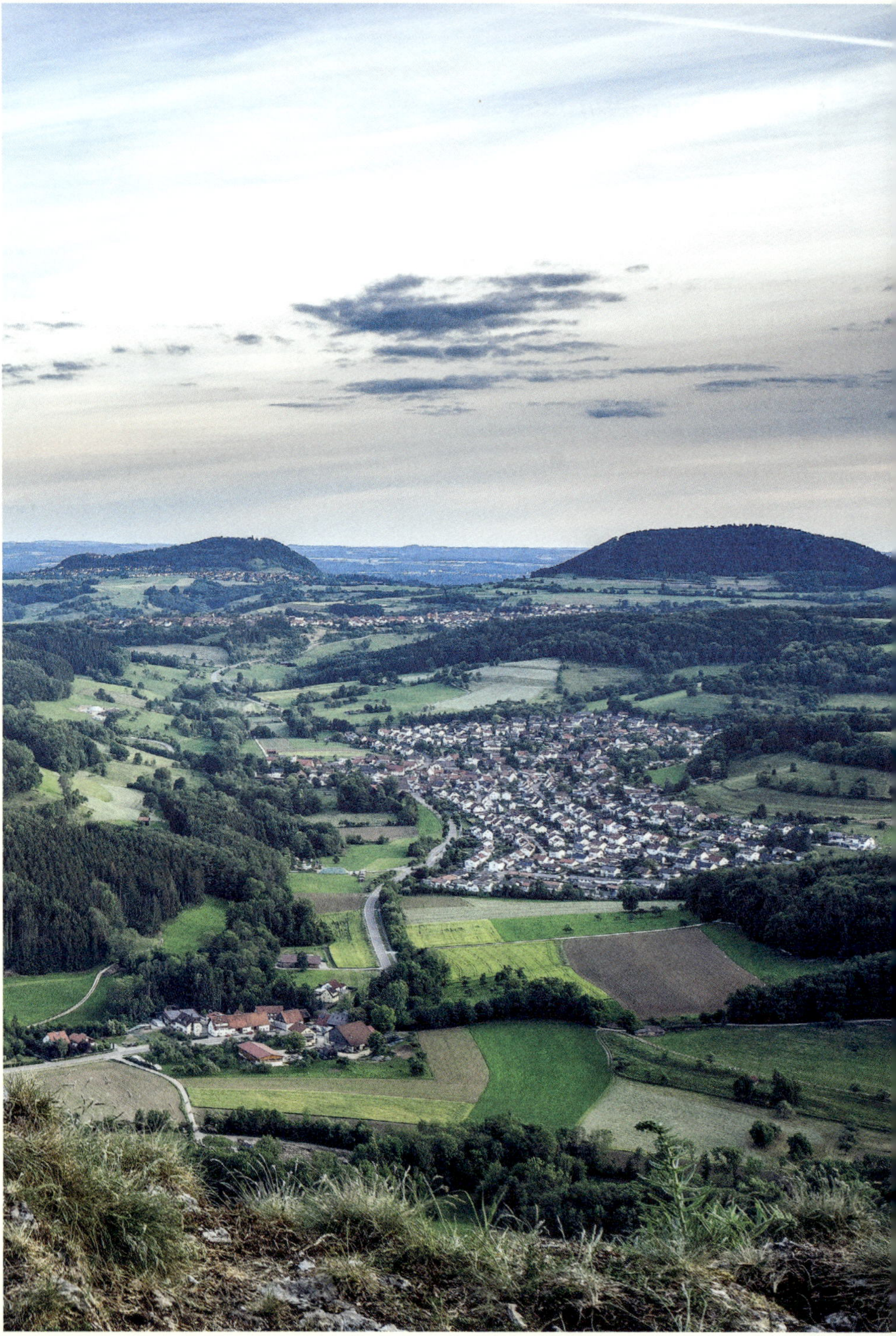

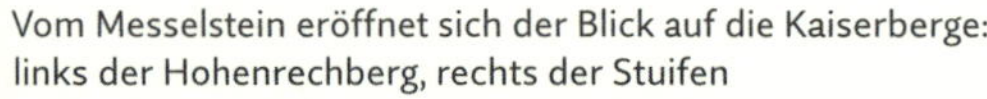

Vom Messelstein eröffnet sich der Blick auf die Kaiserberge: links der Hohenrechberg, rechts der Stuifen

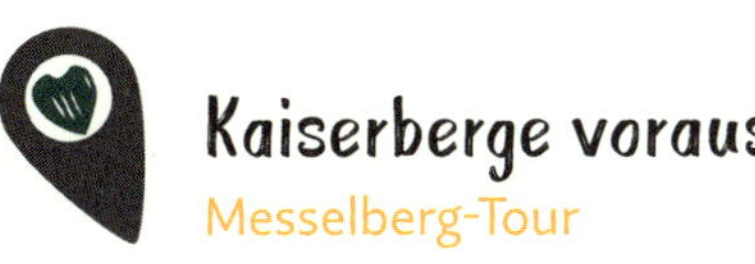

Kaiserberge voraus

Messelberg-Tour

15

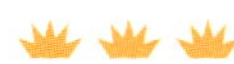

Löwenpfade
Landkreis Göppingen 

7,7 km; 2:30 h 

277 Hm 

mittel 

– 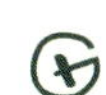

Wanderparkplatz Messelberg, Donzdorf 48.680806, 9.839077 

Bahn bis Göppingen, Buslinie 972 bis Donzdorf, Haltestelle Stadthalle, 2 km Fußweg 

Kinder, Aussicht, Sonne 

Der Rechberg ist per Auto schnell zu erreichen. Burgruine und Wallfahrtskirche sind sehenswert. 

out.ac/GWknE

Es gibt kaum einen schöneren Platz als den Messelstein, um die eindrucksvollen Kaiserberge zu bestaunen. Von dem Aussichtspunkt oberhalb von Donzdorf bietet sich eine Aussicht auf alle drei: den Hohenstaufen als Ursprungsort des mächtigsten Kaisergeschlechts des Mittelalters, den Hohenrechberg mit seiner wuchtigen Burgruine und der Wallfahrtskirche sowie den Stuifen, der seltsamerweise nie zum Burgplatz erkoren worden war und deshalb bis heute der unberührteste der Kaiserberge geblieben ist. Wie schlafende Dinosaurier sehen sie aus … Also bitte nicht wecken, auch wenn Sie auf dem Messelstein vor Freude laut aufjuchzen wollen.

Vor Freude in die Luft gehen, das könnten Sie dagegen bei dieser Tour, zumindest theoretisch. Denn gleich zu Beginn kommen Sie an einem Startplatz für Drachen- und Gleitschirmflieger vorbei. Und direkt daneben liegt der Segelflugplatz Donzdorf.

Fast zur Hälfte führt diese Tour am Albtrauf entlang; sie verläuft dabei auf dem *Hauptwanderweg 1* des Albvereins und bietet immer wieder schöne Aussichten. So etwa am Rötelstein, dessen Blickrichtung nach Westen geht und deshalb ganz anders ist als jene am Messelstein. Bis hinüber zum Wasserberg und zur Burg Teck reicht die Sicht. Der Rest der Wanderung führt durch Wald und Wiesen.

An der *Fliegerhütte* (kleiner Umweg) können Sie vom Biergarten aus den Segelflugzeugen beim Starten und Landen zusehen.

Fliegerhütte
Am Flugplatz 1
73072 Donzdorf
www.fliegergruppe-donzdorf.de 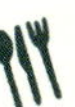

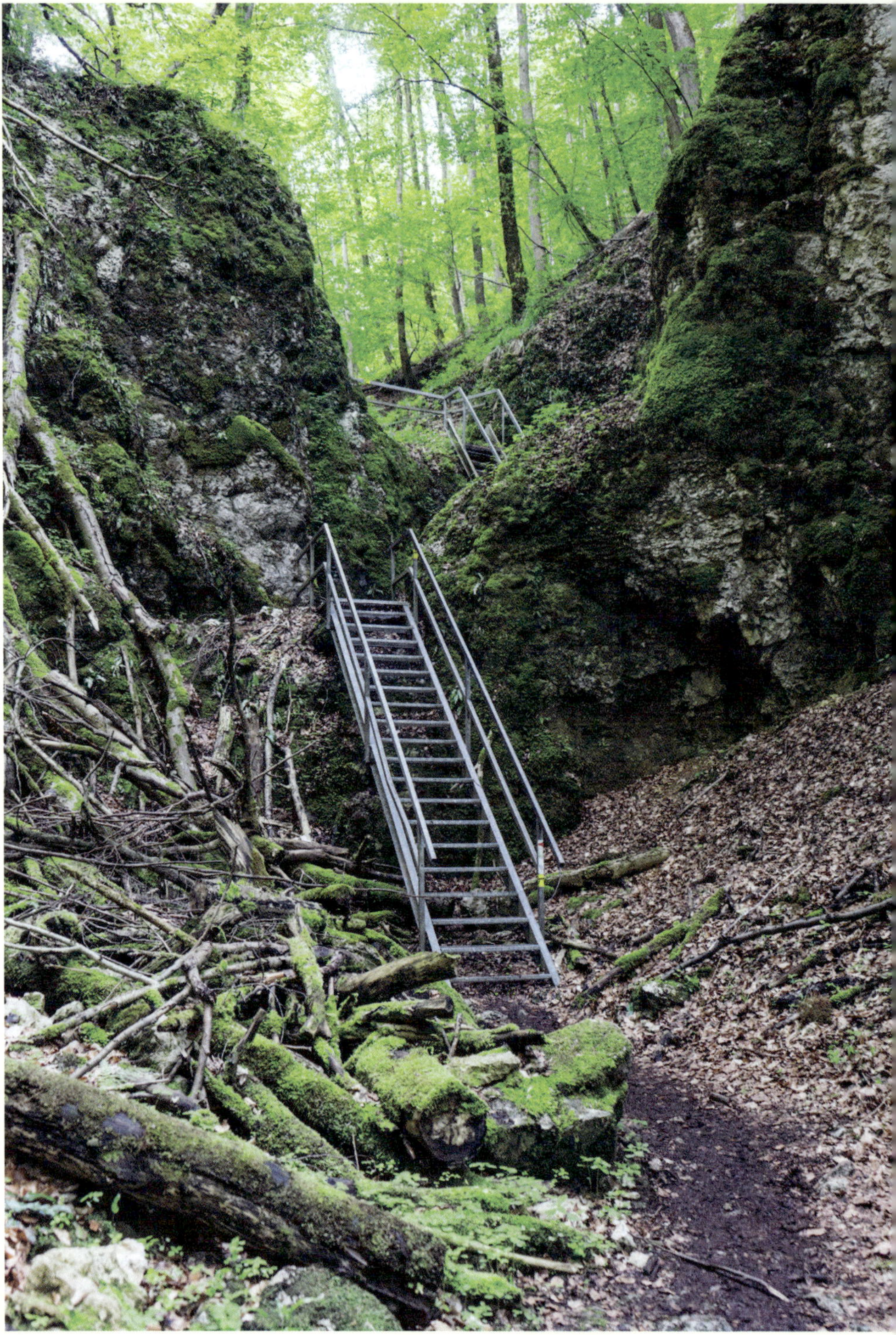

Über diese Stiegen geht es das Felsental hinauf

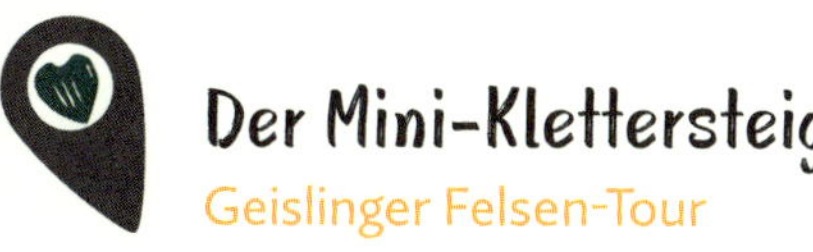

Der Mini-Klettersteig

Geislinger Felsen-Tour

16

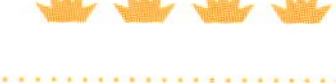

Die Felsen-Tour verläuft fast zur Gänze im Naturschutzgebiet Eybtal. Mit mehr als 1.300 Hektar ist dieses Refugium für Tiere und Pflanzen das größte auf der Schwäbischen Alb. Schutzwürdig ist diese Gegend, weil die Landschaft so vielfältig und ökologisch hochwertig sei, lautet die offizielle Begründung. Es umfasst verschiedene naturnahe Waldtypen und Schluchtenwälder, dazuhin Klingen, Quellen, Bäche, Höhlen, Waldsäume, Hecken und Obstbaumwiesen. Viele dieser Landschaftstypen lassen sich auf der Felsentour erleben. Also Augen auf: Sonst übersehen Sie leicht die Türkenbundlilie oder das schwertblättrige Waldvögelein …

Aber natürlich kommen Sie, wie der Name der Wanderung verrät, auch an stattlichen Felsen vorbei. Der eindrucksvollste ist der Himmelsfelsen, der sich senkrecht über Eybach erhebt und 65 Meter hoch ist. Der Höhepunkt der Tour ist dann das Felsental: Sie gehen in der Schlucht bergaufwärts, während Felsköpfe wie grimmige Wächter links und rechts auf Sie herabblicken. An einer Stelle müssen Sie auf Stiegen eine Steilstufe überwinden – ein Mini-Klettersteig auf der Alb.

Unterwegs liegen in Eybach zwei Gaststätten, das *Sängerheim* und der *Ochsen*. Besonders schön ist die Obere Roggenmühle in herrlicher Alleinlage. Sie können deren Besuch in die Tour einbauen, müssen dafür jedoch zusätzliche sieben Kilometer hin und zurück einplanen.

Löwenpfade
Landkreis Göppingen

10,8 km; 3:45 h

424 Hm

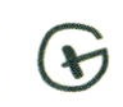

mittel

–

Gelände SC Geislingen
Im Schieber
Geislingen a. d. Steige
48.629753, 9.849499

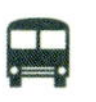

Bahn bis Geislingen a. d. Steige, Buslinie 958 bis Haltestelle SC-Stadion oder 1 km Fußweg bis Toureneinstieg unter dem Bismarckfelsen

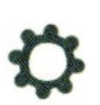

Aussicht, Schatten, Botanik, Geologie

Erfrischung gefällig? Im Freibad Geislingen können Sie sich nach der Wanderung abkühlen.

out.ac/YyKYK

Die *Obere Roggenmühle* ist eine der schönst gelegenen Gaststätten der gesamten Alb – mit eigener Forellenzucht.

Obere Roggenmühle
Obere Roggenmühle 1
73312 Eybach
www.obereroggenmuehle.de

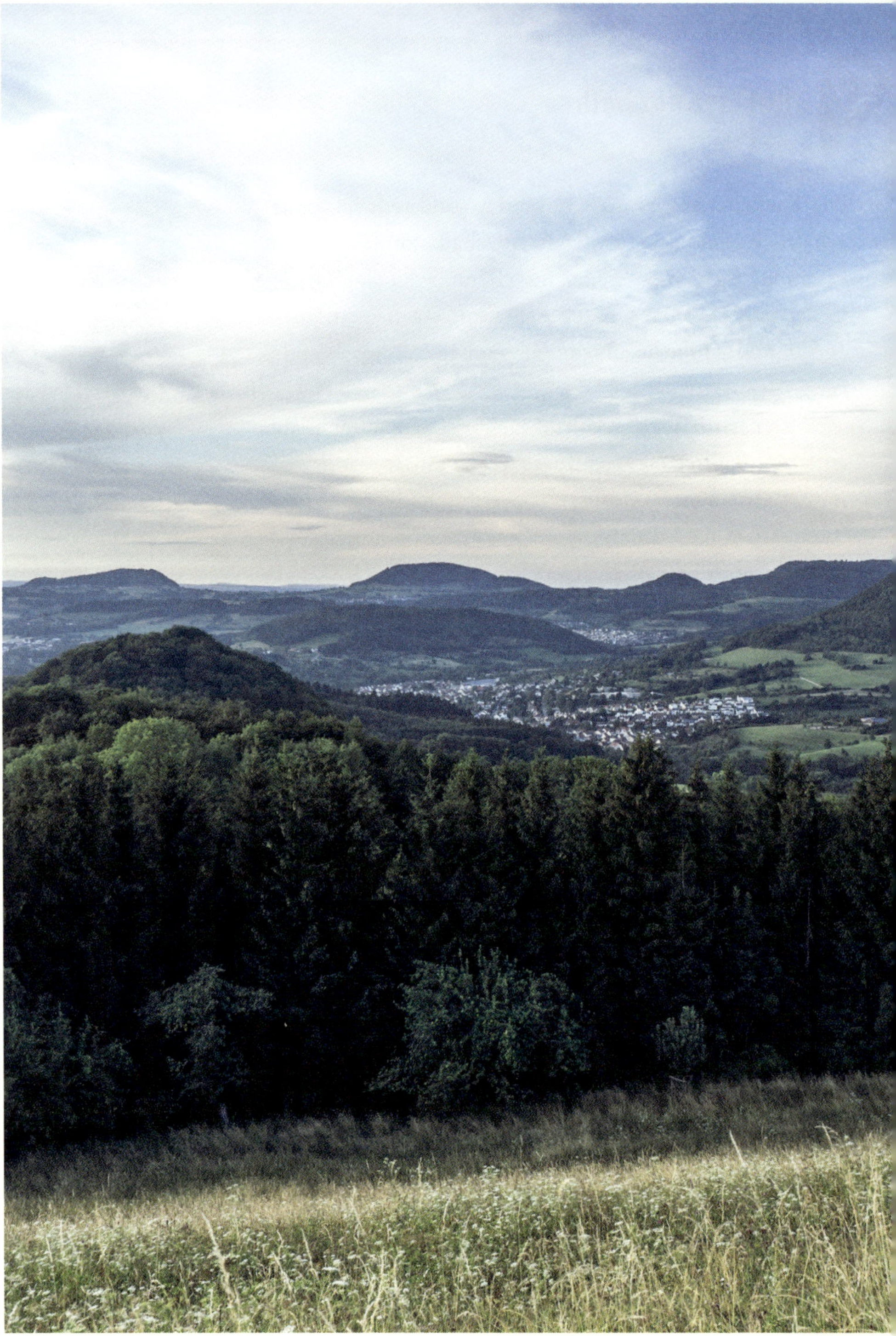

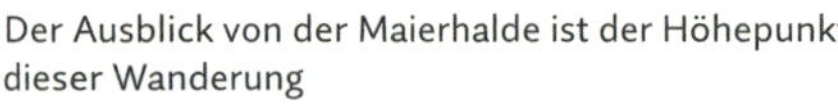
Der Ausblick von der Maierhalde ist der Höhepunkt dieser Wanderung

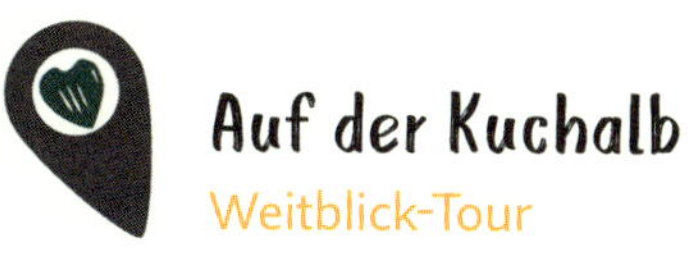

Auf der Kuchalb

Weitblick-Tour

17

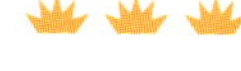

Die Kuchalb ist eine teils bewaldete und teils landwirtschaftlich genutzte Hochfläche oberhalb von Geislingen. Bis auf einen kleinen Weiler, der ebenfalls Kuchalb heißt, findet sich heroben keine Besiedelung. Den westlichen Teil der Hochfläche umrundet man bei dieser Wanderung zur Gänze.

Der Aufstieg verläuft zunächst gemächlich auf einem asphaltierten Weg durch das schmale Längental, vorbei an einem Campingplatz und Kleingärten. Erst das letzte Stück kommt der Kreislauf dann zunehmend auf Touren, denn es geht steiler bergauf. Oben angekommen, ist der Ort bald erreicht.

Hinter dem Dorf beginnt der schönste Abschnitt der Weitblick-Tour. Rasch gelangt man zur Maierhalde, von der aus die Sicht weit gen Norden reicht. Vor allem die drei Kaiserberge ziehen die Blicke auf sich. Und nur wenig später erreicht man den Hohenstein, den nordwestlichen Eckpfeiler der Kuchalb. An dieser Stelle liegt einem das allerdings stark besiedelte Filstal bei Gingen zu Füßen.

Zurück am Ausgangspunkt führt ein herrlicher Waldpfad immer entlang des Westabbruchs der Kuchalb. Unterwegs ergeben sich weitere sehenswerte Ausblicke.

Löwenpfade
Landkreis Göppingen 

12 km; 3:30 h 

407 Hm 

mittel 

– 

Gelände SC Geislingen
Im Schieber
Geislingen a. d. Steige
48.629753, 9.849499 

Bahn bis Geislingen a. d. Steige, Buslinie 958 bis Haltestelle SC-Stadion oder 1,5 km Fußweg bis Toureneinstieg in Schützenstraße 

Aussicht 

Mit dem Auto erreichen Sie schnell die sehenswerte Ruine Helfenstein 

out.ac/GUiLO 

Das Gasthaus mit dem schönen Namen *Zur Mutter Franzl* existiert seit dem 19. Jahrhundert und liegt direkt am *Hauptwanderweg 1* des Albvereins.

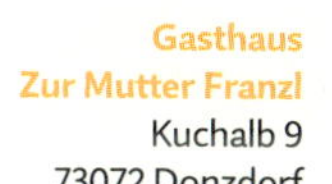

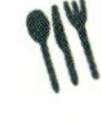

Gasthaus Zur Mutter Franzl
Kuchalb 9
73072 Donzdorf
www.mutterfranzl.de

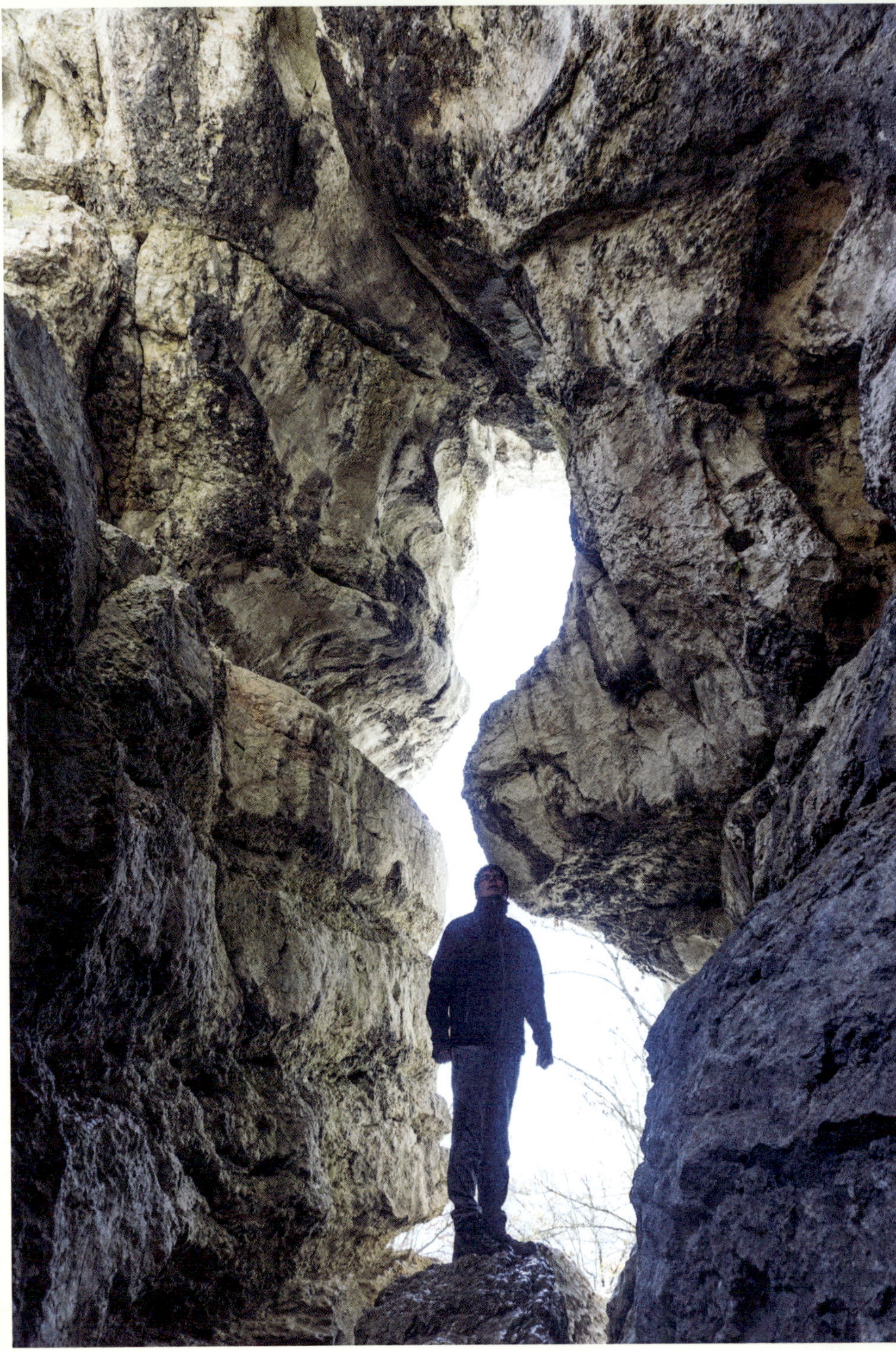

Die offene Kahlensteinhöhle ist auf der Alb einzigartig

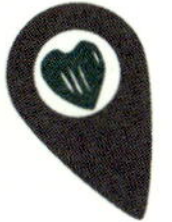

Perfekter Sonnenuntergang

Filstalgucker

18

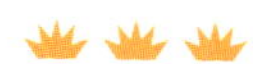

Dieser *Löwenpfad* führt über die große Halbinsel, die das Filstal und das Rohrachtal oberhalb von Geislingen an der Steige aus der Alb herausgefräst haben. Ein Gutteil des *Filstalguckers* verläuft deshalb entlang dieser Klippen des Albtraufs und bietet Ausblicke fast schon als Dutzendware an, wie vorne an der »Inselspitze« am gewaltigen Ostlandkreuz. Allerdings weist die Wanderung auch viele stille und manchmal etwas monotone Passagen auf.

Zwei Aussichtspunkte gilt es hervorzuheben. Zum einen den Kahlenstein. Oben ist eine Felswand bizarr herauserodiert, die wie der Überrest einer alten Burganlage wirkt. Direkt darunter liegt die Kahlensteinhöhle, die eher wie eine große Halle aussieht und, als wäre sie ein Rückzugsort für Fabelwesen, die Fantasie anregt. Ich kenne keine vergleichbare Höhle auf der Alb. Um sie zu besuchen, muss man die Route am Kahlenstein kurz verlassen und bergab gehen.

Zum Zweiten kommt man am Ende der Tour am Burgstall vorbei, wo früher tatsächlich eine Burg stand. Die erhöhte ebene Fläche erinnert noch daran. Der Blick nach Westen ins Filstal hinein ist schlichtweg grandios – vor allem um einen Sonnenuntergang zu erleben, dürfte sich kaum ein besserer Platz auf der Alb finden lassen.

Löwenpfade
Landkreis Göppingen 

13,2 km; 4:00 h 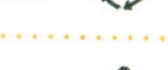

150 Hm 

mittel 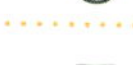

–

Parkplatz an der Kirche
Geislingen-Türkheim
48.586023, 9.801988 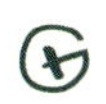

Bahn bis
Geislingen a. d. Steige,
Buslinie 350
bis Türkheim 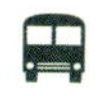

Aussicht, Sonne 

In Geislingen a. d. Steige hat sich rund um die WMF-Fischhalle ein Outlet-Zentrum mit 50 Läden angesiedelt, vornehmlich mit Haushaltswaren und Mode 

out.ac/Yy9fP 

Hörners Landgasthof liegt nur wenige Meter vom Start- und Endpunkt der Tour entfernt und bietet einen Biergarten.

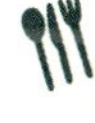

Landgasthof Hörner
Geislinger Straße 26
73312 Geislingen-Türkheim
www.hoerners-landgasthof.de

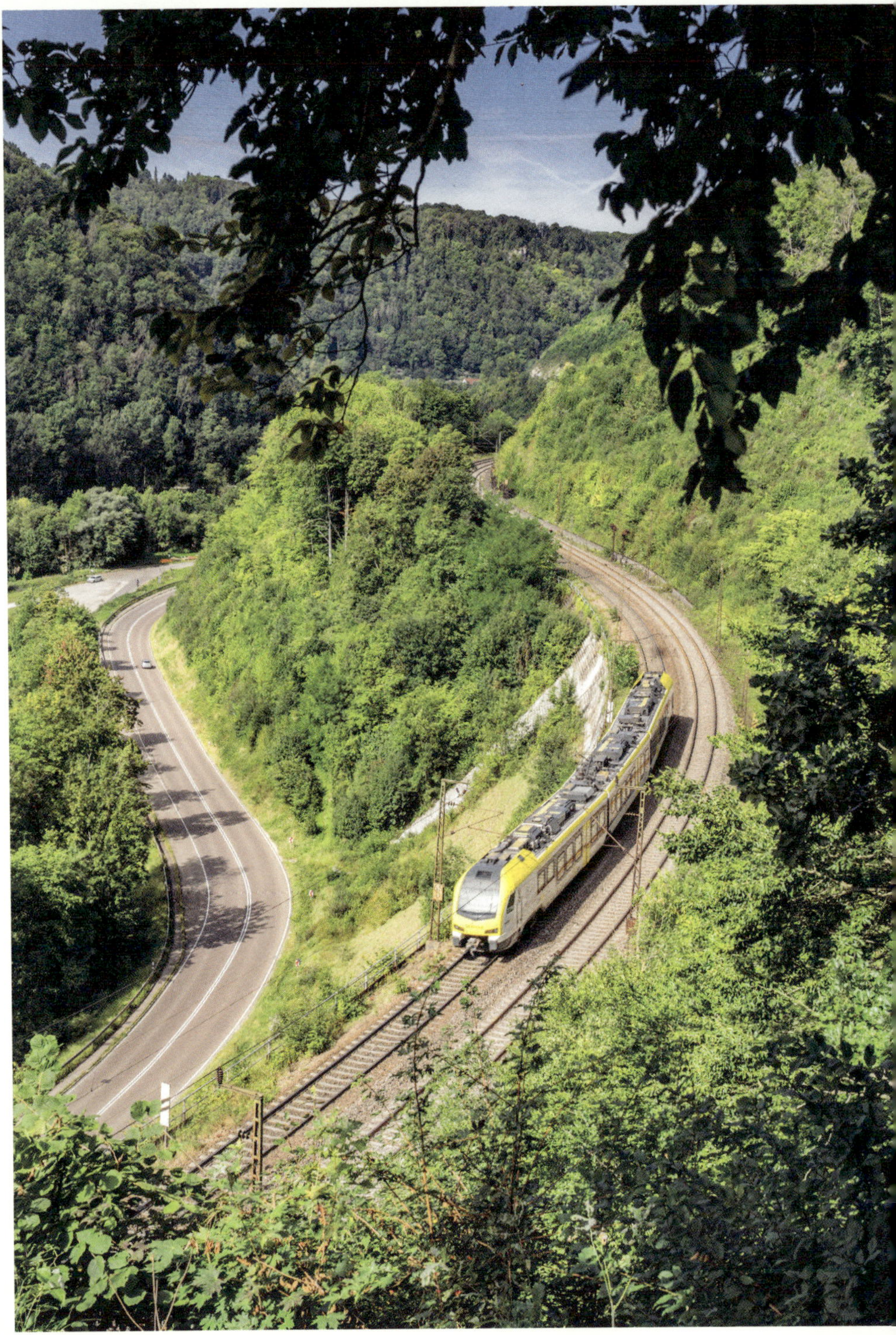

Am Mühltalfelsen bietet sich der beste Blick auf die Bahnstrecke an der Geislinger Steige

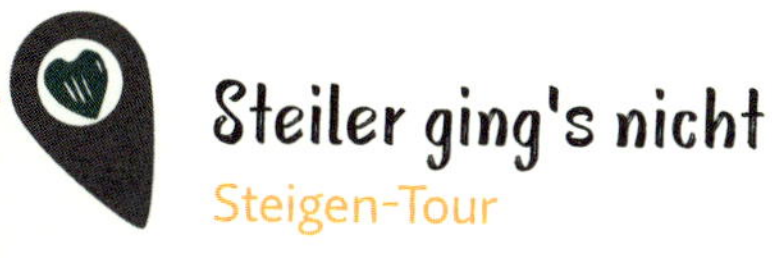

Steiler ging's nicht

Steigen-Tour

19

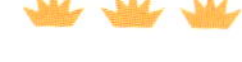

Löwenpfade
Landkreis Göppingen

17,2 km; 5:20 h

419 Hm

schwer

–

Parkplatz Jahnhalle
Steingrubestraße
Geislingen a. d. Steige
48.617729, 9.838917

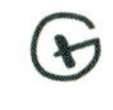

Bahn bis
Geislingen a. d. Steige

Aussicht, Kultur/
Sehenswürdigkeiten,
Wasser, Geologie

Im Stadtmuseum im Alten Bau ist ein 28 Meter langes Modell der Geislinger Steige im Zustand von 1925 ausgestellt

out.ac/GWduk

Das ist ungewöhnlich: Diese Tour richtet sich nicht primär an Wanderer, sondern ist für Eisenbahnfreunde konzipiert – tatsächlich umrundet man auf den rund 17 Kilometern die legendäre Bahnsteilstrecke der Geislinger Steige. Sie soll bei ihrer Eröffnung 1850 mit 22,5 Promille die erste Gebirgsquerung in Kontinentaleuropa gewesen und noch heute die steilste Normalspurstrecke Europas sein. Bei schweren Güterzügen sind zusätzliche Schubloks im Einsatz, um die Steigung auf die Alb hinauf zu schaffen. Vor allem vom Mühltalfelsen, der früher einmal wegen seiner Wuchtigkeit »General« hieß und für die Trasse größtenteils weggesprengt worden ist, kann man die Züge von oben beobachten.

Allein wegen der Eisenbahn sollte man jedoch diese Tour nicht machen – dazu kommt man zu selten wirklich an die Gleise ran. Für manche etwas abschreckend ist auch der Lärm der nahen B10, die parallel zur Zugstrecke verläuft. Dafür punktet der Weg mit ruhigen Waldpassagen, der eindrucksvollen Ruine Helfenstein (mit Burgschenke) und unten im Tal, wo Rohrachbach und Mühlkanal zusammenfließen, mit einem idyllischen Fleckchen Erde.

Noch ein Hinweis für müde Krieger: Der Erlebnispfad *Geislinger Steige* verläuft bis weit nach der Schimmelmühle parallel zur Steigen-Tour, ist aber vier Kilometer kürzer und lässt den zweiten Anstieg aus.

Die Schimmelmühle mit Hofladen und Café hat eine lange Geschichte – Daniel Straub, der Begründer der WMF, kam von dort.

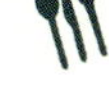

Straubs Mehlstube
Schimmelmühle 1
73312 Geislingen
a. d. Steige
https://straubmuehle.de

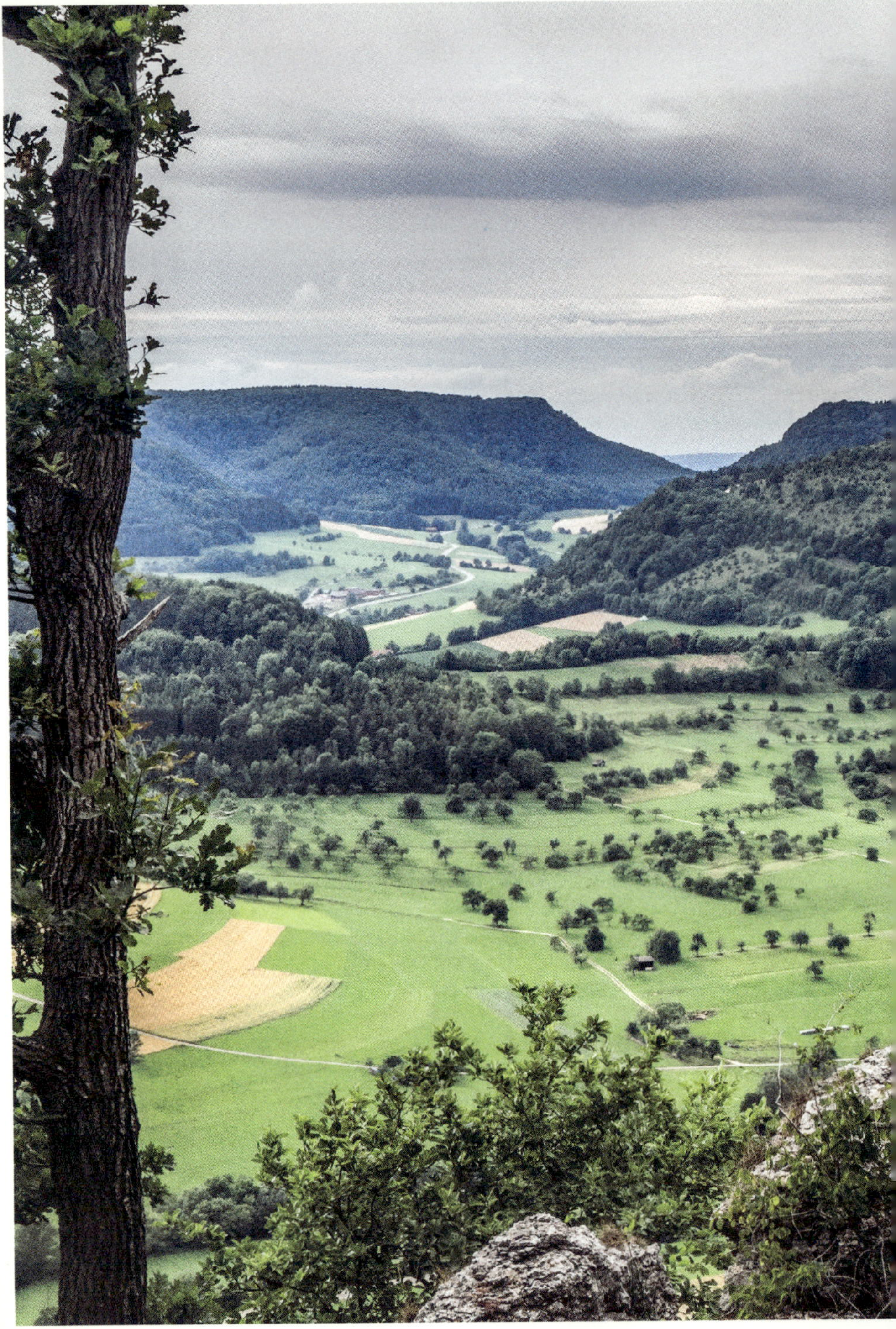

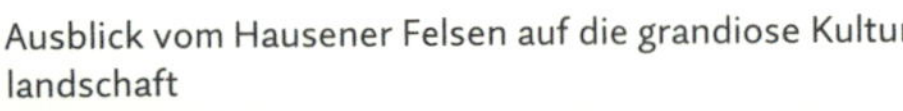

Ausblick vom Hausener Felsen auf die grandiose Kulturlandschaft

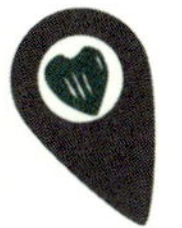

Hinauf zum Bergsturz

Felsenrunde

20

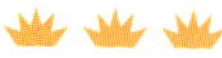

Der unbestrittene Höhepunkt dieser Wanderung ist der Hausener Fels: Dort kann man nicht nur eine schöne Sicht hinab ins Filstal und hinüber zum Sattel zwischen Fuchseck und Wasserberg genießen, sondern auch auf den Bergsturz hinabschauen, der sich hier wahrscheinlich am Ende der letzten Eiszeit ereignet und ein beinahe senkrechtes Felsgeklüft hinterlassen hat. Bis hinüber zum Jungfraufels reicht die rund einen Kilometer lange Wand. Am Hausener Fels kann man gut Pause machen, sich ein Würstchen an der Grillstelle zubereiten und darüber nachdenken, wie es hier wohl ausgesehen hat, damals vor rund 10.000 Jahren. Statt Streuobstwiesen lag vermutlich eine waldlose Steppe zu Füßen jener Homo sapiens, die auf der Suche nach Wild vorüberzogen.

Die Felsenrunde ist vor einigen Jahren von einem Wandermagazin sogar zur zweitschönsten Tour des Jahres in Deutschland gewählt worden. Da sieht man wieder einmal, wie verschieden Geschmäcker sind. Denn man kann der Tour anlasten, dass sie oben auf der Hochfläche am zwar gepflegten, doch nicht gerade naturnahen Golfplatz von Bad Überkingen entlang oder rund um Oberböhringen durch stark landwirtschaftlich genutzte Flächen führt. Aber der Hausener Fels entschädigt für vieles – wo schon kann man direkt in die Vergangenheit schauen?

Das italienisch-schwäbische *Zefiro Ristorante* am Golfplatz in Oberböhringen freut sich über Wanderer als Gäste.

Löwenpfade
Landkreis Göppingen 

13,3 km; 4:20 h  

427 Hm 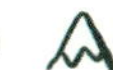

schwer 

–

Parkplätze am Kurpark Bad Überkingen (Toureneinstieg etwas weiter oben am Berg) 48.603177, 9.790901 

Bahn bis Geislingen a. d. Steige, Buslinie 965/966 bis Bad Überkingen, Haltestelle Bad, 1 km Fußweg 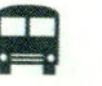

Aussicht, Sonne 

Das kleine Thermalbad in Bad Überkingen verfügt neben einer Sauna über eine Totes-Meer-Salzgrotte 

out.ac/lAbtg 

Zefiro Ristorante
Beim Bildstöckle
73337 Bad Überkingen
https://zefiro-19.de 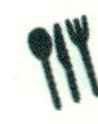

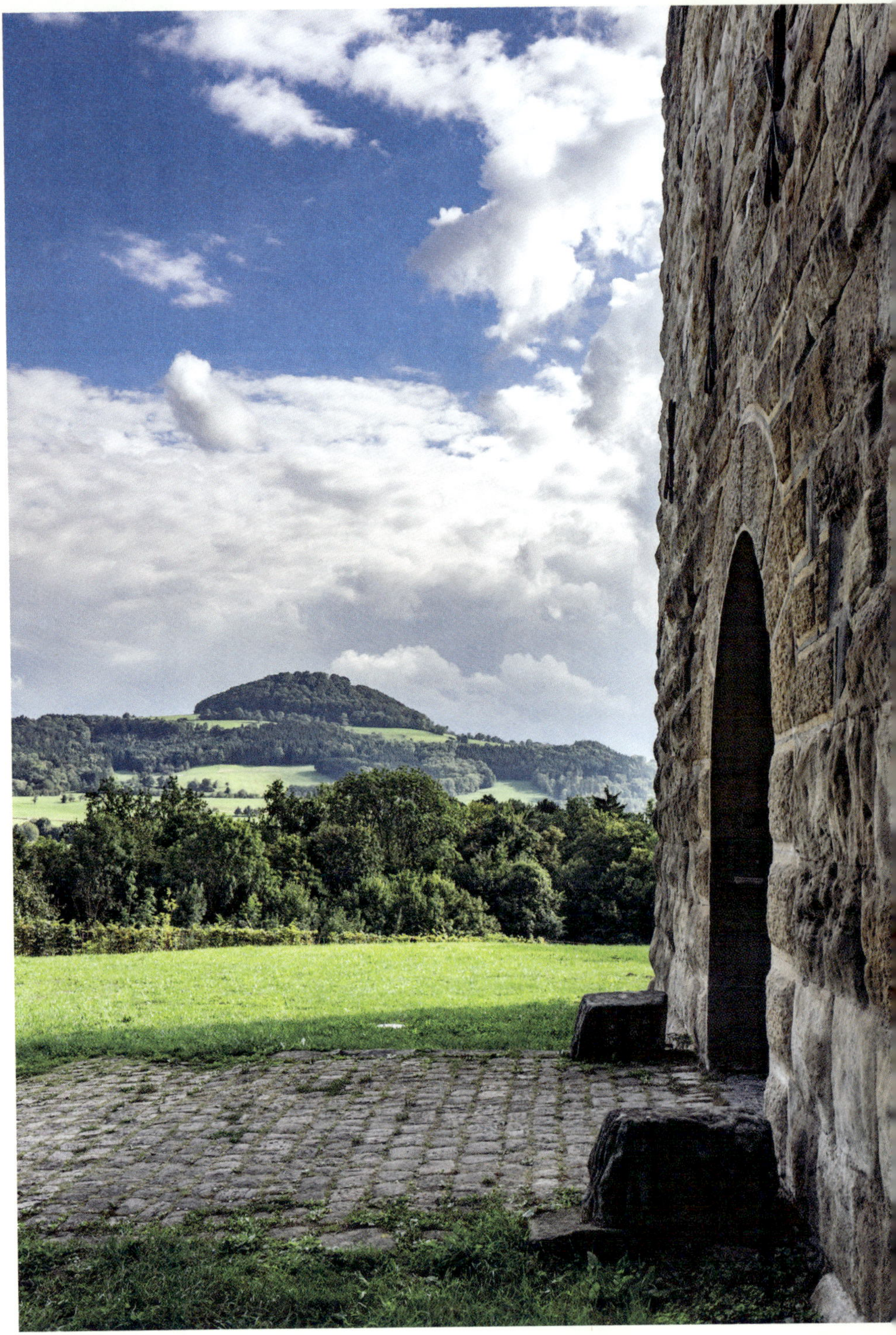

Der Hohenstaufen und das Wäscherschloss sind bei dieser Tour immer in Sichtweite

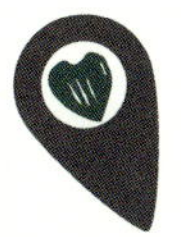

Das Staunen der Welt

Staufer-Runde

21

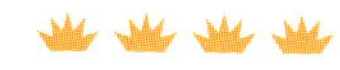

Löwenpfade
Landkreis Göppingen

11,2 km; 3:30 h

372 Hm

mittel

–

Parkplatz am Wäscherschloss Wäschenbeuren 48.767422, 9.707220

Bahn bis Göppingen, Buslinien 931/932/X93 bis Wäschenbeuren, Haltestellen Schillerstraße oder Marktplatz, 700 m Fußweg

Aussicht, Kultur/ Sehenswürdigkeiten

Das nahe Kloster Lorch war die Grablege der Staufer und vervollständigt den Ausflug in die Geschichte

out.ac/GXsji

Schon zu ihrer Zeit haben die Stauferkaiser Friedrich Barbarossa und dessen Enkel, Friedrich II., die Menschen fasziniert – und an diesem »Stupor mundi«, dem »Staunen der Welt«, hat sich bis heute wenig geändert, schon gar nicht bei uns, in der einstigen Heimat der Staufer.

Die nach ihnen benannte Runde ist deshalb für viele eine spannende Geschichtsreise und für manche gar eine Pilgerroute, denn sie führt hinauf auf die Burgruine Hohenstaufen, den Stammsitz des Geschlechts. Und noch immer meint man dort oben eine besondere Aura zu spüren, obwohl Barbarossa vermutlich nur ein Mal und Friedrich II. nie diesen Ort besucht hatte. Der Blick vom solitär stehenden Zeugenberg des Hohenstaufen ist trotzdem grandios – man sieht nicht nur den Albtrauf, sondern auch die beiden anderen Kaiserberge, den Stuifen und den Hohenrechberg. Die Burg selbst wurde im Bauernkrieg 1525 geschleift, wenig ist von ihr übrig geblieben.

Der zweite Höhepunkt dieser Tour ist das architektonisch ungewöhnliche Wäscherschloss. Laut einer romantischen, jedoch falschen Legende soll die kleine Trutzburg ihren Namen einer großen Liebe verdanken: Kaiser Barbarossa habe an dieser Stelle Rast gemacht und sich in eine schöne Wäscherin verguckt. Ihr Ehrenpreis sei diese Burg gewesen.

Leider liegen entlang der Strecke keine weiteren Sehenswürdigkeiten; das trübt das Vergnügen an dieser Stauferwanderung ein wenig.

Das *Hüftgold* ist die Gaststätte des *TSV Wäschenbeuren* und bietet deutsche und mediterrane Spezialitäten.

Hüftgold
Maitiser Straße 16
73116 Wäschenbeuren
www.tsv-waeschenbeuren.de

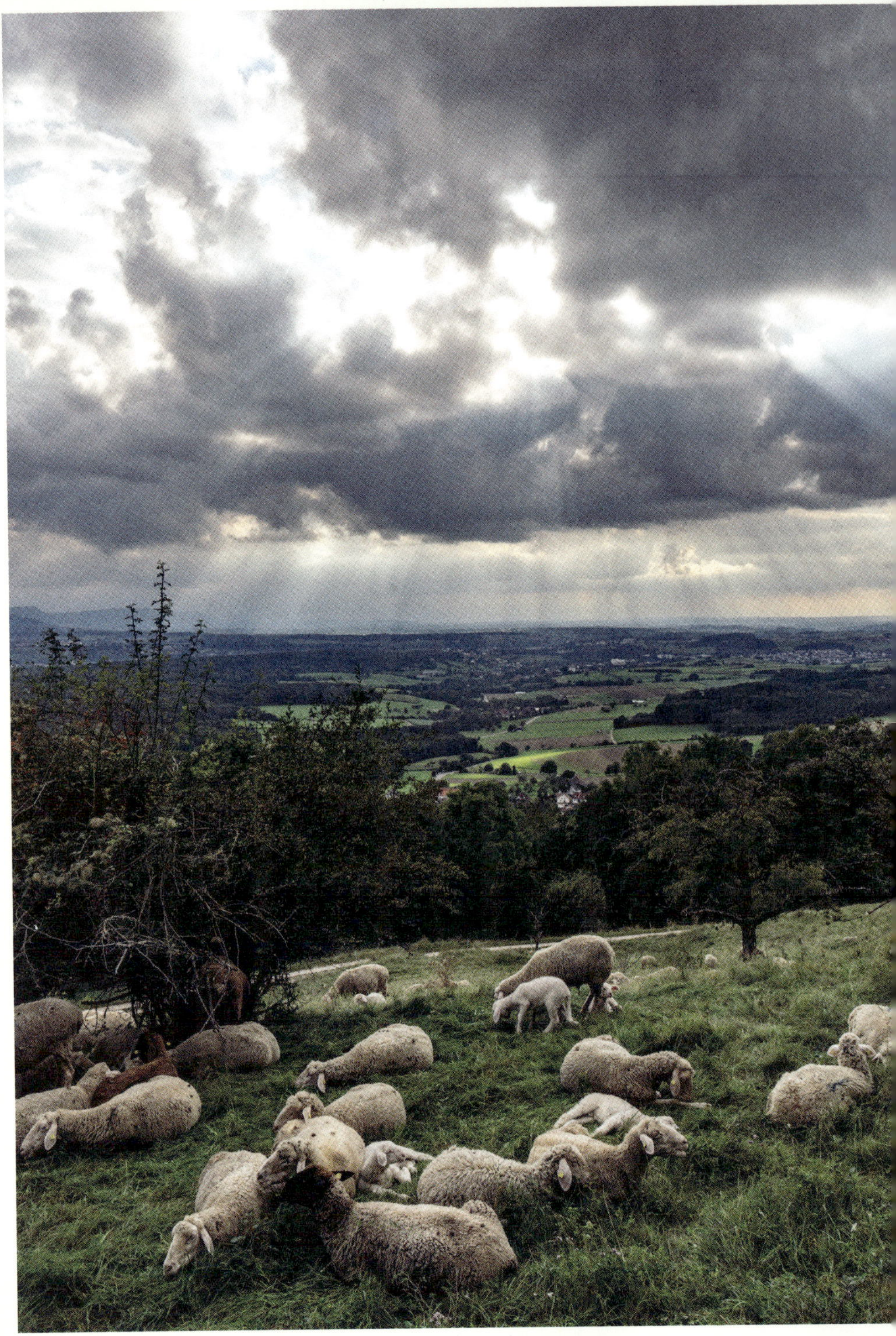

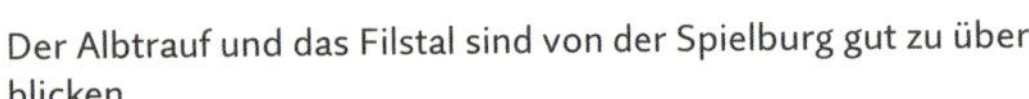

Der Albtrauf und das Filstal sind von der Spielburg gut zu überblicken

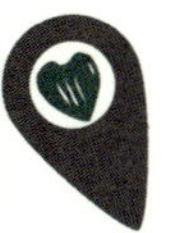

Zur Oberjurascholle

Spielburg-Runde

22

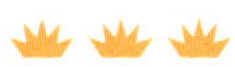

Die Tibeter besteigen niemals ihren heiligen Berg, den Mount Kailash, sondern umrunden ihn nur – und so ist es auch bei diesem Spaziergang: Er führt ohne heftige Höhenunterschiede einmal um den vollkommenen Kegel des Hohenstaufen herum, jedoch nicht hinauf zu seiner Spitze.

Das Glanzstück dieser Runde ist deshalb die Spielburg, bei der einen trotz des Namens keine Ruine erwartet, sondern ein besonderes Naturschutzgebiet. Vor gut zwei Millionen Jahren ist eine große Felsscholle vom Hohenstaufen abgebrochen, abgeglitten und weiter unten am Hang liegen geblieben – bis heute ragt ein hoher Felsen dieser Scholle wie der Bug eines Schiffes gen Süden. Auf diesem Gestein, dem Oberjura, konnte sich eine Heidelandschaft wie auf der Alb entwickeln, obwohl der Zeugenberg des Hohenstaufen zehn Kilometer vom Albtrauf entfernt liegt. Mehr als 320 verschiedene Pflanzen sollen hier wachsen. Überragend ist auch der Blick von der Spielburg über das Filstal hinweg, hinüber zum Albtrauf.

Da die meisten Wanderer am Hohenstaufen keine Tibeter sein werden, ist es übrigens nicht verboten, die Umrundung mit einer Gipfelbesteigung zu krönen – diese lohnt sich schon wegen der Gaststätte an der Burgruine.

Und wer Lust auf mehr bekommen hat: Von der Spielburg-Runde kann man fast jederzeit zur längeren Staufer-Runde wechseln.

Löwenpfade
Landkreis Göppingen 

3,5 km; 1:00 h 

109 Hm 

leicht 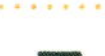

–

Parkplätze im Ort, Göppingen-Hohenstaufen 48.739663, 9.719334 

Bahn bis Göppingen, Buslinie 933 bis Hohenstaufen, Haltestelle Rathaus/Dorfplatz 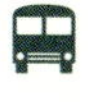

Kinder, Aussicht, Botanik, Geologie 

Am Friedhof in Hohenstaufen gibt es eine kleine Ausstellung zur Geschichte der Staufer 

out.ac/GXskr 

Das kleine Lokal auf dem Hohenstaufen trägt den wundervollen Namen *Himmel & Erde*.

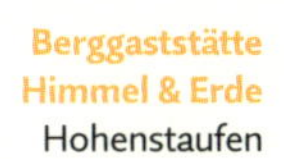

Berggaststätte Himmel & Erde
Hohenstaufen
73037 Göppingen-Hohenstaufen
www.berg-hohenstaufen.de

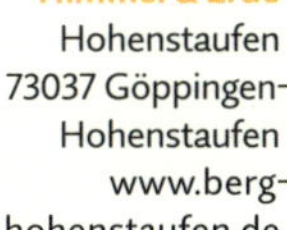

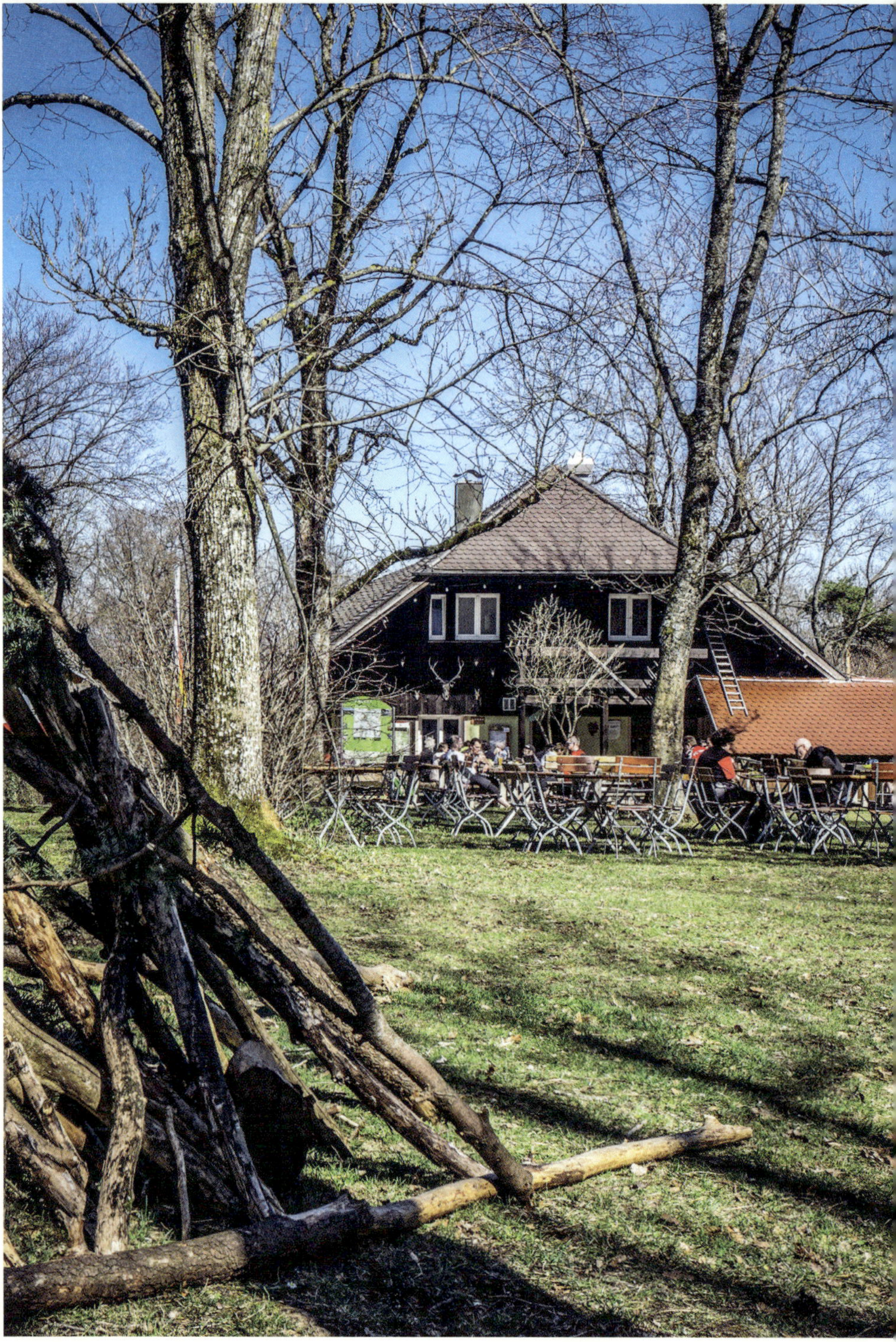

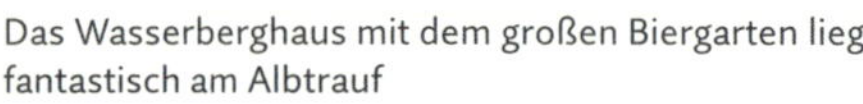

Das Wasserberghaus mit dem großen Biergarten liegt fantastisch am Albtrauf

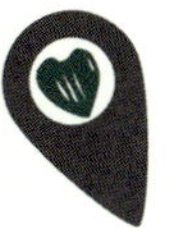

Im Küchenschellenmeer

Orchideenpfad

23

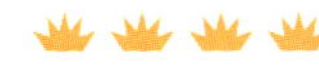

Der Orchideenpfad will gut geplant sein, zumindest wenn man botanisch interessiert ist. Das zeitige Frühjahr wäre der richtige Zeitpunkt, wenn man das Meer von Küchenschellen sehen will, das sich gleich zu Beginn der Tour beim Aufstieg zum Haarberg ausbreitet. Es ist ein erhebendes Gefühl, die vielen kleinen purpurfarbenen Blüten, die tapfer gegen die oft noch kalte Luft ankämpfen, als Vorboten des Frühlings zu erleben. Ihr biederer Name, der auch im Lateinischen mit »Pulsatilla vulgaris« kaum besser wird, steht jedenfalls in keiner Relation zu ihrer Schönheit.

Diejenigen, die tatsächlich Orchideen entdecken wollen, wie etwa den Hundswurz, das Helmknabenkraut oder den Spinnenragwurz, sollten sich eher im Frühsommer aufmachen. Allerdings ist dieses Entdecken nicht immer einfach: Während die Küchenschellen für jeden botanischen Frischling unübersehbar sind, wachsen die Orchideen oft versteckt und unscheinbar. Nur wer sie kennt, sieht sie. Selbstredend, dass das gesamte Gebiet, durch das sich der Orchideenpfad zieht, unter Naturschutz steht.

Nicht zu verachten sind ebenso die Ausblicke, gerade vom Gipfelkreuz des Haarbergs. Und nicht nur für Kinder dürfte das Wasserberghaus mit viel Platz zum Toben und mit seinem großen Biergarten der absolute Höhepunkt dieser Tour sein.

Das *Wasserberghaus* mit Biergarten befindet sich direkt am Albtrauf – die Lage macht das Albvereinshaus zu einer Top-Location.

Löwenpfade
Landkreis Göppingen 

9,3 km; 2:45 h 

168 Hm 

mittel 

– 

Wanderparkplatz am Hexensattel Reichenbach im Täle 48.623275, 9.745325 

Bahn bis Geislingen a. d. Steige, Buslinie 966 bis Reichenbach im Täle, Haltestelle Rathaus, 1 km Fußweg 

Kinder, Aussicht, Botanik 

Die Vinzenz-Therme in Bad Ditzenbach mit einem 35 Grad warmen Außenbecken lädt zum Entspannen ein

out.ac/GGlvk 

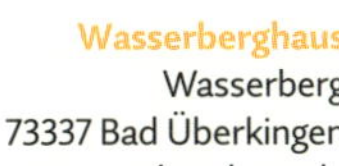

Wasserberghaus
Wasserberg
73337 Bad Überkingen
www.wasserberghaus.de 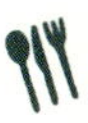

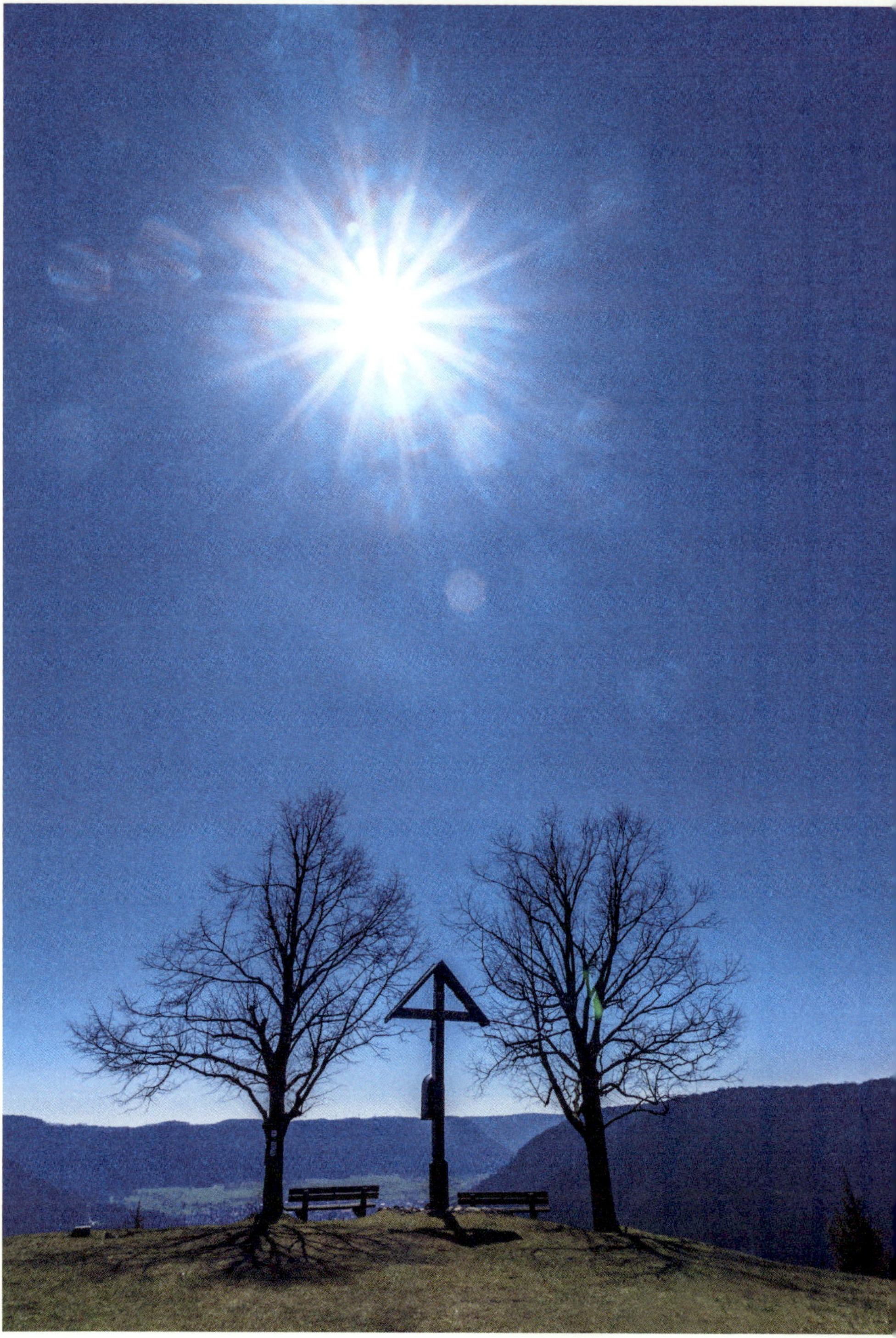

Auf dem Haarberg liegt einem das Filstal zu Füßen

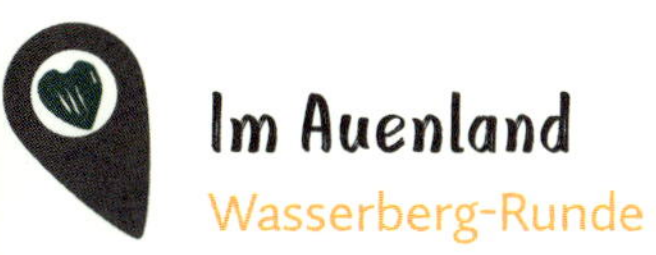

Im Auenland

Wasserberg-Runde

24

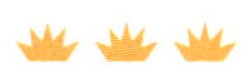

Löwenpfade
Landkreis Göppingen 

12,1 km; 3:40 h 

379 Hm 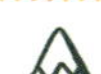

mittel 

– 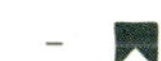

Wanderparkplatz am Hexensattel Reichenbach im Täle 48.622628, 9.745968 

Bahn bis Geislingen, Buslinie 965 bis Hausen an der Fils, Haltestelle Hirsch, dort Toureneinstieg 

Aussicht, Sonne, Botanik 

Das Wasserberghaus ist mit einem Abstecher von drei Kilometern hin und zurück erreichbar 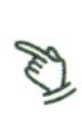

out.ac/GGRzi 

Das Obere Filstal mit seinen Seitentälern ist eine ungemein schöne und ursprünglich gebliebene Gegend, und das erweist sich auch auf dieser Wanderung. Obwohl kleine Landstraßen nie weit sind, so liegen doch die Dörfer natürlich eingebettet in eine Landschaft aus Wiesen und Wald – ein friedliches Auenland.

Bedeutende Höhepunkte fehlen allerdings auf dieser Tour. Die ersten zweieinhalb Kilometer folgt sie dem Orchideenpfad, der ebenfalls ein zertifizierter Löwenpfad ist. Steil müht sich die Strecke zunächst hinauf auf den Haarberg, eine unter Naturschutz stehende Wacholderheide. Im Frühjahr wachsen hier viele Küchenschellen und im Frühsommer Orchideen. Zudem eröffnet sich am Gipfelkreuz ein herrlicher Blick auf die begnadete Landschaft.

In einem großen Bogen steigt man, vorbei an der neuen Wettereiche, hinab nach Unterböhringen und wechselt auf die andere Talseite. Vor einem liegen nun die mächtigen Abstürze der Hausener Wand, die nach einem Felsabbruch in vorhistorischer Zeit entstanden ist. Von unten wirken die senkrechten Felsen fast schon einschüchternd. Man durchquert Hausen an der Fils und umrundet den Weigoldsberg, der aus dieser Perspektive wie ein formvollendeter Kegel aussieht. Einen einsameren Gipfel gibt es kaum auf der Alb – wer will, kann den kleinen Abstecher hinauf am Ende der Tour noch unternehmen.

Der *Hirsch* in Unterböhringen bietet echte schwäbische Küche, beispielsweise Gemischten Braten und manchmal sogar Kutteln.

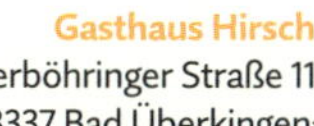

Gasthaus Hirsch
Oberböhringer Straße 11
73337 Bad Überkingen-Unterböhringen 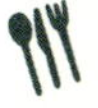

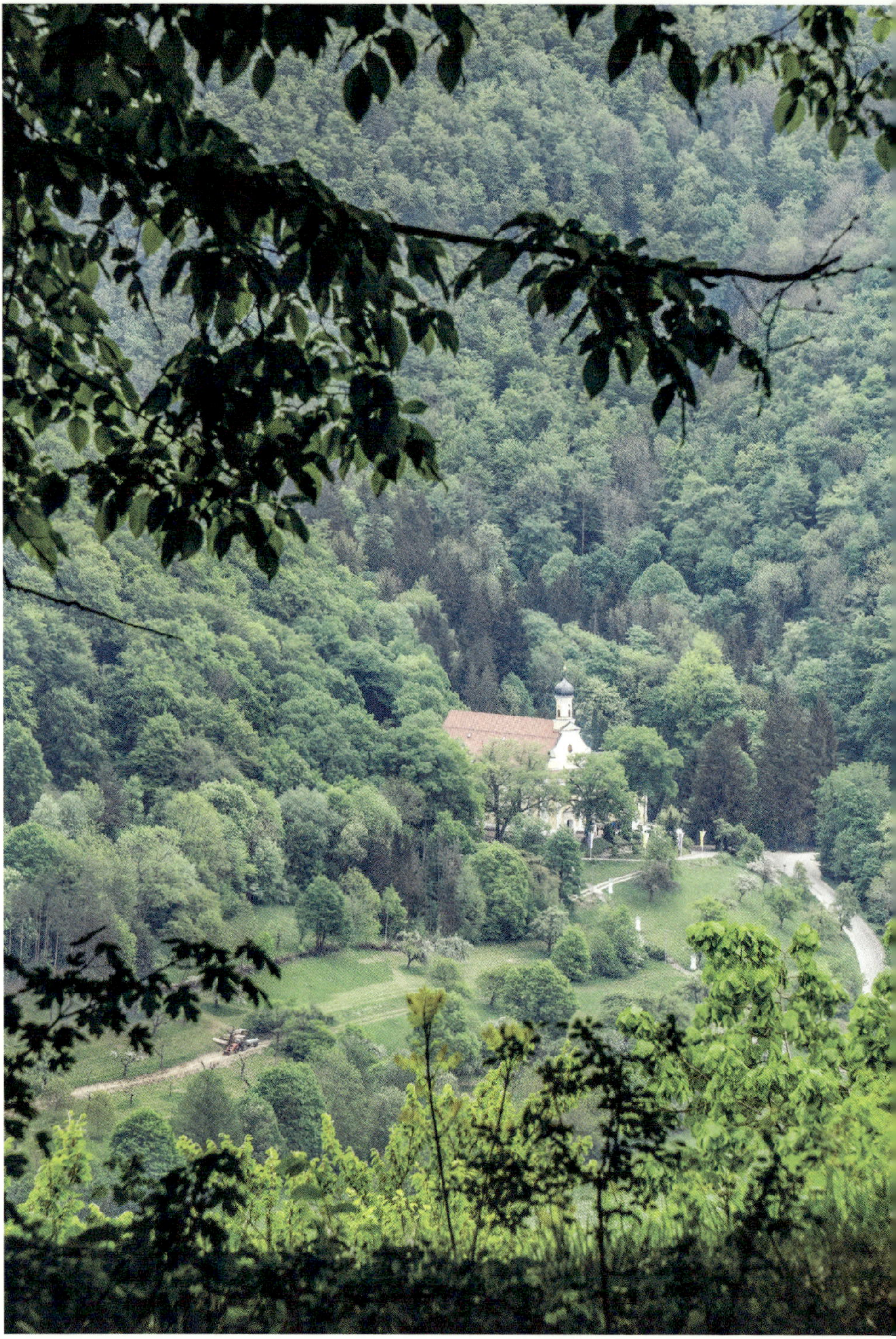

Die Wallfahrtskirche Ave Maria liegt in einem Seitental bei Deggingen

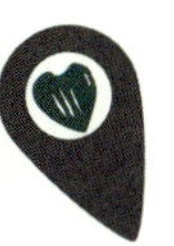

Wallfahrt auf der Alb

Ave-Weg

25

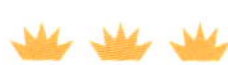

Löwenpfade
Landkreis Göppingen 

8,5 km; 2:30 h 

251 Hm 

mittel

– 

Parkplatz unterhalb Wallfahrtskirche Ave Maria, Deggingen 48.595225, 9.738851 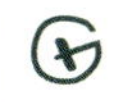

Bahn bis Geislingen a. d. Steige, Buslinie 966 bis Deggingen, Haltestelle Ave Maria, 1,5 km Fußweg 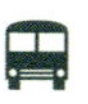

Aussicht, Schatten, Kultur/Sehenswürdigkeiten 

Im Advent zieht in der Wallfahrtskirche eine große Krippe mit 40 Figuren und sogar einem Goldfischteich Besucher an 

out.ac/GSTXV 

Kaum jemand will in unserer modernen Welt noch Mönch oder Nonne werden, fast niemand scheint es mehr als bereichernd zu empfinden, sein Leben der Kontemplation, anderen Menschen und Gott zu widmen. Auch in Deggingen ging 2018 eine kleine Ära zu Ende: Fast ein Jahrhundert lang hatten Kapuzinermönche die seelsorgerische Betreuung der Wallfahrtskirche Ave Maria im Oberen Filstal übernommen. Doch dann zogen sich die vier verbliebenen Pater auf eigenen Wunsch zurück. Die Diözese Rottenburg-Stuttgart kümmert sich nun in Eigenregie um die Seelsorge.

Diese Wallfahrtskirche ist Ausgangs- und Endpunkt des Ave-Wegs, der nicht nur schöne Aus-, sondern zudem innere Einblicke bietet, denn die Wanderung führt am Franziskuspfad entlang: An zehn Stationen erhält der Spaziergänger Impulse aus Franziskus' berühmtem Gebet *Sonnengesang*, in dem dieser die Natur und den Schöpfer preist. So kann man auf dem Ave-Weg üben, loszulassen – zumindest zwei Stunden lang.

Die Marien-Wallfahrt in dem Seitental bei Deggingen wurde schon im Mittelalter begründet. Seit 1718 nimmt die neue barocke Kirche, die von alten Linden umstanden ist und sich fast überirdisch harmonisch in die Umgebung einfügt, die Pilgernden auf. Am 14. August etwa, am Vorabend des Patroziniums Marias, werden ein Gottesdienst und eine Lichterprozession gefeiert.

Ein kleiner Abstecher von der Buschelkapelle am Albtrauf führt zum Gasthaus Burgruine mit Biergarten.

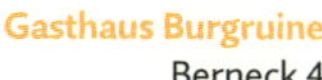

Gasthaus Burgruine
Berneck 4
73326 Deggingen-Berneck
www.gasthaus-burgruine.de 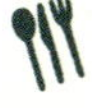

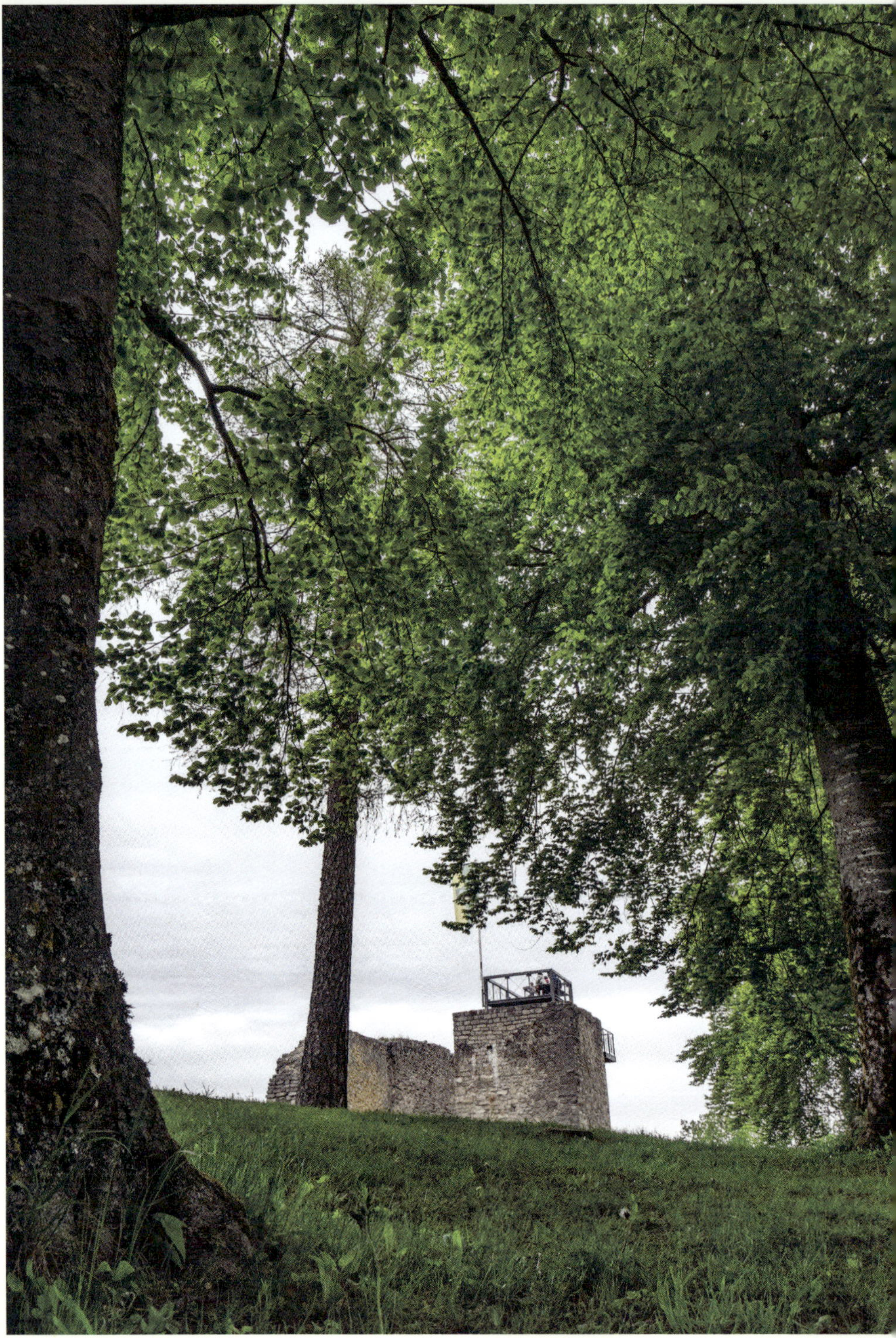

Die Ruine Hiltenburg dominiert das Obere Filstal

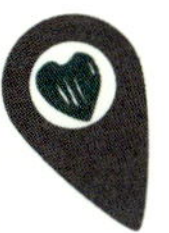

Ausblicke in großer Zahl

Höhenrunde

26

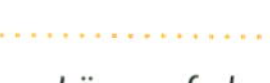

Die Höhenrunde führt gar nicht am Albtrauf entlang – und doch bietet sie grandiose Ausblicke in großer Zahl. Das Obere Filstal, das zu den schönsten Tälern der Schwäbischen Alb zählt und das die Einwohner liebevoll »Goißatäle« nennen, ist von steilen Bergen umgeben, deren Charakter stark an den großen Bruder, den Albtrauf, erinnert. Eck-, Bad- und Oberbergfelsen, Tierstein und viele Kalkfelsen ohne Namen säumen diese Strecke. Aber wie es so ist mit Aussichten – man muss sie sich erarbeiten. Der Aufstieg von Bad Ditzenbach hinauf zum Eckfelsen ist ziemlich schweißtreibend.

Diese Wanderung überzeugt also durch ihr Panorama, aber zudem mit einer Sehenswürdigkeit, die kurioserweise gar nicht Teil der Tour ist: mit der Ruine Hiltenburg. Man kann sie während des Abstiegs leicht durch einen gut einen Kilometer langen Abstecher (hin und zurück) besuchen. Ein Turm und viele Außenmauern sind noch vorhanden. Bemerkenswert ist, wie die Burg der Helfensteiner im Herbst 1516 zur Ruine wurde. Herzog Ulrich von Württemberg wurde damals auf der Heimreise unversehens angegriffen – eine Kanonenkugel flog von der Hiltenburg in dessen Lager. Sie richtete zwar keinen Schaden an, doch da der Herzog auf Rache sann und der Burggraf zu stolz war, um sich zu entschuldigen, wurde die Festung am 9. November 1516 in Schutt und Asche gelegt. So kann es gehen, wenn man seine Emotionen nicht im Griff hat.

Löwenpfade
Landkreis Göppingen 

10,8 km; 3:30 h (ohne Ruine Hiltenburg) 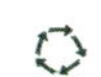

302 Hm 

mittel 

– 

Parkplatz am Haus des Gastes
Helfensteinstraße
Bad Ditzenbach
48.585626, 9.701047 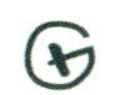

Bahn bis Geislingen a. d. Steige, Buslinie 966 bis Bad Ditzenbach, Haltestelle Vinzenz-Therme, 200 m Fußweg 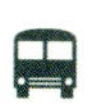

Aussicht, Kultur/Sehenswürdigkeiten 

Das Kräuterhaus *Sanct Bernhard* in Bad Ditzenbach führt viele Produkte für Gesundheit und Wellness 

out.ac/GltEO 

Torten, Milchshakes, Eis? Im Café Köhler, direkt neben dem Kräuterhaus *Sanct Bernhard*, erfüllen sich Ihre Wünsche.

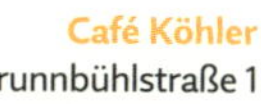

Café Köhler
Brunnbühlstraße 1
73342 Bad Ditzenbach
www.cafe-koehler.de 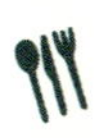

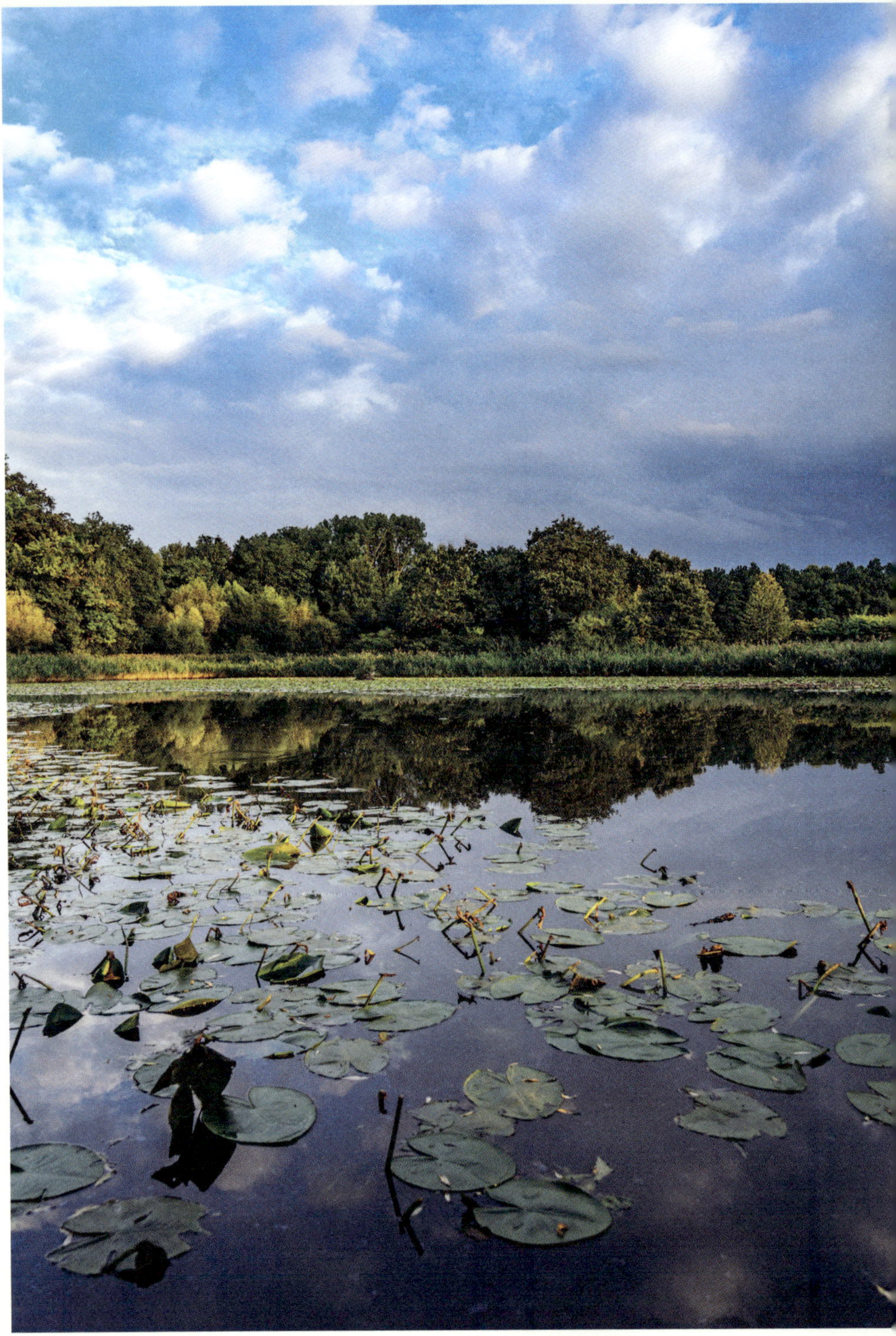

Der Charlottensee ist nur an wenigen Stellen zugänglich

Im Landschaftspark

Schloss-Filseck-Runde

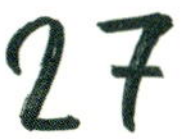

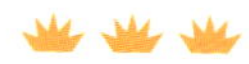

Die Gegend um das Schloss Filseck ist in den vergangenen Jahren erheblich aufgewertet worden. Die Anlage im Renaissance-Stil war nach einem Brand schon in den 1990er-Jahren grundlegend saniert worden, zuletzt wurde im weiteren Umkreis ein Landschaftspark mit einigen Attraktionen und Kunstobjekten angelegt, wie etwa einem *Schwebenden Pfad* oder einer *Hochzeitsallee.* Drei unterschiedlich lange Wanderstrecken führen durch diesen Park. Die Schloss-Filseck-Runde ist mit knapp vier Kilometern die kürzeste und als einzige als Qualitätsweg zertifiziert.

Die Tour eignet sich hervorragend als Verdauungsspaziergang, nachdem man im Schlossrestaurant eine Lasagnetta vom Rochenflügel oder in der Schlossschenke ein Schnitzel mit Pommes von der Freilandpute zu sich genommen hat, und sich nun der Bauch ein wenig voll und der Kopf ein wenig träge anfühlen. Anstrengen muss man sich nicht auf dieser Runde – eben führt sie auf der Kuppe oberhalb des Filstals hinüber Richtung Uhingen.

Leider trübt der Verkehrslärm, der von der B10 unten im Tal heraufdringt, das Naturerlebnis. Das ändert sich glücklicherweise, wenn man nach der halben Strecke nach Süden abbiegt. Bald gelangt man zum charmanten Charlottensee, der zu großen Teilen von Schilf umgeben ist und auf dessen Wasseroberfläche unzählige Teichrosen schwimmen. Gemütlich geht es dann durch den Wald zurück.

Löwenpfade
Landkreis Göppingen 

3,9 km; 1:00 h

20 Hm

leicht

–

Parkplatz am Schloss Filseck, Uhingen
48.700078, 9.604753 

Bahn bis Göppingen, Buslinie 913 bis Haltestelle Faurndau, Schloss Filseck, 600 m Fußweg 

Kinder, Aussicht, Kultur/Sehenswürdigkeiten, Wasser 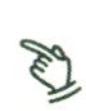

Das Schloss beherbergt eine Galerie mit moderner Kunst 

out.ac/GXskV

Im Schloss Filseck kann man im Restaurant mit Michelin-Stern gehoben essen oder einfach in der Schlossschänke mit Biergarten einkehren.

Restaurant Schloss Filseck
Filseck 1
73066 Uhingen
www.restaurant-auf-schloss-filseck.de 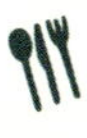

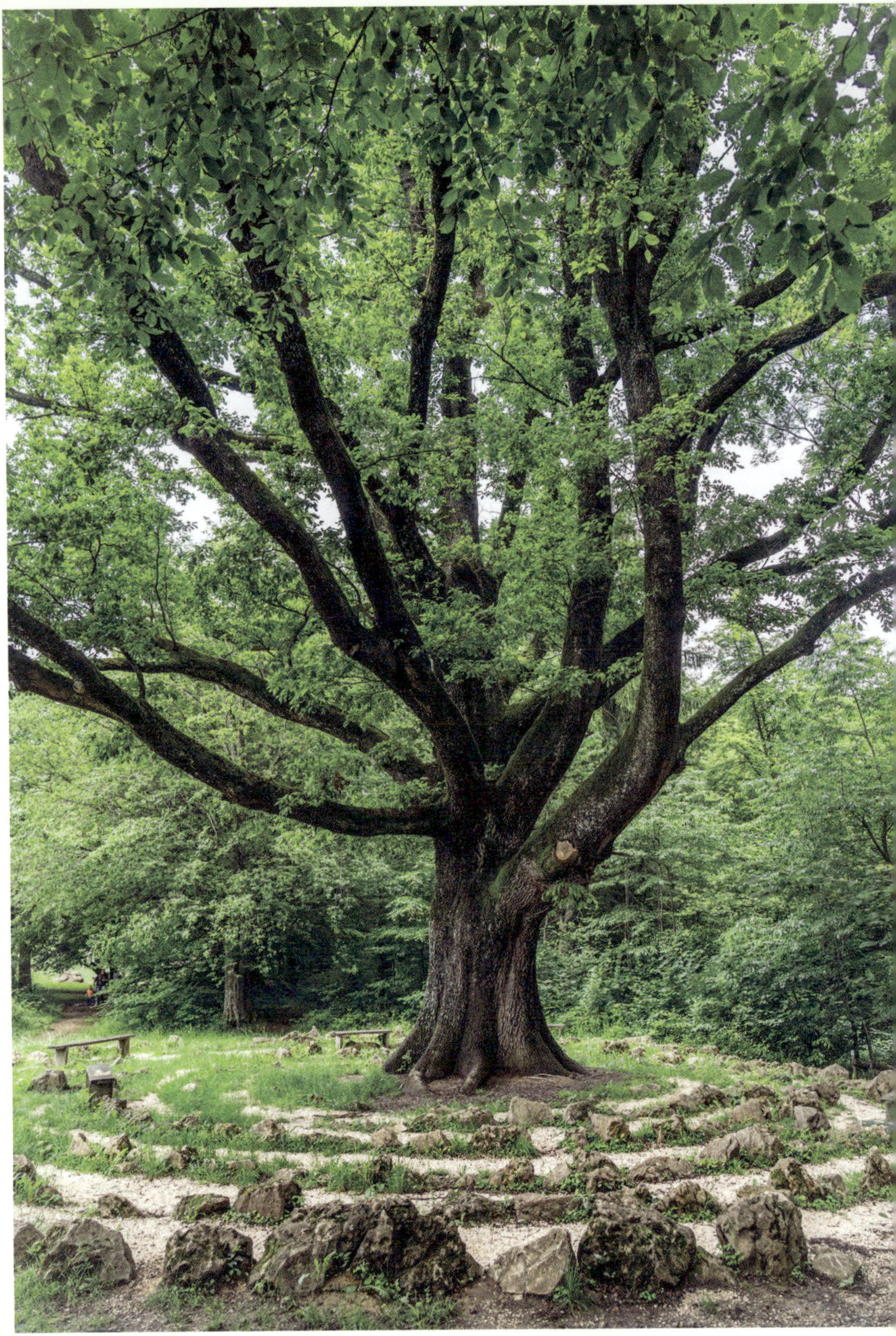

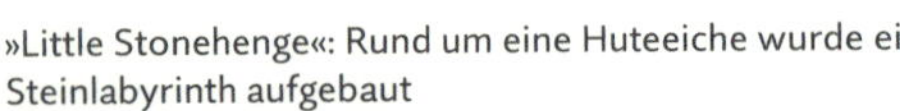

»Little Stonehenge«: Rund um eine Huteeiche wurde ein Steinlabyrinth aufgebaut

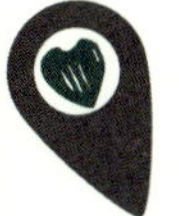

Den Seelenfrieden finden

Berta-Hörnle-Tour

28

Löwenpfade
Landkreis Göppingen 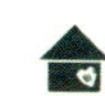

14,5 km; 4:00 h 

540 Hm 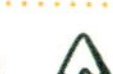

schwer 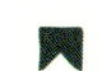

– 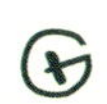

Wanderparkplatz
Pappelweg, Bad Boll
48.638381, 9.603839 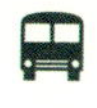

Bahn bis Göppingen,
Buslinie 920 bis Bad Boll,
Haltestelle Evangelische
Akademie/Rehaklinik,
200 m Fußweg 

Aussicht, Schatten 

In Bad Boll lockt
im Winter eine
Mineraltherme und
im Sommer das Freibad 

out.ac/GGxWr

Bad Boll ist seit Jahrhunderten ein besonderer Ort, denn dort strebt man mit offenem Geist stets nach körperlichem und seelischem Heil. Schon seit 1852 hatte der Erweckungsprediger und Heilkundige Johann Christoph Blumhardt in Bad Boll gewirkt. Dort wird seit 1945 in der Evangelischen Akademie über Gott und die Welt diskutiert. Dort stellt das anthroposophische Unternehmen *Wala* natürliche Heilmittel her. Und dort gibt es einen Kurbetrieb mit Kurpark und Mineraltherme. Es lohnt sich deshalb, vor oder nach dieser Wanderung noch etwas durch den Ort zu schlendern.

Zumindest für einige Stunden kann man auch auf der Berta-Hörnle-Tour seinen Seelenfrieden finden. Am Anfang und am Ende verläuft der Weg parallel zum Sinneswandel-Pfad, wo man sich öffnen kann für neue Eindrücke und Gedanken, wenn man über kleine Brücken geht, auf einer Himmelsliege pausiert oder rot angestrichenen Bäumen begegnet. Etwa am Hörnle, aber vor allem an der verschwundenen Bertaburg ergeben sich weite Ausblicke ins Albvorland und bis zum Hohenstaufen. Diese ist übrigens ebenfalls besonders: Die einstige Burg wurde nach einer Frau genannt, der Gräfin und Klosterstifterin Berta von Boll. Sie lebte in der Stauferzeit.

Insgesamt bietet diese lange Wanderung nicht allzu viele Höhepunkte, aber sie ist sehr naturnah. Das passt zu Bad Boll: Dieser Löwenpfad führt weniger zu äußeren Zielen, sondern verweist nach innen.

Die *Kornberghütte* bietet nur Kleinigkeiten zum Essen, liegt dafür jedoch schön an den Hängen des Kornbergs.

Die Kornberghütte
Kornberg 1
73344 Gruibingen
www.kornberghuette.de 

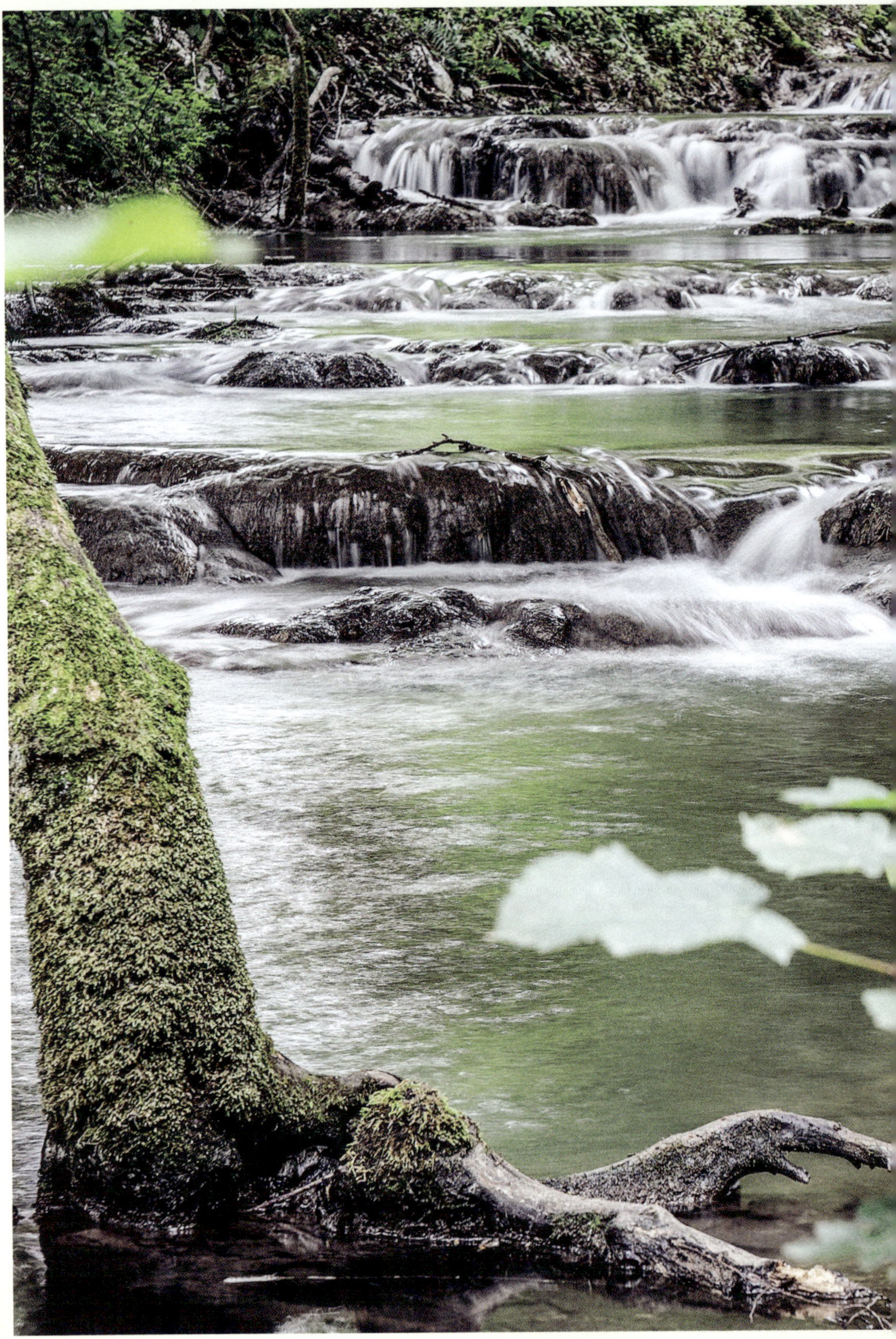

Die Fils fließt über kleine Kaskaden aus Tuff

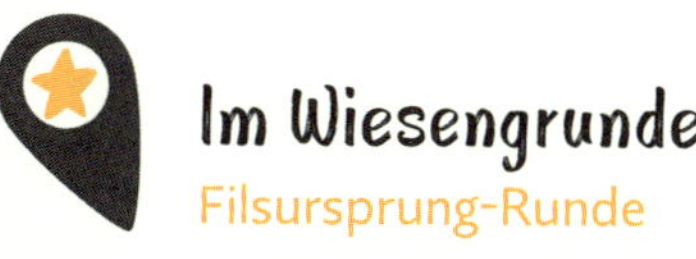

Im Wiesengrunde

Filsursprung-Runde

29

Die Fils ist ein vornehmer Fluss: Sie hat keine Quelle, sondern einen Ursprung. So sagt man das hier im Tal, und jeder Wanderer, der sich nach dem Weg zur Filsquelle erkundigt, outet sich gleich als »Reigschmeckter«. Aber in der Tat ist die Fils besonders: Ihr Ursprung liegt tief versteckt fernab aller Dörfer, und der obere Verlauf im schönsten Wiesengrunde ist noch sehr naturnah.

Auf dieser Wanderung entfernt man sich allerdings zuerst vom Fluss und steigt hinauf auf die Hochfläche, wo man nach einiger Zeit zur Ruine Reußenstein kommt, einer der kühnsten Burgen, die es je auf der Alb gab. Sie wurde direkt am Abgrund gebaut, weshalb die Handwerker vor einigen Jahren bei einer Renovierung feststellten, dass sie die Ersten waren, die sich seit der Erbauung im 13. Jahrhundert hinauf an die Außenfassade gewagt hatten. Im Frühjahr blühen unten im Neidlinger Tal Abertausende von Kirschen, oben blüht einem das Herz auf angesichts des Panoramas und der Waldidylle.

Von oben her gelangt man dann zum Filsursprung, wo es eine schöne Grillstelle gibt und wo man die Füße im großen Quellbecken – sorry, Ursprungsbecken – kühlen kann. Auf dem Weg zurück fließt die Fils über viele Tuffbarrieren und es bieten sich immer wieder schattige Plätze am Bach an. Wenn man noch den Besuch der Schertelshöhle in die Strecke einbaut, gehört diese Wanderung unbedingt zu den Top-Touren der Alb.

Löwenpfade
Landkreis Göppingen

14 km; 4:00 h

262 Hm

schwer

–

Parkplatz Papiermühle bei Wiesensteig
48.562049, 9.598651

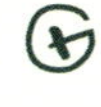

Bahn bis Göppingen, Buslinie 981 bis Haltestelle Wiesensteig Rathaus, 2 km Fußweg

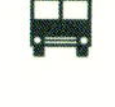

Aussicht, Kultur/Sehenswürdigkeiten, Wasser

Ein kurzer Abstecher führt zur Schertelshöhle mit Gasthaus

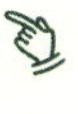

out.ac/GlpGn

Auf dem Hofgut Reußenstein lädt eine Wirtschaft mit herrlichem Garten und Spielplatz für die Kinder ein.

Hofgut Reußenstein
73349 Wiesensteig
www.gaststaette-reussenstein.jimdofree.com

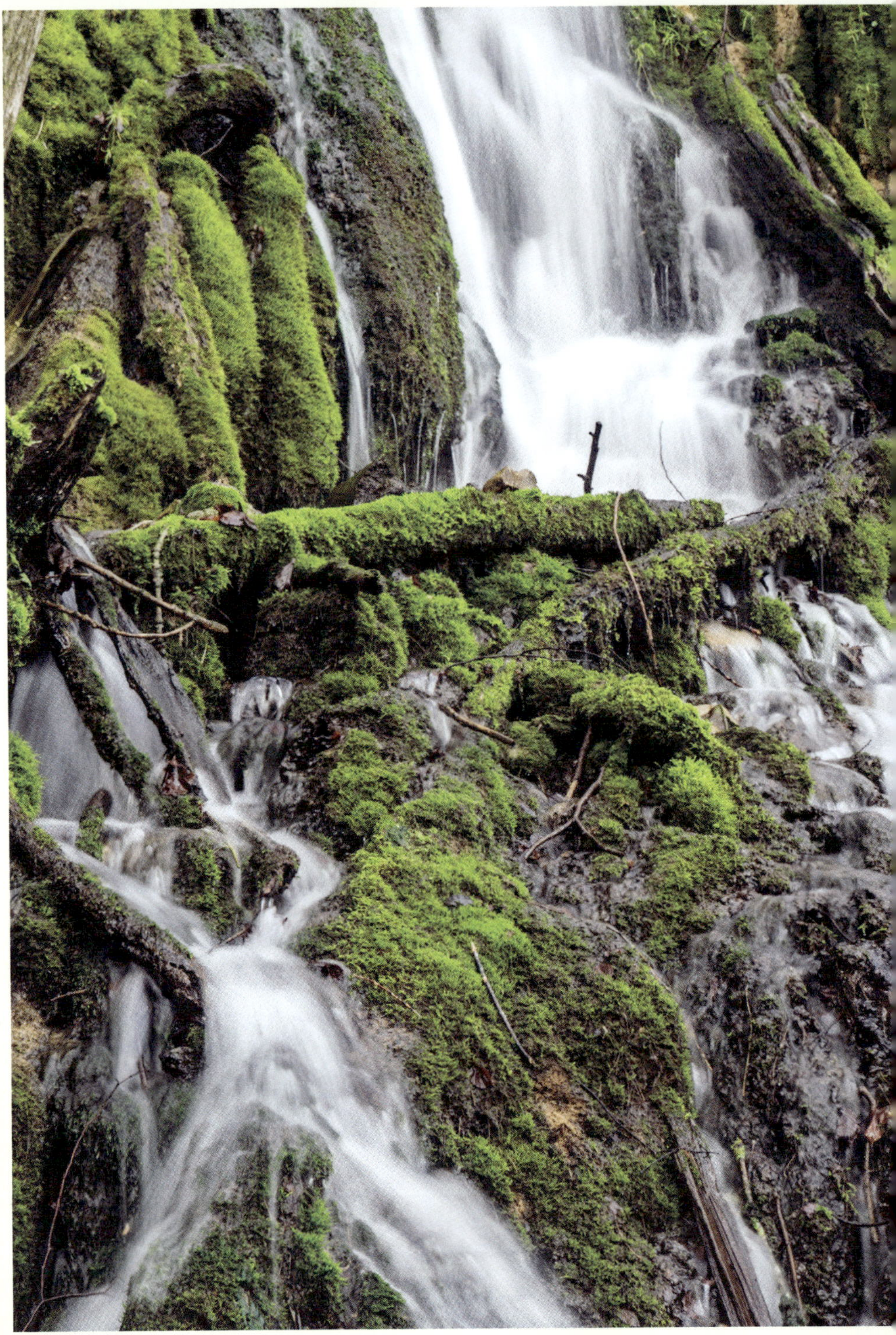

Der Autalwasserfall ist ein verstecktes Kleinod

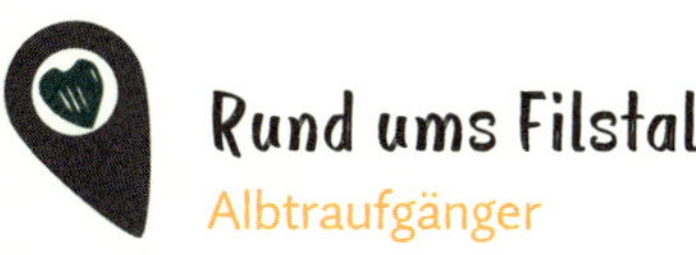

Rund ums Filstal

Albtraufgänger

30

Erlebnisregion Schwäbischer Albtrauf e.V. 

114 km
4–6 Tagesetappen

3.077 Hm

schwer

–

Residenzschloss Wiesensteig
48.563343, 9.627874 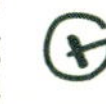

Bahn bis Göppingen, Buslinie 981 bis Wiesensteig 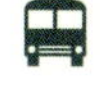

Aussicht, Kultur/Sehenswürdigkeiten, Botanik 

Gleich drei Thermalbäder liegen an der Strecke – in Bad Boll, Bad Überkingen und Bad Ditzenbach 

out.ac/ZxfNO 

Der 114 Kilometer lange *Albtraufgänger* rund um das Obere Filstal und das Albvorland bei Bad Boll vereint, wenn man so will, die Essenz aller Qualitätswege im Landkreis Göppingen. Insgesamt führt diese Fernrundwanderung durch das Gebiet von zehn *Löwenpfaden*, die alle einzeln in diesem Band beschrieben sind.

Auf dieser Tour, deren Zeichen ein stilisiertes ›T‹ auf gelbem Grund ist, werden fast alle Sehenswürdigkeiten der Gegend besucht: der Filsursprung, die Ruine Reußenstein, der Wasserberg, die Kuchalb, die Wallfahrtskirche Ave Maria, der Burgstall bei Türkheim oder die Ruine Hiltenburg. Einige sehenswerte Orte im Filstal sind allerdings nicht durch *Löwenpfade* erschlossen, doch der *Albtraufgänger* führt zu ihnen: Dazu gehören etwa die schön gelegene Kreuzkapelle oberhalb von Gosbach oder der wenig bekannte Autalwasserfall bei Aufhausen.

Die Tour ist offiziell in sechs Tagesetappen zwischen 14 und 24 Kilometer aufgeteilt. So bleibt Zeit für Besichtigungen oder für den Besuch einer Therme, was man sich nach den Mühen des Unterwegsseins auf jeden Fall verdient hätte. Wandernde mit guter Kondition und sportlichem Anspruch schaffen die Strecke sicherlich auch in vier Tagen.

Das Deutsche Haus mit Hotel, Gaststätte und Laden liegt zwar in Hörweite der Autobahn, ist aber dennoch sehr heimelig.

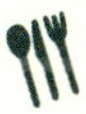

Deutsches Haus
Kaltenwanghof 1
73235 Weilheim/Teck
www.deutsches-haus-weilheim.de

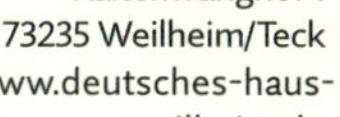

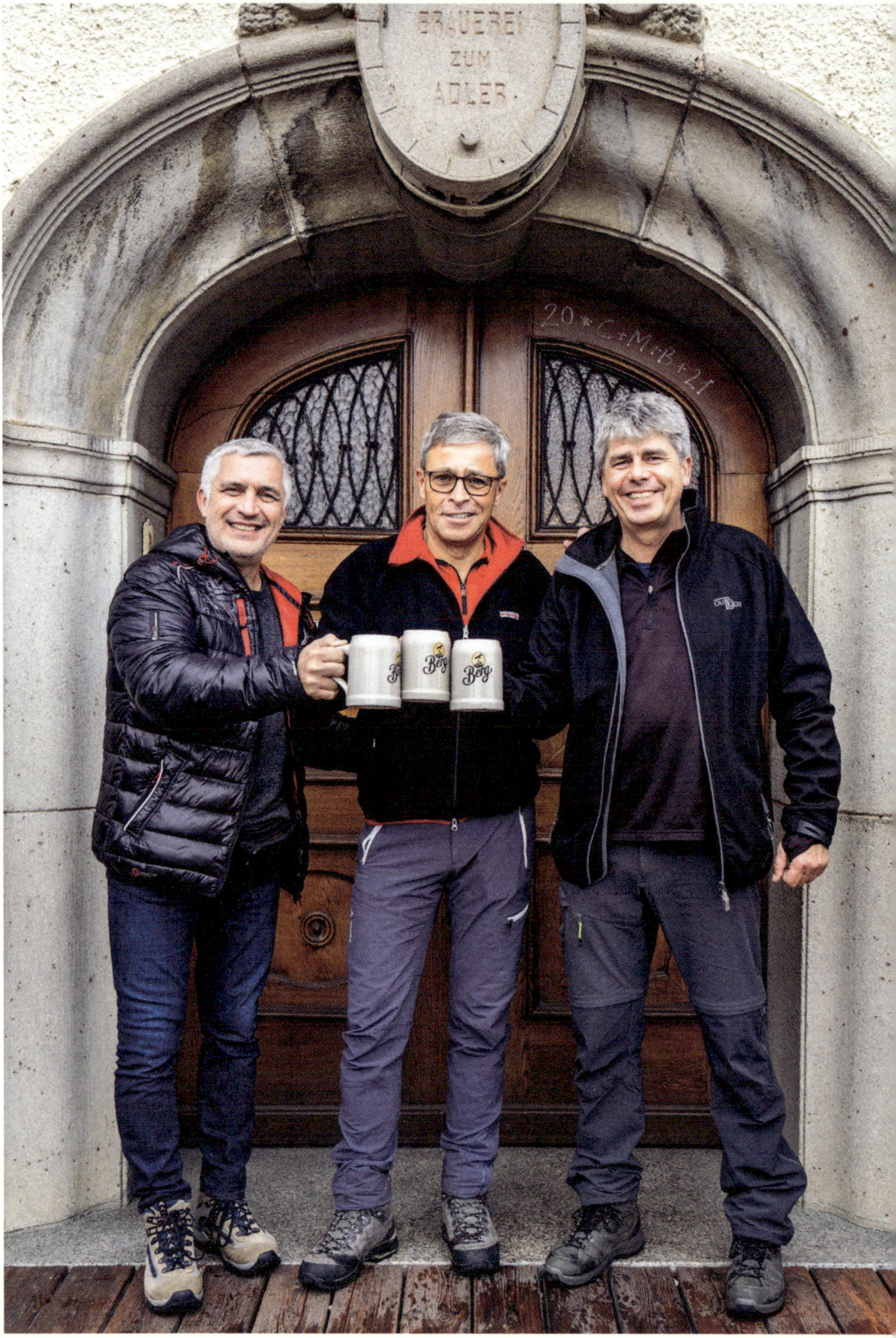

Zum Anstoßen bieten sich bei dieser Wanderung genügend Gelegenheiten

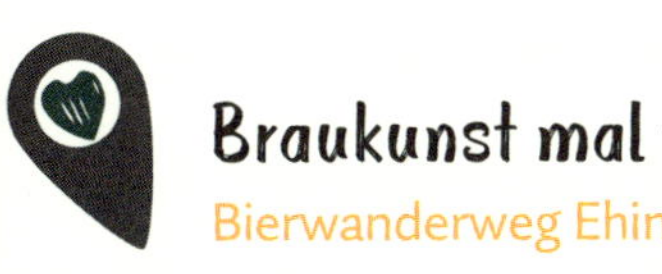

Braukunst mal fünf

Bierwanderweg Ehingen

31

Ziemlich aus dem Rahmen fällt der Bierwanderweg bei Ehingen: Denn das Wandern dürfte für viele Nebensache sein, entscheidend sind die Einkehrstationen dazwischen. Mit gleich fünf Brauereien sieht sich Ehingen als Bierhauptstadt Baden-Württembergs, und alle fünf zugehörigen Gaststätten werden auf der Tour besucht. Mit Freunden lässt sich so ein schönes Event aus der Wanderung machen. Wobei natürlich gilt: Genieße mit Vorsicht.

Vier der Brauereien liegen in der Innenstadt und ließen sich – wer will, sogar mit Audioguide – ohne große Mühen direkt ansteuern. Der *Schwanen* hält das breiteste Angebot bereit, neben den selbst gebrauten Bieren stehen viele Craft-Biere auf der Getränkekarte. Der *Adler* hat nach lange erloschener Brautradition 2020 wieder angefangen, ein Weizenbier herzustellen – das angeschlossene Restaurant *Paulas Alb* im Alpenstil besitzt das schickste Ambiente. Die Brauereien *Rössle* und *Schwert* verfügen eher über nostalgischen Charme. Draußen im Ortsteil Berg liegt die gemütliche, hippe und etwas schräge Gaststätte der *Berg*-Brauerei. Dort sind etwa Kronleuchter aus Bierflaschen zu bewundern. Erstklassig sind auch die Erzeugnisse dieser größten Brauerei Ehingens.

Weniger nennenswert ist dagegen die Wanderung. Sie führt teils entlang der Donau, jedoch kaum an Höhepunkten vorbei. Zudem hat man lange den rauchenden Schornstein einer Papierfabrik vor der Nase. Zur Erholung zwischen den Brauereibesuchen taugt die Tour jedoch allemal.

Stadt Ehingen 

14,1 km; 3:30 h 

143 Hm 

mittel 

– 

Marktplatz Ehingen
48.283180, 9.725800 

Bahn bis Ehingen,
300 m Fußweg 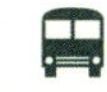

Sonne 

Wer mehr übers Bierbrauen erfahren will, kann in den Brauereien *Berg, Schwanen* und *Adler* Braukurse oder Verkostungen buchen 

out.ac/Z9w9K 

Die Auswahl fällt bei fünf Brauereien schwer. Am Ende entscheiden wir uns für die Gaststätte Berg wegen der langen Tradition und deren lebendiger Umsetzung.

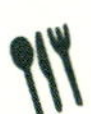

Brauereigaststätte Berg
Graf-Konrad-Straße 21
89584 Ehingen-Berg
www.bergbier.de

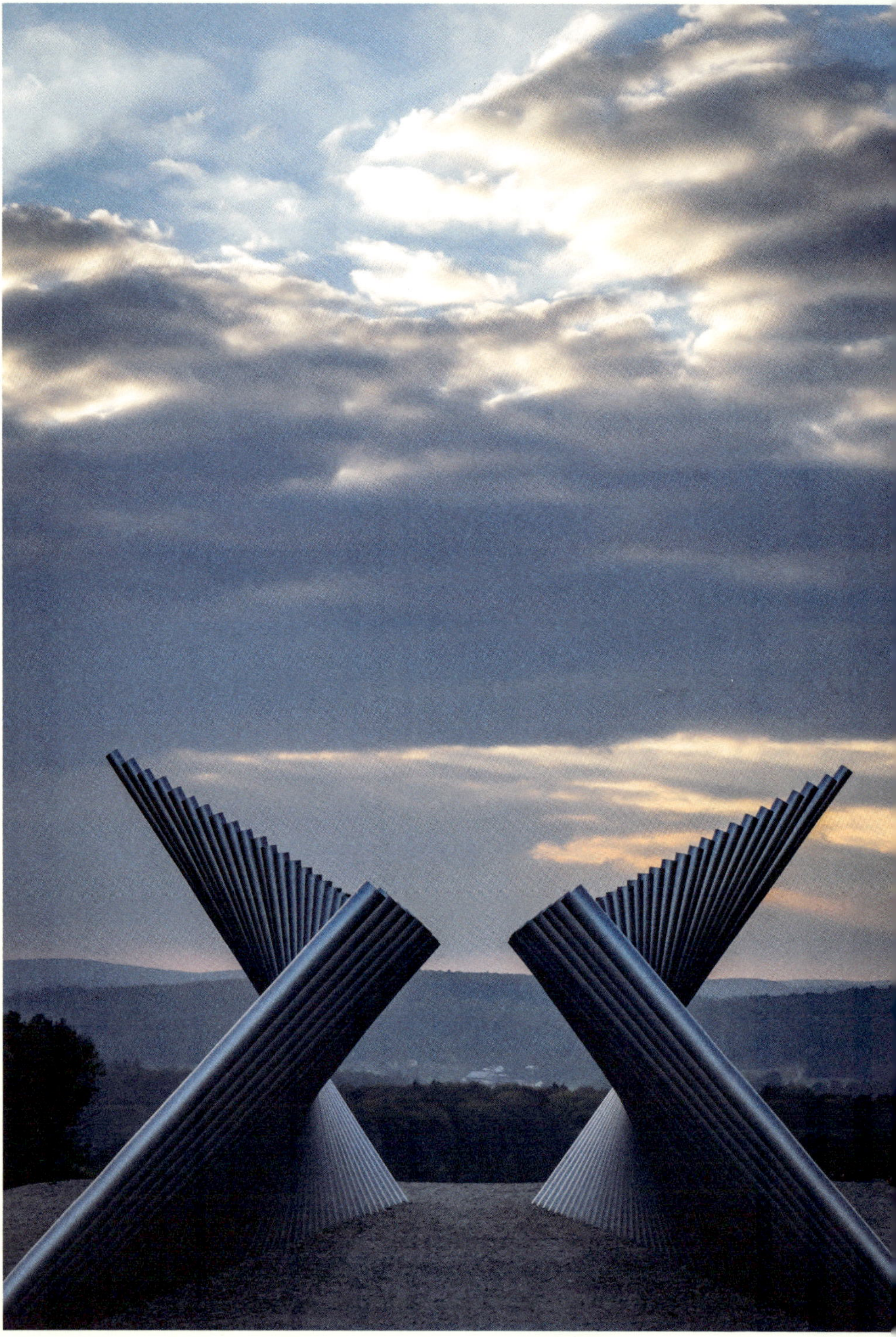

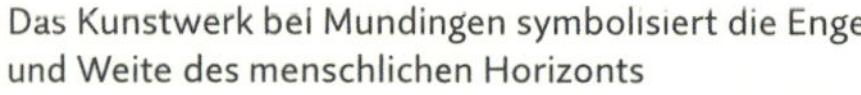

Das Kunstwerk bei Mundingen symbolisiert die Enge und Weite des menschlichen Horizonts

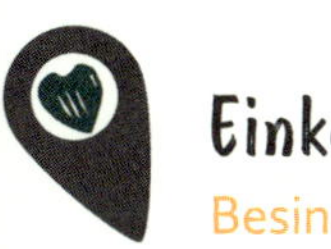

Einkehr in der Natur

Besinnungsweg Ehinger Alb

32

Um zur Ruhe zu kommen, ist den Menschen heutzutage kein Aufwand groß genug: Sie fahren zum Yoga nach Nepal, zum Wellness-Weekend nach Zermatt oder zur Fastenkur an die Ostsee. Dabei reicht oft ein Wandertag, um wieder Boden unter die Füße zu bekommen.

Der Besinnungsweg, den sechs Teilorte der Stadt Ehingen gemeinsam erdacht haben, ist mit 56 Kilometern so lang, dass man leicht ein langes Wochenende daraus machen kann. Unterwegs regen 30 Stationen zum Nachdenken an. An der ehemaligen Trutzburg Wartstein wird etwa gefragt, was uns heute Schutz und Zuflucht bietet. Und bei Mundingen gibt es einen freien Platz unter Linden, auf dem schon seit dem Jahr 1208 Gericht gehalten wurde – wie finden wir heute Frieden und Gerechtigkeit, lautet die Überlegung dort. Die Albhochfläche, durch die der Besinnungsweg führt, ist meist nicht spektakulär, aber das erhöht nur die Bereitschaft, sich der inneren Einkehr zu stellen.

Wem die gesamte Strecke zu viel ist, der findet auf der eigens erstellten Internetseite Vorschläge für kürzere Rundwege. Besonders empfehlenswert ist der drei Kilometer lange *Lebens-Horizont-Weg* bei Mundingen: Der Künstler Martin Burchard hat dort sechs Stationen mit gedanklichen Impulsen erstellt – beeindruckend sind die flügelgleichen Stahlstreben, die für den manchmal engen und manchmal weiten Horizont des Lebens stehen.

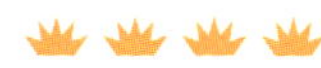

Stadt Ehingen 

56 km; 15 h
(2–3 Tagesetappen) 

978 Hm 

schwer 

– 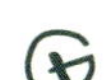

Jägerhof bei Ehingen
48.302259, 9.689547 

Bahn bis Ehingen,
Buslinie 319 bis
Haltestelle Jägerhof 

Aussicht, Kultur/
Sehenswürdigkeiten 

Die Einkehr ließe sich im Kloster Obermarchtal fortsetzen, heute ein Tagungshaus der Diözese Rottenburg

out.ac/kTv4 

Köhlers Krone in Dächingen ist Biosphärengastgeber und verarbeitet viele Produkte des Biosphärengebiets Alb.

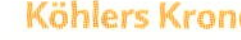

Köhlers Krone
Drei-Kreuz-Straße 3
89584 Ehingen-Dächingen
www.koehlers-krone.de 

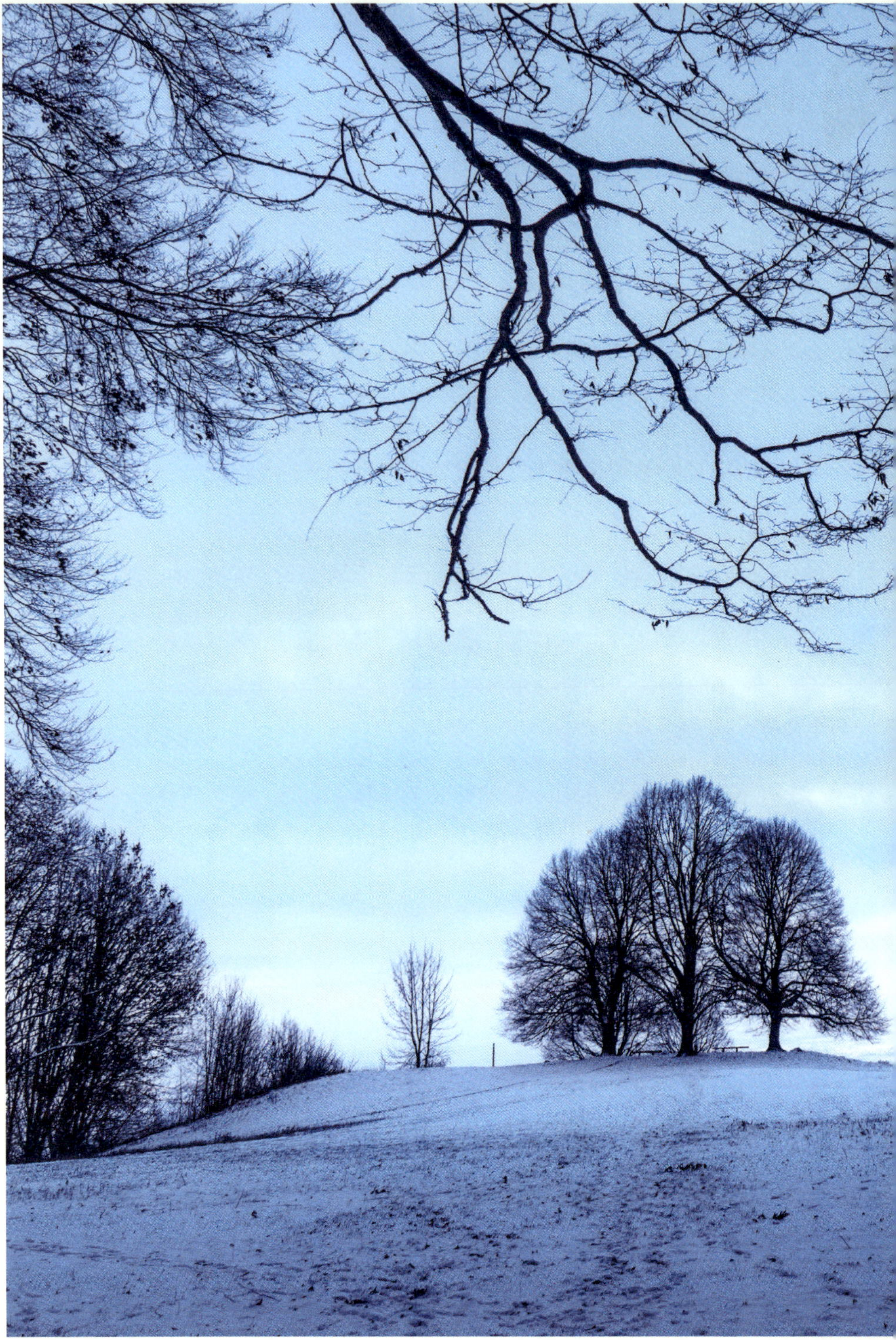

Auch im Winter besitzt der Gipfel des Jusi großen Charme

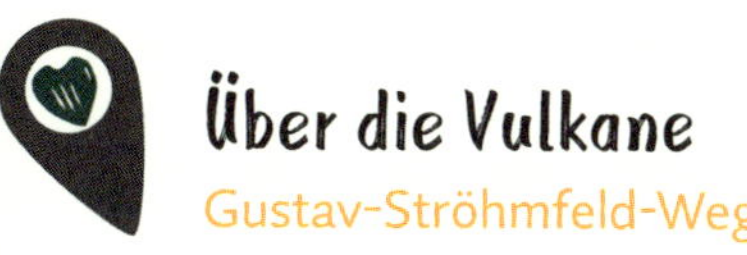

Über die Vulkane

Gustav-Ströhmfeld-Weg

33

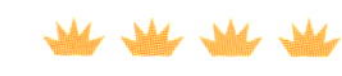

Schwäbischer Albverein

22,1 km; 6:30 h

584 Hm

schwer

–

Startpunkt:
Bahnhof Neuffen
48.558040, 9.374430
Endpunkt:
Bahnhof Metzingen

Bahn bis Neuffen

Aussicht, Kultur/Sehenswürdigkeiten, Geologie

In der riesigen *Outletcity Metzingen* finden sich auch Geschäfte für Outdoor-Kleidung

out.ac/IOqAPZ

Nein, es ist keine Schande, Gustav Ströhmfeld nicht zu kennen. Im Schwäbischen Albverein aber hat Ströhmfeld (1862–1938) eine wichtige Rolle gespielt: Er schrieb mehr als 100 Bücher und entwickelte ein System der Wegebeschilderung, das bis heute gilt. Schon 1940 wurde die nach ihm benannte Strecke eröffnet, in Erinnerung an den »Ehrenwegmeister«, der allerdings auch völkische Töne im Repertoire hatte. Bereits 2013 wurde er als Qualitätsweg zertifiziert.

Und ein schöneres Denkmal kann man sich für einen Menschen kaum vorstellen. Denn die Wanderung verläuft fast die ganze Zeit am Albtrauf entlang und bietet Aussichten und Höhepunkte in Hülle und Fülle. Zunächst steigt man von Neuffen hinauf zur Burg Hohenneuffen. Später folgt man dem vier Kilometer langen Sporn, der sich vom Kienbein bei Hülben bis zum Gipfel des Jusi zieht – ein richtiger Gratweg, der zwar nicht ausgesetzt ist, aber links und rechts doch steil abfällt. Der Jusi selbst gehört zu meinen Lieblingsplätzen – der Blick über das Albvorland ist grandios, zudem handelt es sich beim Jusi um einen der größten Krater des Schwäbischen Vulkans. Später besteigt man zwei weitere Schlote, den Florian und den Metzinger Weinberg.

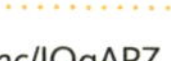

Dort auf den Gipfeln lässt sich die Ruhe wunderbar genießen. Nach der Ankunft in Metzingen wird es quirlig: Oben trifft man kaum eine Seele, unten in der *Outletcity* begegnen einem Menschen aus aller Herren Länder, von China bis Katar. Die Buslinie 199 fährt den müden Wanderer in einer guten Viertelstunde wieder nach Neuffen.

Das Naturfreundehaus Falkenberg liegt schön zwischen Streuobstwiesen und Weinbergen.

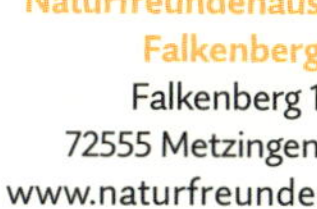

Naturfreundehaus Falkenberg
Falkenberg 1
72555 Metzingen
www.naturfreunde-metzingen.de

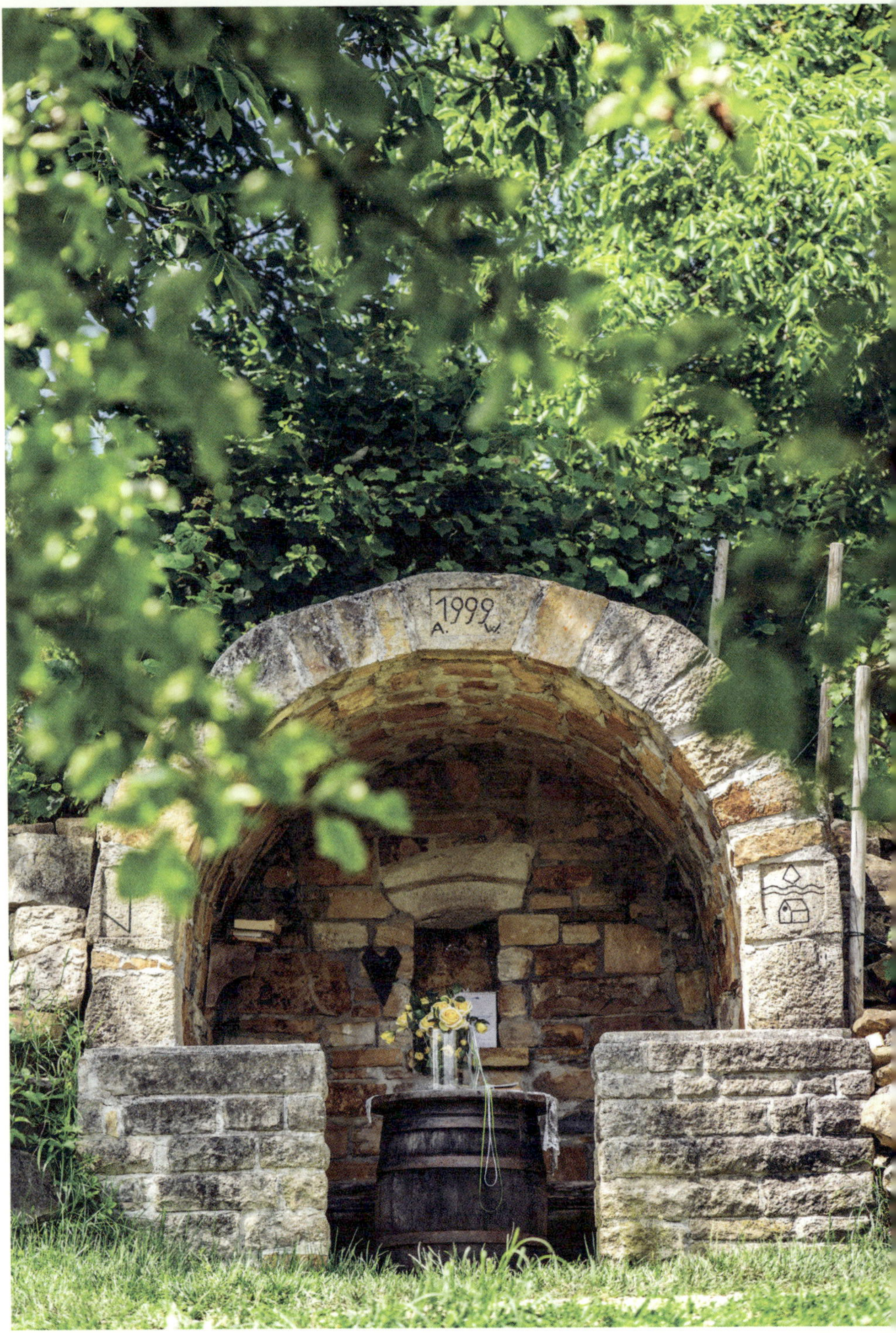

Am alten Weinberghäuschen bei Neckarhausen lässt sich herrlich verweilen

Auf Hölderlins Spuren

Hochgehblickt

34

Abwechslung, Aussicht, Alpaka – so könnte diese Wanderung zusammengefasst werden. Sie führt über die Höhen zwischen Neckar- und Aichtal und bietet in der zweiten Hälfte wunderbare Blicke über das Neckartal hinweg zum Albtrauf mit Burg Teck, dem Hohenneuffen und der Achalm. Der Wanderer kommt an der Alpaka-Farm der Familie Schaber vorbei – viele Dutzend Tiere mit unterschiedlichem Fell und unterschiedlicher Größe tummeln sich auf den Weiden und freuen sich über Besuch. Und unterwegs lässt sich einiges entdecken, etwa die Hirschquelle oder ein Wildrosenpfad.

Sie streifen übrigens durch die Landschaft Friedrich Hölderlins, des vielleicht größten Dichters deutscher Zunge. Er ist in Nürtingen aufgewachsen und war ein leidenschaftlicher Wanderer. Empfehlen kann ich Ihnen einen Abstecher: Nach etwa 2,5 Kilometern geht es hinab über die Aichbrücke zum Ulrichstein, der zu den Lieblingsplätzen Hölderlins zählte – Sie werden dort eine rätselhafte Steinformation und ein noch rätselhafteres Gedicht vorfinden.

Mein Lieblingsplatz ist dagegen ein Wengerterunterstand aus Stein oberhalb von Neckartailfingen. Die Besitzer des einstigen Schutzhäuschens haben ein kleines Idyll geschaffen, mit Bank, Gästebuch und Weinreben. Und wenn ich das verraten darf: Kurz danach kommen Sie an einer Wiese mit Bauwagen vorbei – die Bienenstöcke dort gehören einem Freund und mir.

Hochgehberge
Biosphärengebiet
Schwäbische Alb 

9 km; 2:30 h 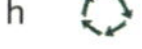

65 Hm 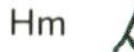

leicht

– 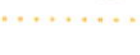

Galgenbergstraße
oberhalb des
Hallenbades Nürtingen
(Parken am Hallenbad)
48.628261, 9.326141 

Bahn bis Nürtingen,
1 km Fußweg 

Kinder, Aussicht, Sonne 

Im einstigen Elternhaus Friedrich Hölderlins in der Neckarsteige ist dem Dichter eine Ausstellung gewidmet. Sie zeigt, dass Nürtingen Hölderlins eigentliche Heimat war. 

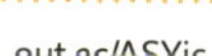
out.ac/ΛSYic 

Die großen Fleischerhaken an der Decke hängen noch – aber im *Schlachthof* werden mittlerweile auch Vegetarier auf der Speisekarte fündig.

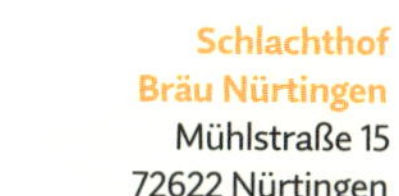
Schlachthof Bräu Nürtingen
Mühlstraße 15
72622 Nürtingen
www.schlachthofbraeu.de 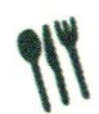

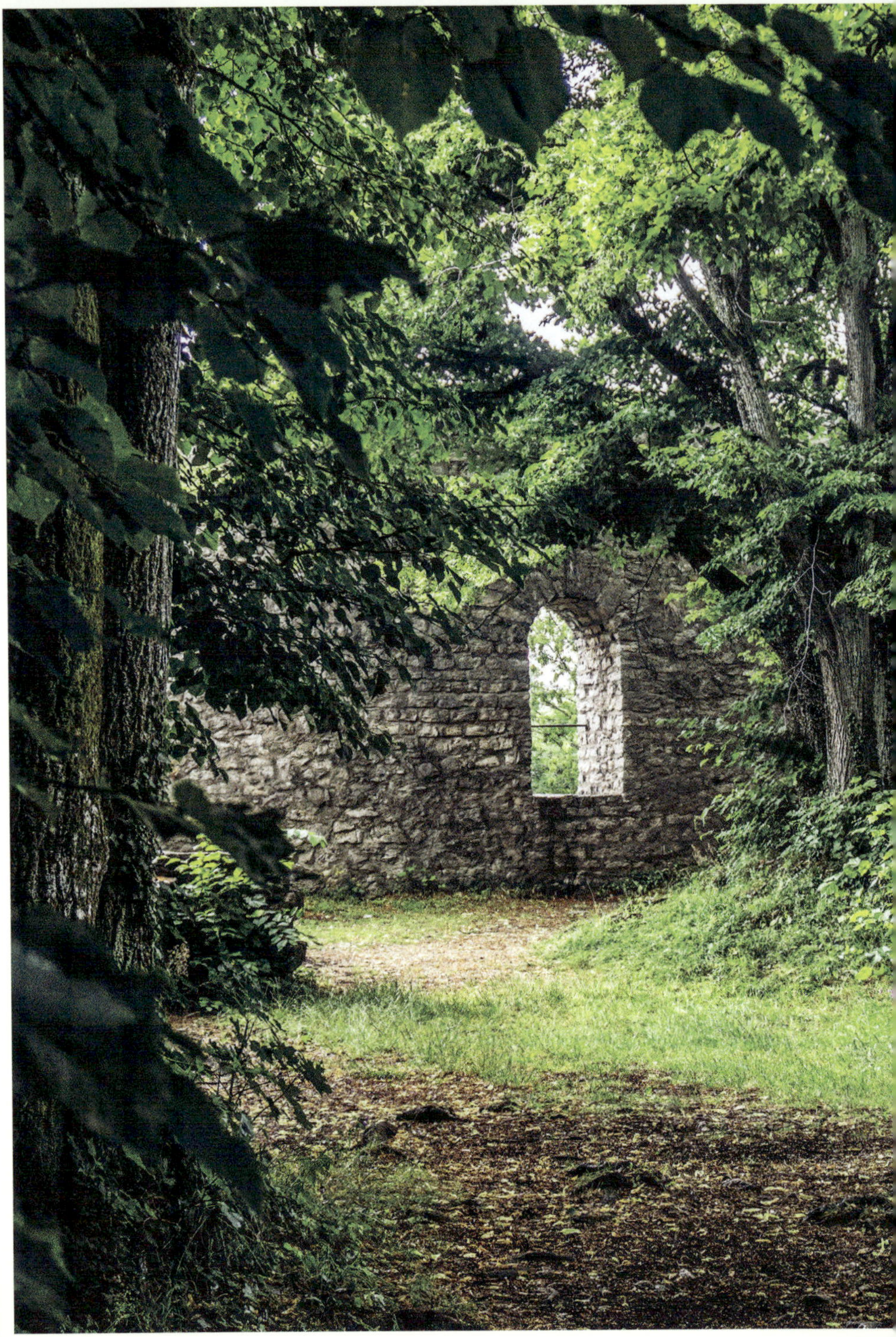

Die Ruine Rauber hat sich tief in einem Bergwald versteckt

Wie ein Gedicht

Hochgehadelt

35

Drei Burgruinen, drei Aussichtspunkte, zwei Höhlen und ein Dichter als Sahnehäubchen – muss man mehr über diese Wanderung sagen, um sie sofort in die Liste der zehn schönsten Touren der Alb aufzunehmen? Doch vor den Erfolg haben die Götter den Schweiß gesetzt: Zwei rassige Aufstiege summieren sich auf fast 600 Höhenmeter.

Doch die Mühe lohnt sich. Angesichts der großen Zahl seien die Höhepunkte entlang der Route im Schnelldurchlauf genannt: Burg Teck, Ruine Rauber und die nicht einmal allen Einheimischen bekannte Ruine Hahnenkamm (kurzer Abstecher) werden besucht. Der Turm auf der Teck, der Gelbe Felsen und der gewaltige Aussichtsbalkon des Breitensteins bieten grandiose Blicke auf das Albvorland. Das Sibyllenloch (unterhalb der Burg Teck) und die Veronikahöhle (ebenfalls kurzer Abstecher nahe dem Gelben Felsen) sind nicht sehr tief; man kann sich auch mit Kindern hineinwagen. Und Ochsenwang bildete 1832/33 eine der vielen Stationen des Dichters Eduard Mörike als Vikar beziehungsweise Pfarrer. In der ehemaligen Amtswohnung ist ein kleines Museum für den unglücklichen Poeten untergebracht. Diese Wanderung ist so schön wie ein Mörike-Gedicht.

Unternimmt man sie in umgekehrter Richtung, als angegeben, muss man sich zwar steil von Bissingen zum Breitenstein hinaufmühen, doch liegt dann die Burg Teck am Ende der Tour – genau richtig also für eine Einkehr.

Die Burg Teck mit Gaststätte, Kiosk und Biergarten ist nur zu Fuß zu erreichen – einsam ist man dort trotzdem nie.

Hochgehberge
Biosphärengebiet
Schwäbische Alb 

12,9 km; 4:30 h 

580 Hm 

schwer 

70

Parkplatz Hörnle
unterhalb der
Burg Teck, Owen
48.595991, 9.474143 

S-Bahn bis Kirchheim/
Teck, Buslinien 175/
176 bis Bissingen,
Haltestelle See 

Aussicht, Kultur/
Sehenswürdigkeiten,
Botanik, Geologie 

Das Naturschutzgebiet
Eichhalde gehört zu
den schönsten der Alb.
Man streift es
zwischen Bissingen und
Breitenstein. 

out.ac/ASLyp 

Burg Teck
Teckstraße 100
73277 Owen/Teck
www.burg-teck-alb.de 

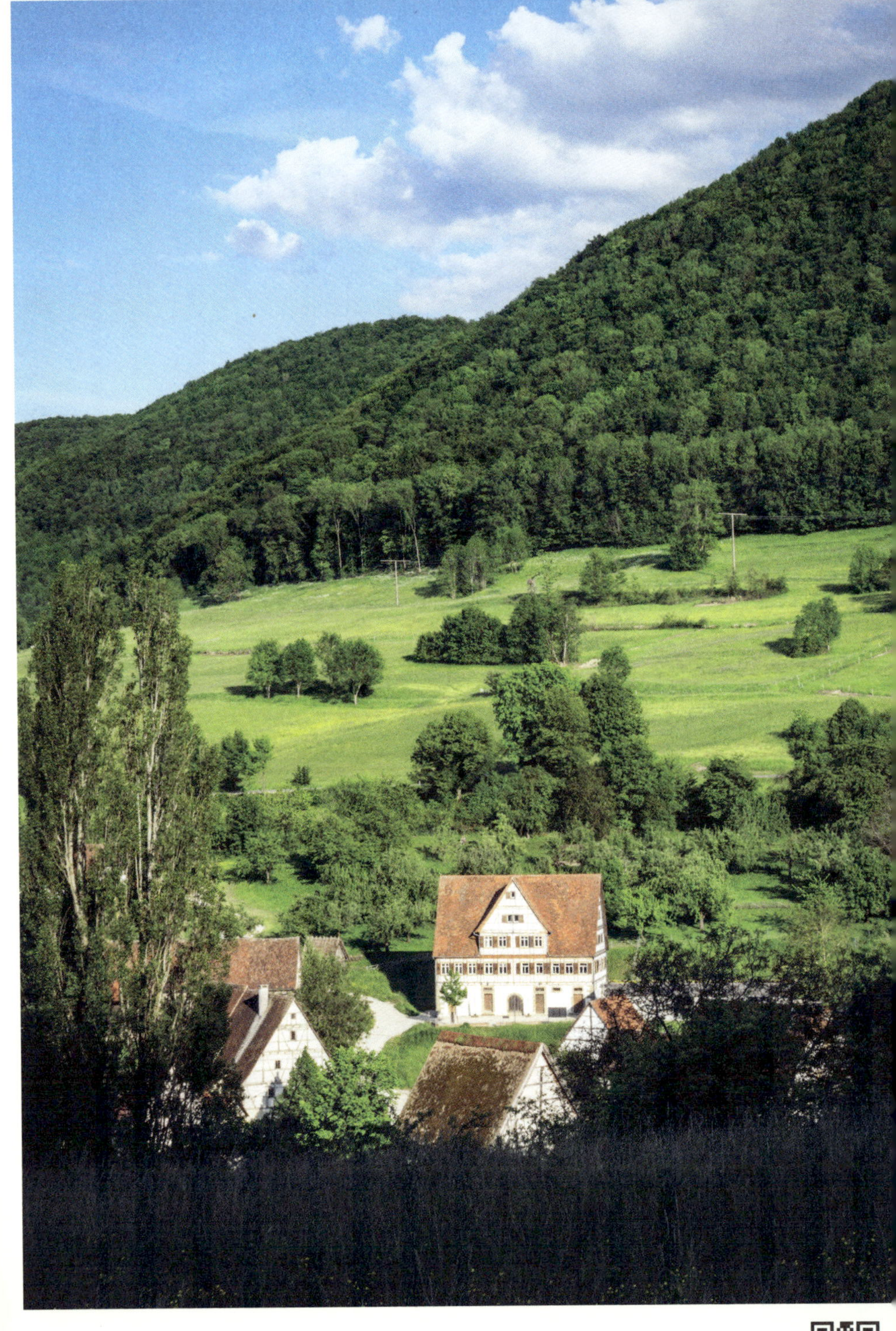

Das Freilichtmuseum Beuren schmiegt sich an den Fuß des Albtraufs

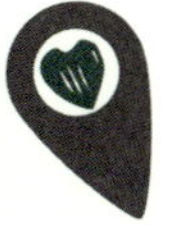

In die gute alte Zeit

Hochgehnießen

36

Dieser Spaziergang könnte der wundervollen Einstimmung dienen, bevor man das Freilichtmuseum Beuren besucht. Er führt direkt vom Parkplatz des Museums durch die Streuobstwiesen des Albvorlands, die seit 300 Jahren dieses Gebiet prägen, und er führt meist vorbei an Schafen, Gänsen und schaffigen Schwaben – ein wenig fühlt es sich an, als spaziere man zurück in die bäuerliche Vergangenheit der Region.

So ist der Geist offen, um mit der richtigen Einstellung die historischen Häuser des Freilichtmuseums zu besichtigen, die überall im Land abgebaut und auf den Herbstwiesen bei Beuren wieder errichtet worden sind. Sie geben berührende Einblicke in eine verschwundene Welt. Da ist etwa das alte Weberhaus aus Laichingen, in dessen feuchtem Souterrain sich die Menschen bei ihrer schweren Arbeit die Gicht holten. Oder da ist das teils mit Stuck verzierte stattliche Wohnhaus des Tammer Schultheißen, Bauern und Ochsenwirts Johann Georg Mannsperger aus dem 18. Jahrhundert.

Der Spaziergang selbst bietet überraschende Perspektiven auf die Burgruine Hohenneuffen. Und am Ende kommt man an zwei kleinen Kratern des Schwäbischen Vulkans vorbei, die die Namen Engel- und Spitzberg tragen.

Die Tour kann mit *Hochgehfestigt* zu einer rund 16 Kilometer langen Wanderung verbunden werden.

Hochgehberge
Biosphärengebiet Schwäbische Alb

6,7 km; 2:00 h

110 Hm

leicht

–

Parkplatz Freilichtmuseum Beuren
48.574355, 9.413392

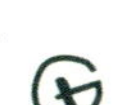

Bahn bis Neuffen, Buslinie 199 bis Beuren, Haltestelle Brühl (Freilichtmuseum)

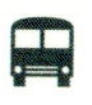

Kinder, Sonne, Kultur/Sehenswürdigkeiten

Die Panorama-Therme in Beuren erfreut sich zu Recht größter Beliebtheit. Kinder haben erst ab sechs Jahren Zutritt.

out.ac/73XrM

Das Restaurant im Freilichtmuseum Beuren befindet sich in einem der schönsten Gasthäuser der Schwäbischen Alb.

Gasthaus Herr Kächele
72660 Beuren
www.freilichtmuseum-beuren.de

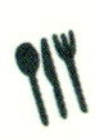

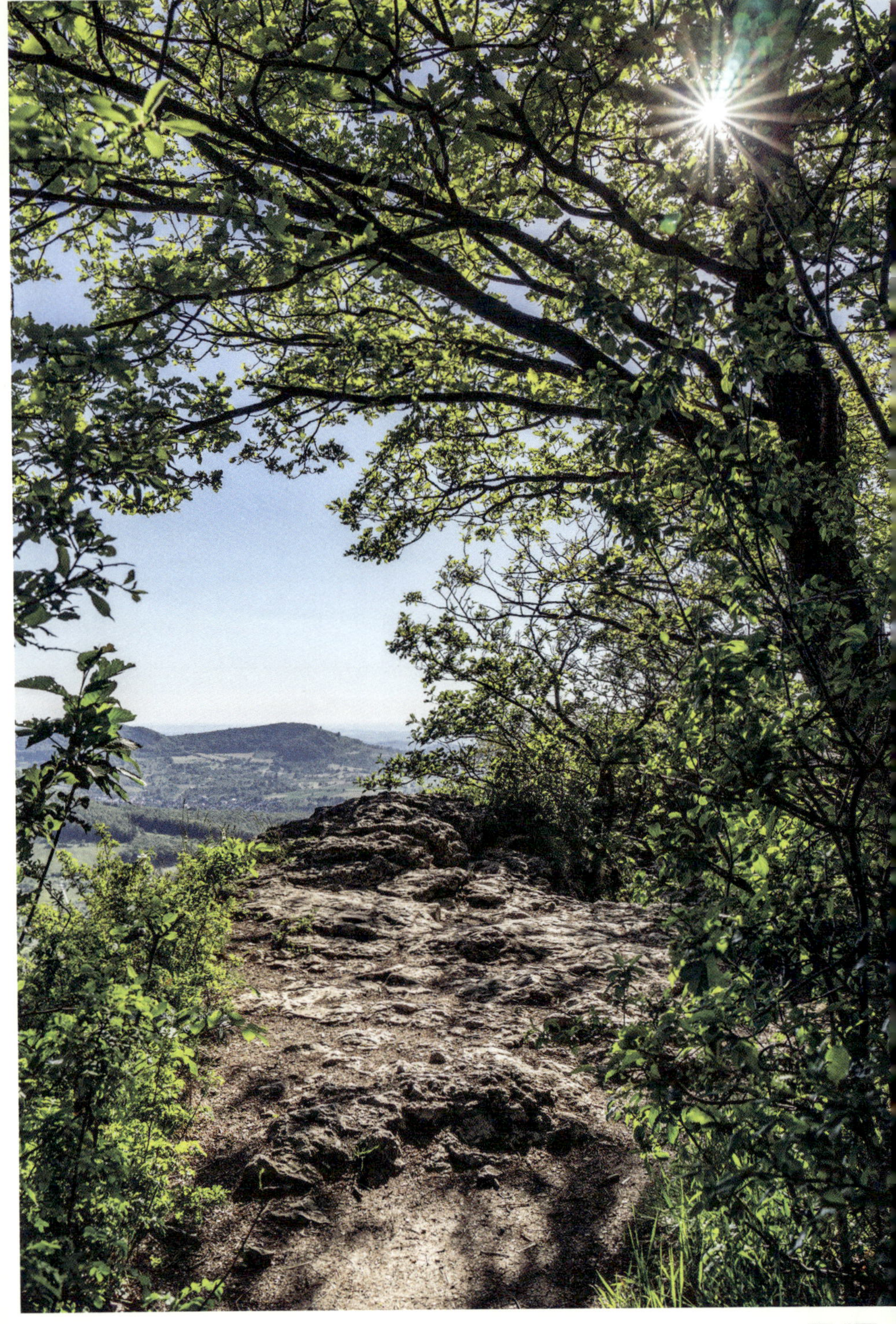

Ausblick vom Beurener Felsen auf den Jusi

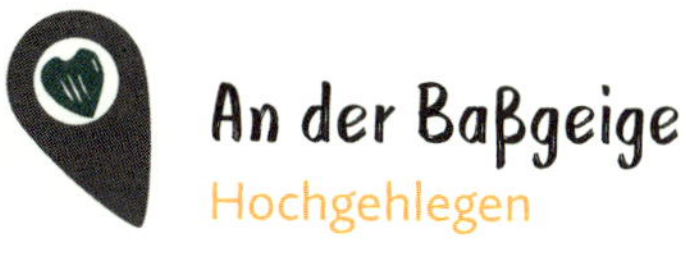

An der Baßgeige

Hochgehlegen

37

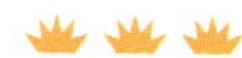

Bei dieser Wanderung kann einem ganz sinfonisch zumute werden, denn sie verläuft rund um die Baßgeige. Dieser Ausleger des Albtraufs bei Erkenbrechtsweiler heißt so, weil die Traufline tatsächlich an die geschwungene Form eines Kontrabasses erinnert.

Und beschwingt ist diese *Hochgehlegen*-Tour auf jeden Fall, weist sie doch gleich mehrere Höhepunkte auf. Zu Beginn und am Ende gelangt man zu den felsigen Aussichtspunkten Beurener Fels und Brucker Fels. Sie bieten sehr unterschiedliche Blicke ins Albvorland. Der Beurener Fels eignet sich übrigens hervorragend auch für einen Spaziergang zum Sonnenuntergang; majestätisch geht die Sonne hinter der Ruine Hohenneuffen unter.

Zweitwes Schmankerl ist der Heidengraben: So bezeichnet man die Überreste der mit mehr als 1.600 Hektar größten keltischen Siedlung in Mitteleuropa. Im weiteren Umkreis sind noch Befestigungswälle zu sehen. Ganz am Ende der Strecke kommt man an einem rekonstruierten Zangentor vorbei: Dieser trichterförmige Zugang zum bewehrten Dorf besaß den Vorteil, dass Feinde bei einem Angriff auf das Tor von drei Seiten attackiert werden konnten.

Der Wanderer braucht aber nichts zu befürchten. Die einzige Attacke bei dieser Wanderung ist jene auf die Sinne: Im Sommer hört man auf den Wiesen die Grillen zirpen, die schmalen Pfade fühlen sich weich unter den Füßen an, und weit wird am Beurener Fels der Blick und das Herz.

Die Besenwirtschaft *Zum Mostkrug* in Erkenbrechtsweiler öffnet mehrmals im Jahr für einige Wochen.

Hochgehberge
Biosphärengebiet Schwäbische Alb 

7,7 km; 2:30 h 

280 Hm 

mittel 

64

Wanderparkplatz Baßgeige bei Erkenbrechtsweiler 48.563115, 9.434662 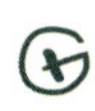

Bahn via Kirchheim/Teck bis Owen, Buslinie 199 bis Beuren, Haltestelle Brühl (Freilichtmuseum) Buslinie 179 nach Erkenbrechtsweiler, Haltestelle Untere Straße, 700 m Fußweg bis Toureneinstieg am Zangentor 

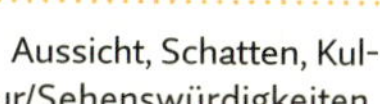
Aussicht, Schatten, Kultur/Sehenswürdigkeiten 

Die Falkensteiner Höhle ist mit dem Auto schnell zu erreichen. Sie beeindruckt durch ihr hohes Felsentor. 

out.ac/9n9hG 

Besenwirtschaft Zum Mostkrug
Kirchstraße 9
73268 Erkenbrechtsweiler
www.mostkrug.de 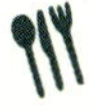

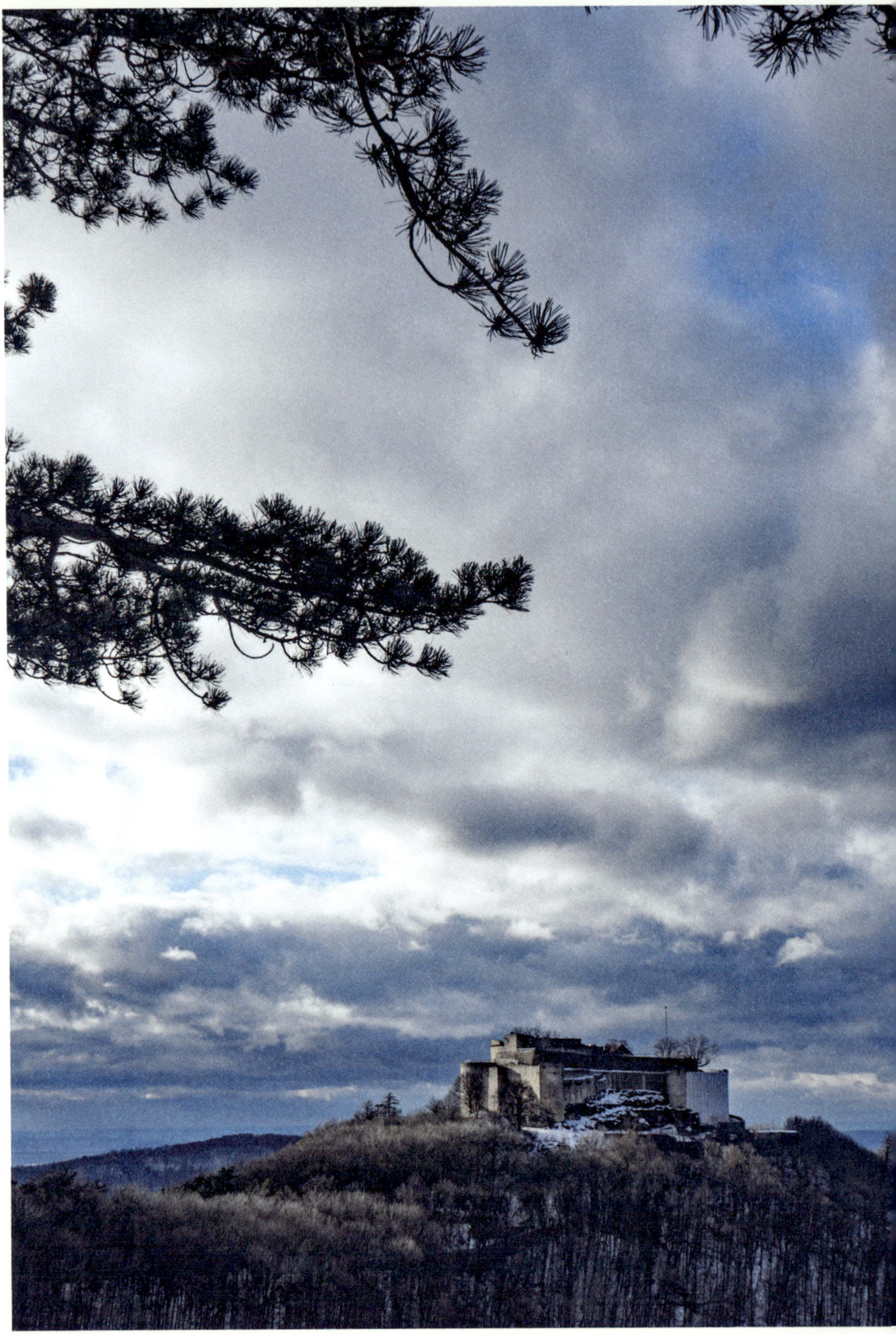

Der Hohenneuffen ist eine der größten Festungen Süddeutschlands

Zur Landesfestung

Hochgehfestigt

38

Die Umgebung des Mini-Kurorts Beuren ist mit ihren Streuobstwiesen und dem Albtrauf natürlich geblieben und deshalb ungemein reizvoll. Der Höhepunkt der *Hochgehfestigt*-Tour ist dennoch die Burgruine Hohenneuffen, die einst zu den sieben Landesfestungen Württembergs gehörte und noch immer unglaublich imposant ist. Sie von unten her zu Fuß zu erreichen, verleiht dem Ausflug eine besondere Note. Kulinarisch, kulturell und historisch war und ist auf dem Hohenneuffen einiges geboten. Zum Beispiel lebte dort der Minnesänger Gottfried von Neifen, dessen Liebeslieder es in die ehrwürdige mittelalterliche Handschrift des *Codex Manesse* geschafft haben. Und der Biergarten im Innenhof ist himmlisch.

Nach dem Abstieg führt die Route lange am Waldrand entlang und gemütlich durch Weinberge und Obstwiesen. Dabei richtet sich der Blick immer wieder auf einen kleinen Buckel mit einem Haarschopf an Bäumen. Es handelt sich um den Hohbölle, einen von rund 350 Schloten des Schwäbischen Vulkans, der vor 15 Millionen Jahren das letzte Mal ausgebrochen ist.

Von hier aus böte sich ein kurzer Abstecher ins Freilichtmuseum Beuren an. Oder Sie kehren gleich zum Parkplatz zurück und gönnen sich eine Auszeit in der großen Panorama-Therme.

Diese Wanderung besitzt Überschneidungen oder Anschlüsse an die Touren *Hochgehkeltert*, *Hochgehsiedelt* und *Hochgehnießen*.

Hochgehberge
Biosphärengebiet Schwäbische Alb 

9,5 km; 3:00 h 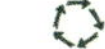

350 Hm 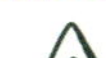

mittel

62 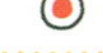

Parkplatz an der Panoramatherme Beuren 48.565426, 9.397473 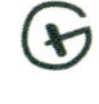

Bahn bis Kirchheim/Teck, Teckbahn bis Owen, Buslinie 199 bis Beuren, Haltestelle Panorama-Therme 

Aussicht, Kultur/Sehenswürdigkeiten, Geologie 

Immer sonntags ist eine Falknerei auf dem Hohenneuffen zu Gast. Abends werden manchmal Rittermahle und Krimi-Dinner angeboten. 

out.ac/73Wra 

Mehr als nur Pommes: Im Restaurant Friedrichs in der Panoramatherme in Beuren wird weltoffene Küche mit deutschem Herzen serviert.

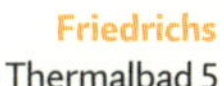

Friedrichs
Am Thermalbad 5
72660 Beuren
www.friedrichs-beuren.de 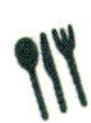

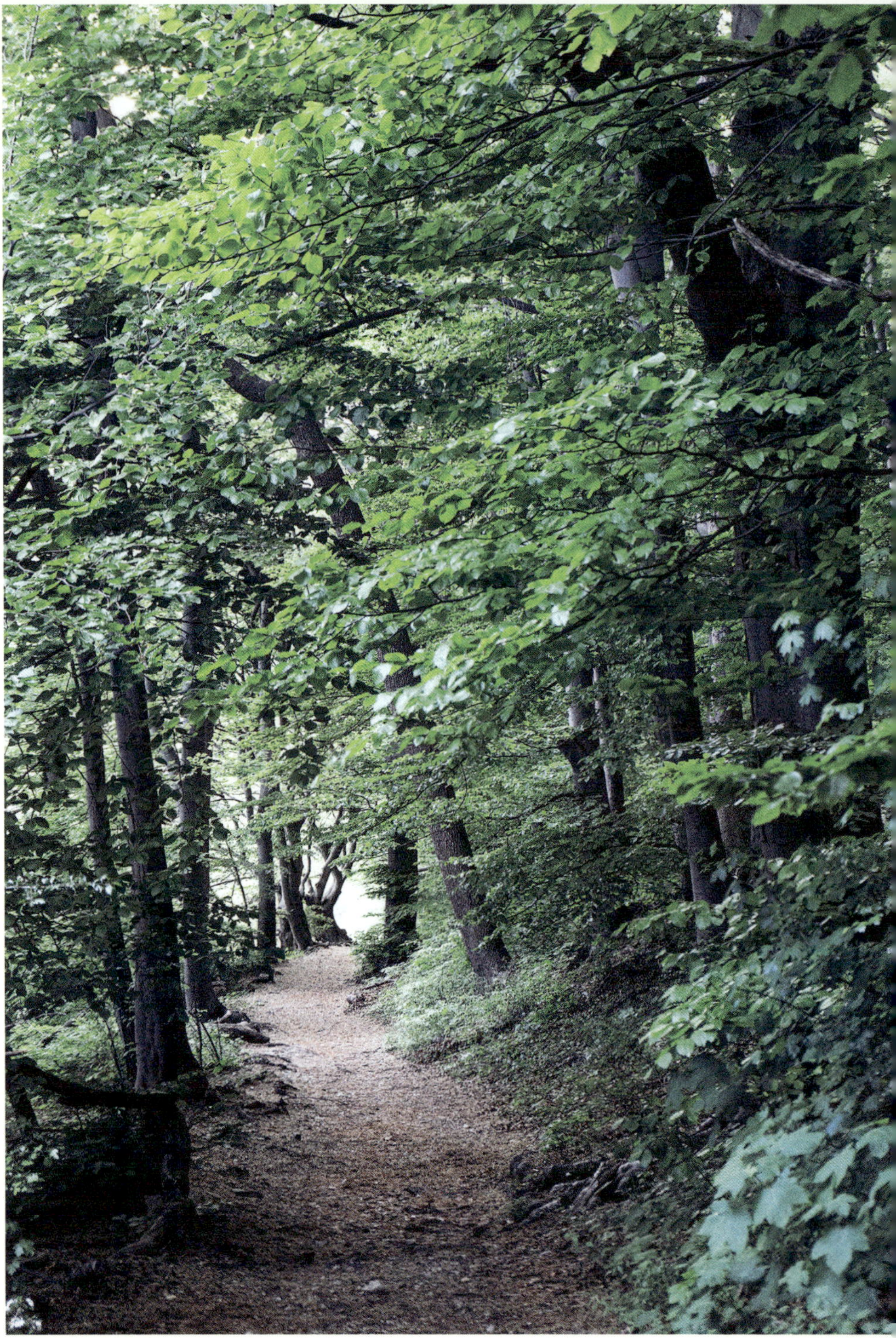

Der Abstieg vom Hohenneuffen erfolgt auf schmalen Pfaden

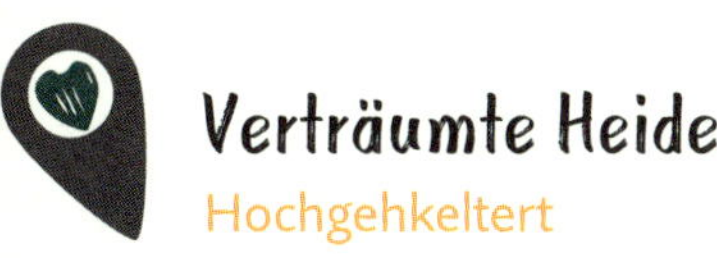

Verträumte Heide

Hochgehkeltert

39

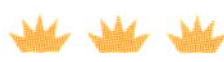

Es ist doch schön, wenn man eine Mühsal zuerst hinter sich bringt und dann in vollen Zügen genießen kann. So ist es bei dieser Wanderung, bei der zunächst der Anstieg auf die Burg Hohenneuffen mit mehr als 250 Höhenmetern zu bewältigen ist. Oben darf man sich etwa mit Weizenbier und Wiener Schnitzel für die Anstrengung belohnen. Alle weiteren Höhenmeter danach fallen kaum noch ins Gewicht.

Weiter wandert man am Albtrauf entlang und gelangt bald zu einem namenlosen Aussichtsfelsen, an dem sich ein grandioser Blick zurück auf den Hohenneuffen eröffnet. Der Platz ist im Übrigen ein Geheimtipp, um einen spektakulären Sonnenuntergang zu erleben. Hier starten aber auch viele Gleitschirmflieger, weshalb tagsüber häufig Betrieb ist. Ruhiger geht es am Wilhelmsfelsen zu, der nach dem Hohenneuffen in die Tour einbezogen werden kann und ein ähnlich schönes Panorama bietet.

Nach dem Abstieg auf schmalen Pfaden durch den Wald führt die Strecke zur Neuffener Heide, einem kleinen versteckten Naturschutzgebiet, das unbedingt nochmals eine Rast wert wäre – so verträumt liegt dieser Ort. Danach ist auf kurzem Wege durch die Weinberge, die in Neuffen schon seit 800 Jahren existieren und die der Tour ihren Namen gegeben haben, der Ausgangspunkt schnell wieder erreicht.

Die Route besitzt Überschneidungen oder Anschlüsse an die Touren *Hochgehnießen*, *Hochgehfestigt* und *Hochgehsiedelt*.

Hochgehberge
Biosphärengebiet
Schwäbische Alb 

7,2 km; 2:30 h 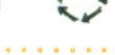

344 Hm 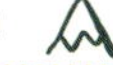

mittel 

67

Wanderparkplatz
Schelmenwasen
bei Neuffen
48.558372, 9.383771 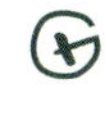

Bahn bis Nürtingen,
Tälesbahn bis Neuffen,
1 km Fußweg 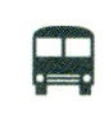

Aussicht, Kultur/
Sehenswürdigkeiten,
Botanik 

Das Höhenfreibad in Neuffen liegt neben dem Startpunkt. Das Wasser wird nicht beheizt – Mutige vor! 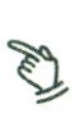

out.ac/7ErZX 

Speisen in historischem Ambiente – in der Burg Hohenneuffen wird das zum Erlebnis.

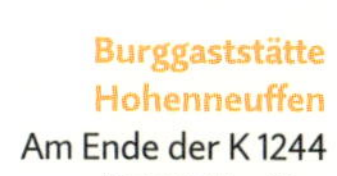
Burggaststätte Hohenneuffen
Am Ende der K 1244
72637 Neuffen
www.hohenneuffen.de 

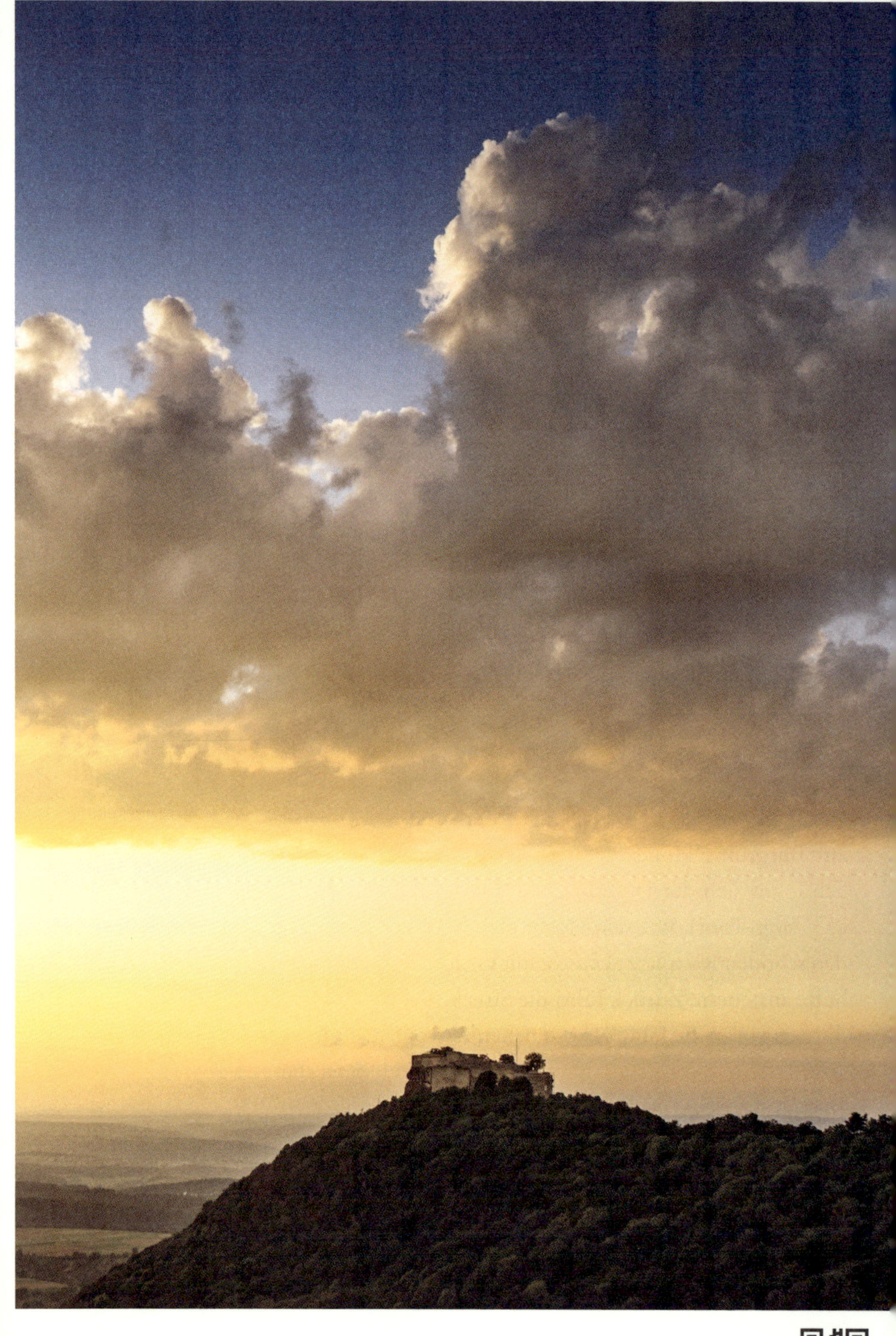

Der Blick auf die Burgruine Hohenneuffen ist einzigartig

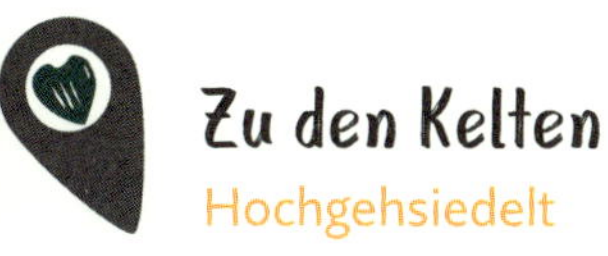

Zu den Kelten

Hochgehsiedelt

40

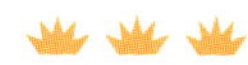

Die interessante Sehenswürdigkeit dieser Tour wird in den offiziellen Beschreibungen gar nicht erwähnt: der Heidengraben, womit die Überreste einer rund 2.000 Jahre alten keltischen Befestigungsanlage gemeint sind. Schauen Sie am Startpunkt einmal über die Felder oder gehen Sie ein paar Schritte in den Wald hinein: Sie werden einen Wall erkennen, mit dem die Kelten eine 1.600 Hektar große Halbinsel rund um Grabenstetten abgeriegelt hatten. Eine Meisterleistung! Ein Kelten-Premiumweg existiert auf der Alb noch nicht, doch wer mehr über diese Epoche wissen möchte, dem sei der sechs Kilometer lange Kelten-Erlebnis-Pfad gleich nebenan empfohlen, der mit einer multimedialen Begleit-App begeistert.

Aber die Tour *Hochgehsiedelt* hat noch mehr zu bieten. So sollten Sie unbedingt den kurzen Abstecher von der Blaue-Rank-Hütte zur Barnberghöhle machen; sie liegt versteckt unter einem Abbruch – Vorsicht beim Abstieg. Der Ausblick vom Startplatz der Gleitschirmflieger zur Burgruine Hohenneuffen ist fantastisch. Und natürlich lohnt sich der Umweg zur Burg selbst (siehe *Hochgehfestigt*-Tour). Wer sein Vesper dabei hat, sollte dagegen den schönen Rastplatz *Schanze* mit Grillstelle und Schutzhütte ansteuern. Zurück führt die Strecke über einen allerdings etwas in die Jahre gekommenen Astropfad.

Diese Wanderung besitzt Überschneidungen beziehungsweise Anschlüsse an die Touren *Hochgehnießen* und *Hochgehkeltert.*

Hochgehberge
Biosphärengebiet Schwäbische Alb 

4,7 km; 1:30 h 

70 Hm 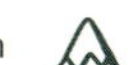

leicht

– 

Wanderparkplatz Hochholz, Erkenbrechtsweiler 48.537364, 9.411614 

Bahn bis Bad Urach, Buslinie 100 bis Hülben, 2 km Fußweg. Sonntags Bahn bis Neuffen, Rad- und Wanderbus *Blaue Mauer.* 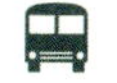

Kinder, Aussicht, Kultur/Sehenswürdigkeiten, Geologie 

Vom nahen Wanderparkplatz Heidengraben aus kann man (auf halbem Weg zwischen Burrenhof und Grabenstetten) auf dem Keltenwall spazieren 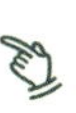

out.ac/7ErZx 

Der *Burrenhof* verdankt seinen Namen den keltischen Grabhügeln nebenan – »Burren« bezeichnen im Schwäbischen kleine Hügel oder Buckel.

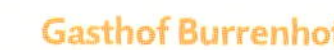

Gasthof Burrenhof
73268 Erkenbrechtsweiler
www.erwin-waldner.de/burrenhof 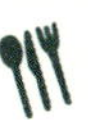

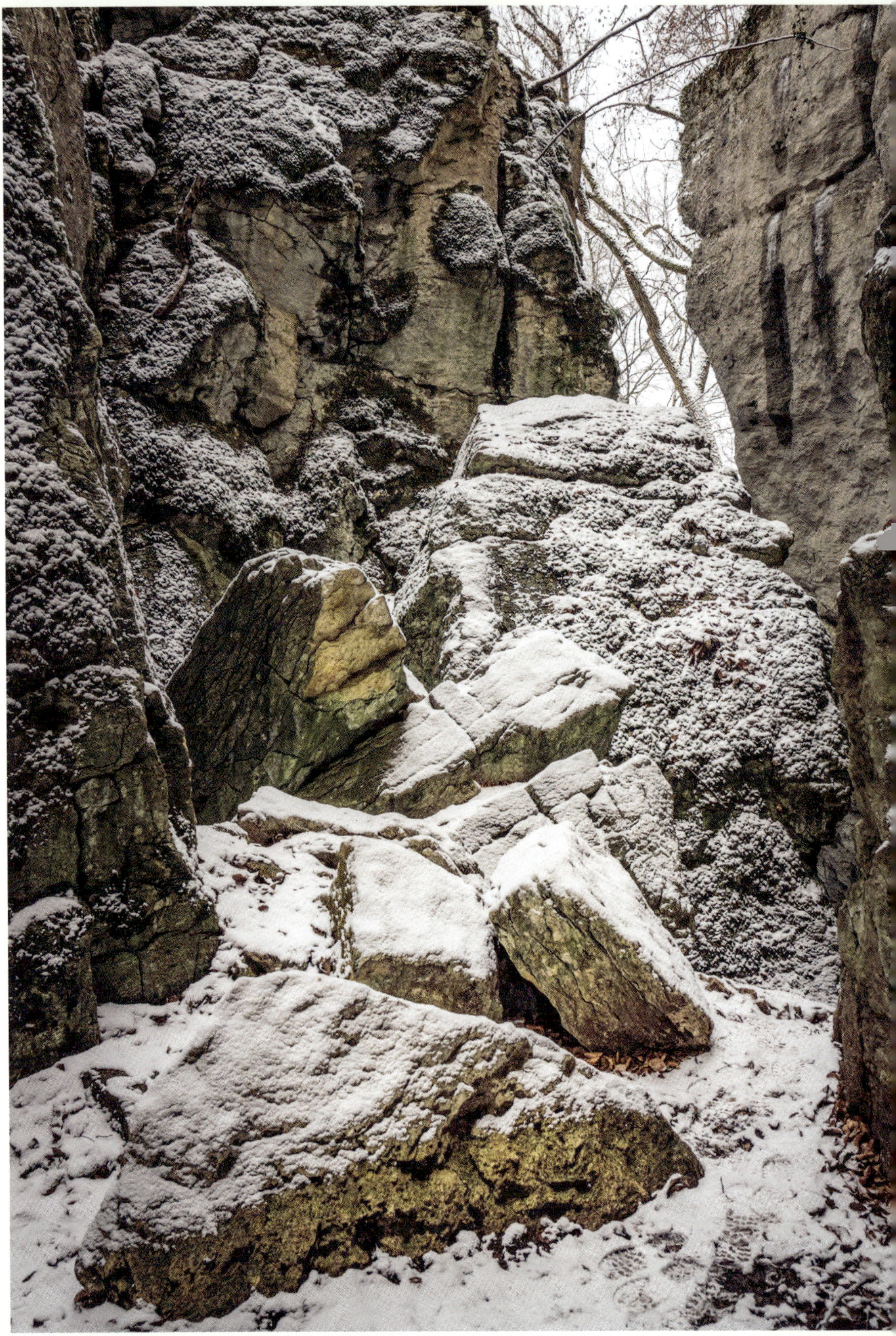

Im Canyon der Höllenlöcher scheint die Welt draußen fern

Hinab in die Hölle

Hochgehflogen

41

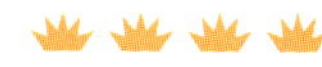

Hinauf in den Himmel, hinab in die Hölle – mit diesen dramatischen Worten lässt sich diese Wanderung beschreiben. Denn auf dem Aussichtsturm der Hohen Warte ergreift den Wanderer ein sehr luftiges Gefühl, er hat über sich nur noch den hohen Himmel der Alb (der Turm ist immer geöffnet). Auch auf dem Rossfeld ergeben sich Ausblicke auf den Albtrauf und das Albvorland bis hin zum Stuttgarter Fernsehturm und an klaren Tagen sogar bis zu den Alpen. Zugleich steigt man an den Höllenlöchern in die Erde hinab. Hier steht die Alb auf tönernen Füßen, ein Teil der Felsen rutscht im Zeitlupentempo bergab – die Schlucht, die sich dabei auftut, lässt sich über zwei Eisenleitern erkunden. Trittsicher sollte man sein. Achtung: Die offizielle Beschilderung führt oberhalb der Höllenlöcher vorbei.

Die *Hochgehflogen*-Tour hat allerdings noch viel mehr zu bieten. Ein Großteil des Wegs verläuft auf schmalen Pfaden am Albtrauf entlang. Entlang der Strecke gibt es auf dem Rossfeld oder auf der Eninger Weide viele Grillstellen. In der Nähe des Speicherbeckens kann man in einem Gehege Rotwild und Wildschweine beobachten. Und der Hof des Gestüts Marbach lockt ebenfalls Tierfreunde an, auch wenn die Ställe nicht betreten werden dürfen.

Müde Wanderer könnten die Schleife zur Eninger Weide weglassen – die Strecke verkürzt sich dadurch um etwa drei Kilometer.

Hochgehberge
Biosphärengebiet Schwäbische Alb 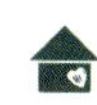

14,3 km; 5:00 h 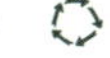

326 Hm 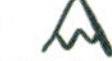

schwer 

64 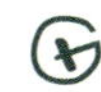

Gestütsgasthof St. Johann
48.485399, 9.324812 

Bahn bis Reutlingen, Buslinie 7644 bis St. Johann, Haltestelle Gestütshof St. Johann 

Aussicht, Schatten, Geologie 

Im Laden auf dem Gestütshof verkauft Gisela Werz viele regionale Produkte – geöffnet ist immer am Wochenende

out.ac/B3Ynk 

Das Wanderheim des Schwäbischen Albvereins liegt zwischen Stausee und Wald und besticht durch einen lauschigen Biergarten.

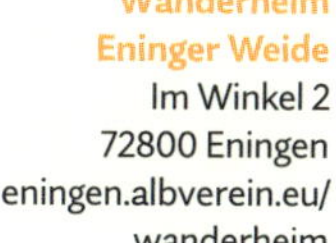

Wanderheim Eninger Weide
Im Winkel 2
72800 Eningen
eningen.albverein.eu/wanderheim 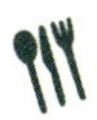

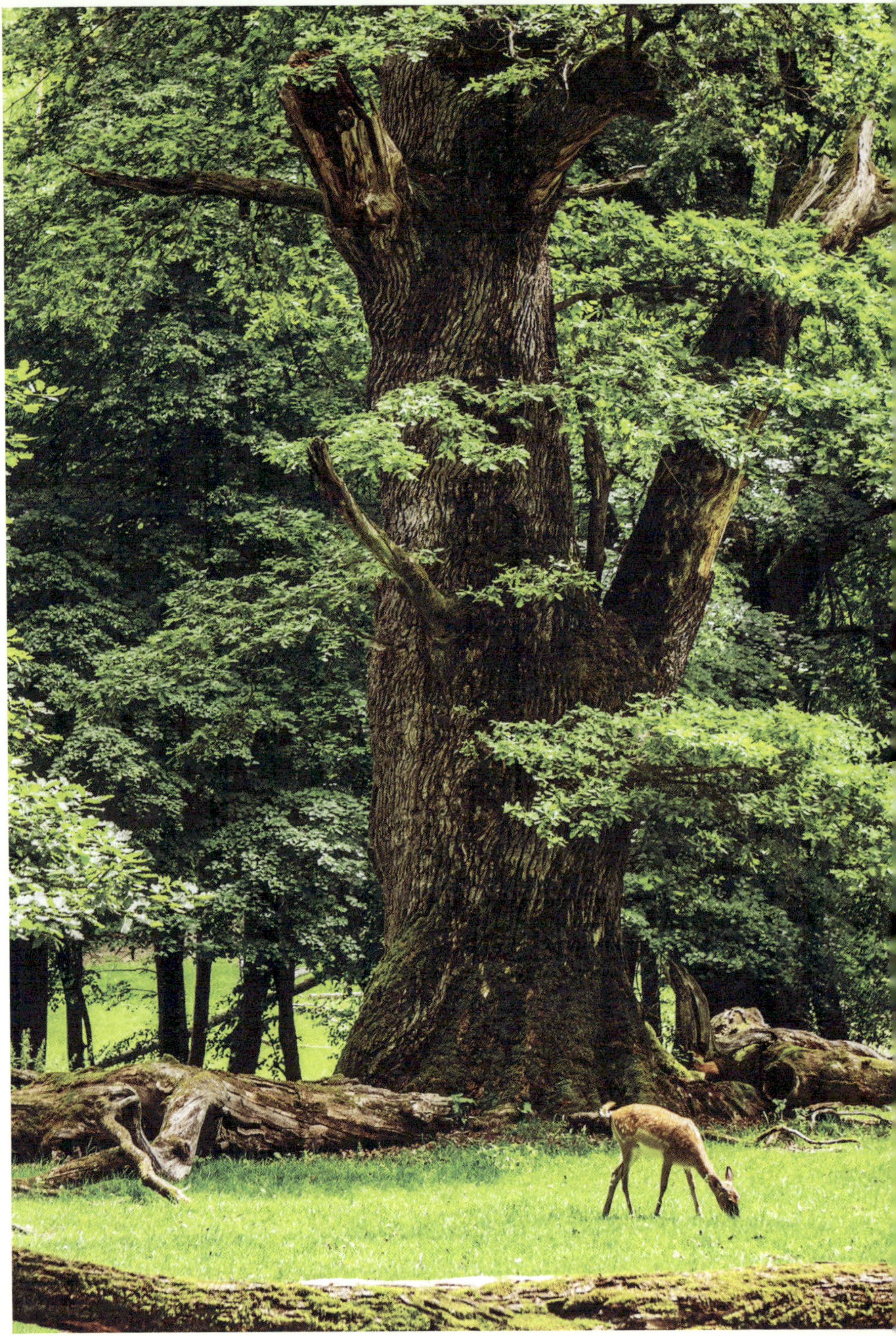

Das Wildgehege beheimatet nicht nur Damhirsche, sondern auch wunderschöne alte Eichen

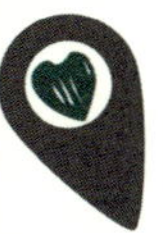

Im Vergnügungsviertel

Hochgehwachsen

42

Dieser knapp sechs Kilometer lange Spaziergang führt durch das »Vergnügungsviertel« Reutlingens: Das Stadion Kreuzeiche, das Freibad und das Naturtheater liegen in unmittelbarer Nähe. Die große Waldeinsamkeit sucht man deshalb meist vergeblich. Aber es ist doch überraschend, wie natürlich dieses Gebiet trotz der angrenzenden Großstadt geblieben ist.

Und so kurz diese Wanderung ist, so viel hat sie doch zu bieten. Erstens führt sie fast ausschließlich durch den Wald und eignet sich damit hervorragend für heiße Sommertage. Zweitens liegt unterwegs mit dem Schützenhaus ein großartiger Biergarten. Drittens lässt sich mit den zu Beginn genannten Attraktionen ein interessantes Anschlussprogramm planen – die Qual der Wahl läge zwischen Fußball, Schwimmen und Kultur. Und viertens böte sich dieses »Tourchen« gerade mit Kindern an.

Gleich zu Beginn kommt man an einem Wildgehege vorbei; die Damhirsche sind so zutraulich, dass sie sich gerne bis an den Zaun wagen. Am Schlattwiesenbach lassen sich Staudämme bauen. Eine der vielen Grillstellen auf der Jungviehweide ist sicherlich frei – ideal für eine ausgedehnte Pause. Und auch in den Breitenbachsee darf man zumindest die Füße reinhängen; Baden ist aber nicht möglich.

Und wem das alles nicht genügt: Gleich auf der anderen Straßenseite liegt der Listhof, ein Umweltbildungszentrum mit angeschlossenem Naturschutzgebiet – im Krabbelhaus etwa lassen sich viele heimische Schmetterlinge entdecken.

Hochgehberge
Biosphärengebiet
Schwäbische Alb 

5,9 km, 1:45 h 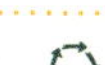

90 Hm 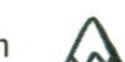

leicht 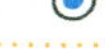

–

Wanderparkplätze am Roßwasen oder am Naturtheater, Reutlingen
48.474152, 9.178753 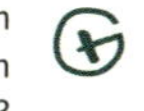

Bahn bis Reutlingen, Buslinie 5 bis Haltestelle Roßwasen 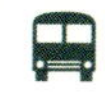

Kinder, Schatten 

Das Naturtheater Reutlingen hat immer auch ein Stück für Kinder im Programm 

out.ac/9mxXT 

Das *Schützenhaus* liegt herrlich im Wald und besitzt einen sehr heimeligen Biergarten.

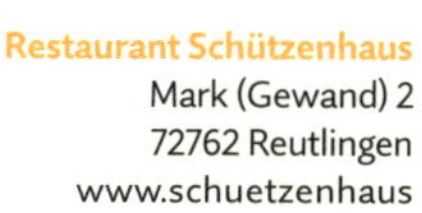

Restaurant Schützenhaus
Mark (Gewand) 2
72762 Reutlingen
www.schuetzenhaus
reutlingen.de 

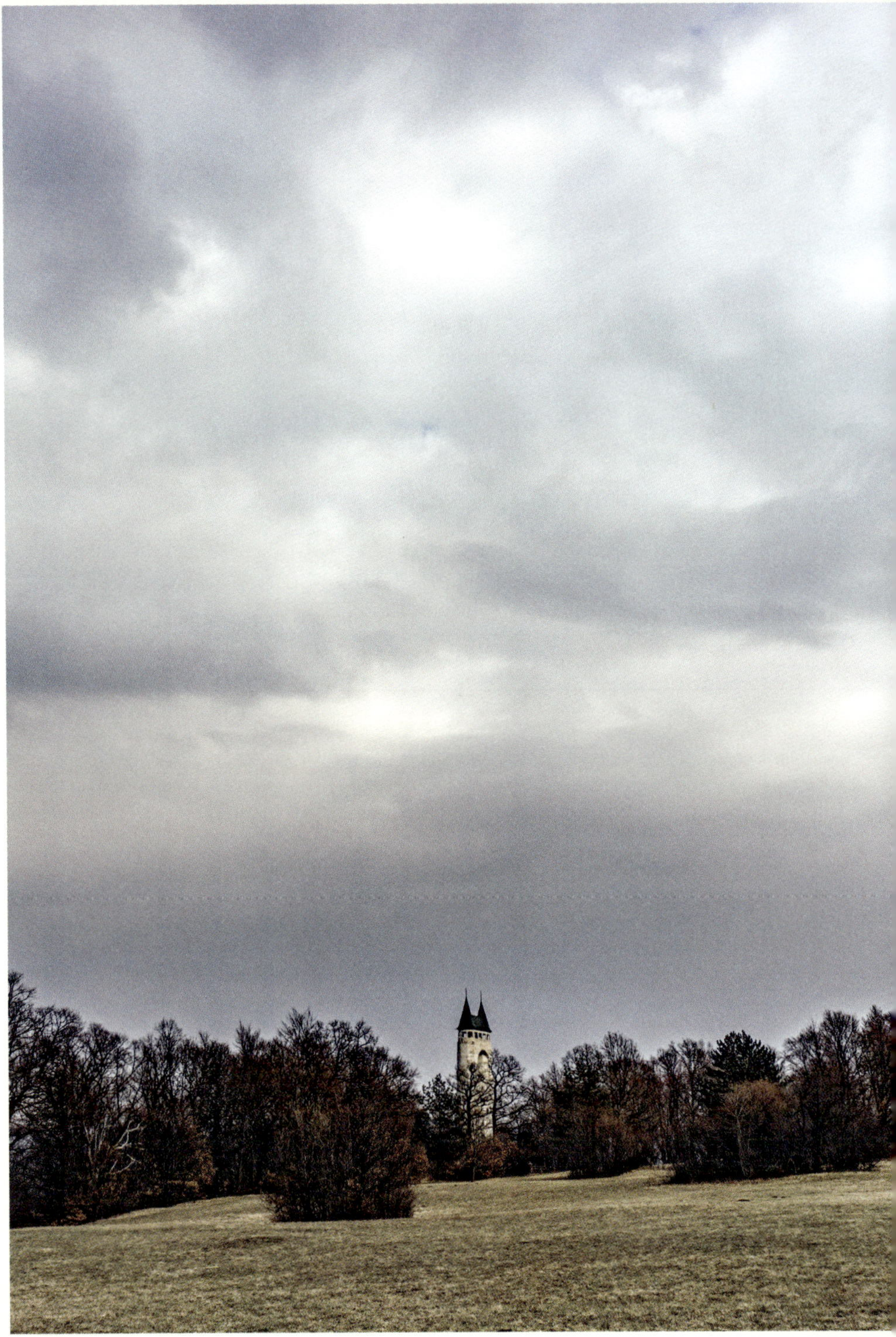

Der Schönbergturm liegt auf einer weiten Hochebene

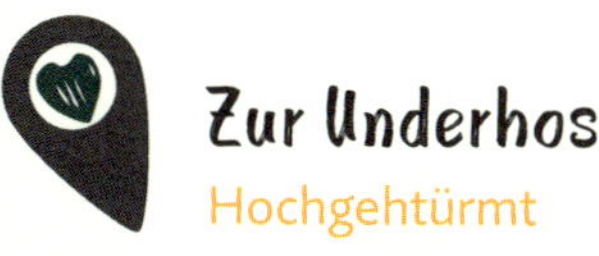

Zur Underhos

Hochgehtürmt

43

Warum der Schönbergturm im Volksmund »Lange Underhos« genannt wird, erschließt sich auf den ersten Blick: Die zwei hohen weißen Türme mit dem Verbindungssteg ganz oben sehen wirklich aus, als seien sie Opas Liebestötern nachempfunden. Originell und einzigartig ist dieser Doppelturm des Albvereins mit Einbahnstraßenfunktion auf der Schwäbischen Alb auf jeden Fall.

Wunderschön ist die *Hochgehtürmt*-Tour auch, weil man die Seele so richtig baumeln lassen kann. Am Schönbergturm befindet sich eine weite Hochebene mit einem zwar gut besuchten, jedoch selten überfüllten Grillplatz. Hier kann man wunderbar ausspannen. Unterwegs bieten sich weitere Grillstellen an. Der zweite Höhepunkt der Wanderung ist der ziemlich ausgesetzte Wackerstein. Unter einem erstrecken sich die ausgedehnten Streuobstwiesen von Pfullingen, und weit reicht der Blick von heroben am Albtrauf entlang. Weit weg scheint alle Zivilisation an dieser markanten Felsenzinne.

Leicht lässt sich ein Besuch der Nebelhöhle einbinden; der Umweg über den Won beträgt etwa zwei Kilometer. Wenn Kinder dabei sind, parkt man am besten gleich an der Höhle und dreht bereits am Schönbergturm um. So käme man auf insgesamt gut sieben Kilometer. Diese Variante der Tour ist so schön, dass sie es fast in die Top Ten der Schwäbischen Alb geschafft hätte.

Hochgehberge
Biosphärengebiet Schwäbische Alb 

9,4 km, 3:30 h 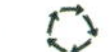

367 Hm 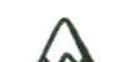

mittel 

72 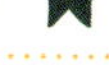

Wanderparkplatz Landesziegenweide bei Pfullingen 48.451100, 9.225512 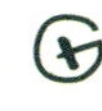

Bahn bis Reutlingen, Buslinie 2 bis Pfullingen Ahlsberg, 200 m Fußweg 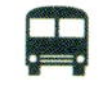

Aussicht, Schatten, Kinder, Botanik 

Das Naturschutzgebiet Won (kleiner Abstecher) ist vor allem im Frühsommer herrlich 

out.ac/9neAc 

Der *Maultaschenwirt* liegt direkt an der Nebelhöhle und lädt gerne in seinen kleinen Biergarten ein.

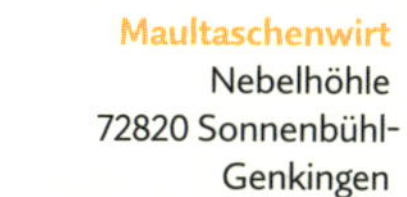
Maultaschenwirt
Nebelhöhle
72820 Sonnenbühl-Genkingen
www.maultaschen-wirt.de 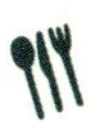

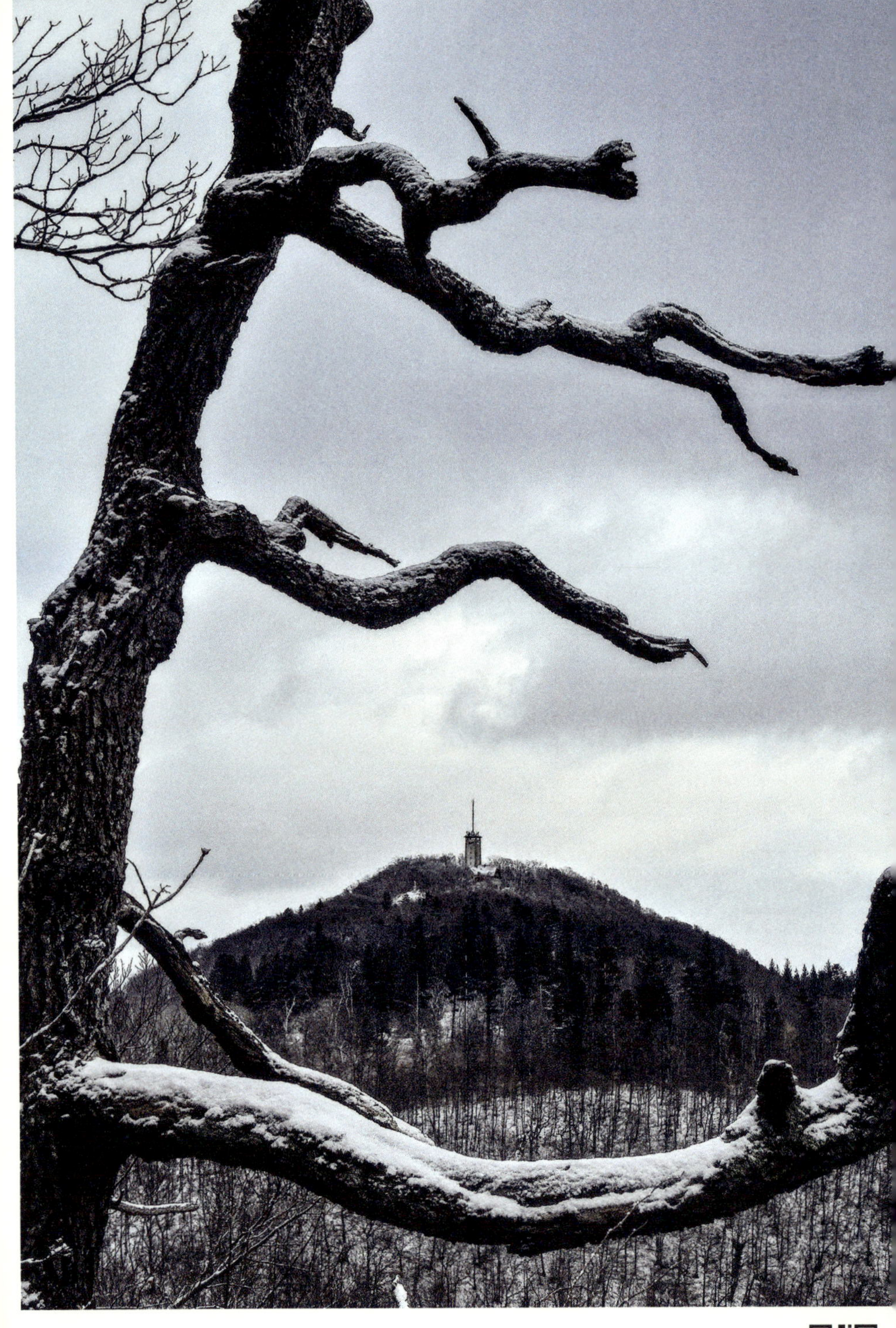

Der Roßberg ist zu jeder Jahreszeit attraktiv

Die Alpen im Blick

Hochgehkämpft

44

Hochgehberge
Biosphärengebiet Schwäbische Alb 

4,9 km, 2:00 h 

280 Hm 

mittel 

– 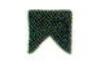

Wanderparkplatz Schützenhaus Reutlingen-Gönningen 48.424959, 9.150995 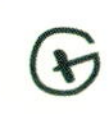

Bahn bis Reutlingen, Buslinie 5 bis Gönningen, Haltestelle Rathaus, 700 m Fußweg 

Aussicht, Schatten, Botanik 

Eine längere Wanderung hinüber zu Bolberg und Filsenberg belohnt mit gigantischen Ausblicken 

out.ac/B3aUB 

Vielleicht erscheint es manchem als Wortklauberei: Aber diese Tour, die mit ihren nicht einmal fünf Kilometern als Spaziergang ausgezeichnet ist, müsste zumindest unter dem Label »Miniwanderweg« firmieren. Denn der Anstieg mit knapp 300 Höhenmetern hat es in sich, ein gemütliches Spazieren sieht anders aus – und wahrscheinlich heißt die Tour deshalb auch, wie sie heißt.

Der Lohn der Mühe ist der Gipfel des Roßbergs mit dem Wanderheim des Schwäbischen Albvereins. Der Roßberg stellt nicht nur den höchsten Punkt der Reutlinger Markung dar, sondern eröffnet zudem höchste Genüsse. Oben auf dem Turm zeigt sich an klaren Tagen ein großes Alpenpanorama. Und unten im Gasthaus lockt eine wunderbare regionale Küche.

Wem trotz allem fünf Kilometer zu kurz sind, der sollte beim Aufstieg einen Schlenker auf die Roßbergwiesen westlich des Roßbergs machen. Diese ebene Hochwiese mit einzelnen Baumhainen ist von großer Grandezza – und nebenbei kann man nochmals durchschnaufen, bevor es an den Schlussanstieg geht.

Eine weitere Alternative wäre es, die Tour zum Sonnenuntergang zu machen. Vor allem das Quenstedt-Denkmal wenige Meter unterhalb des Gipfels bietet eine atemberaubende Sicht hinüber zu Bolberg, Filsenberg und weit darüber hinweg bis zum Schwarzwald. Hier geht einem das Herz auf, wenn die Sonne allmählich hinter den schwäbischen Weiten versinkt.

Im Wanderheim auf dem Roßberg sind Übernachtungen möglich – die Zimmer liegen traumhaft schön im Turm.

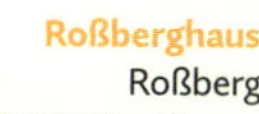

Roßberghaus
Roßberg
72760 Reutlingen
www.wanderheim-rossberg.de 

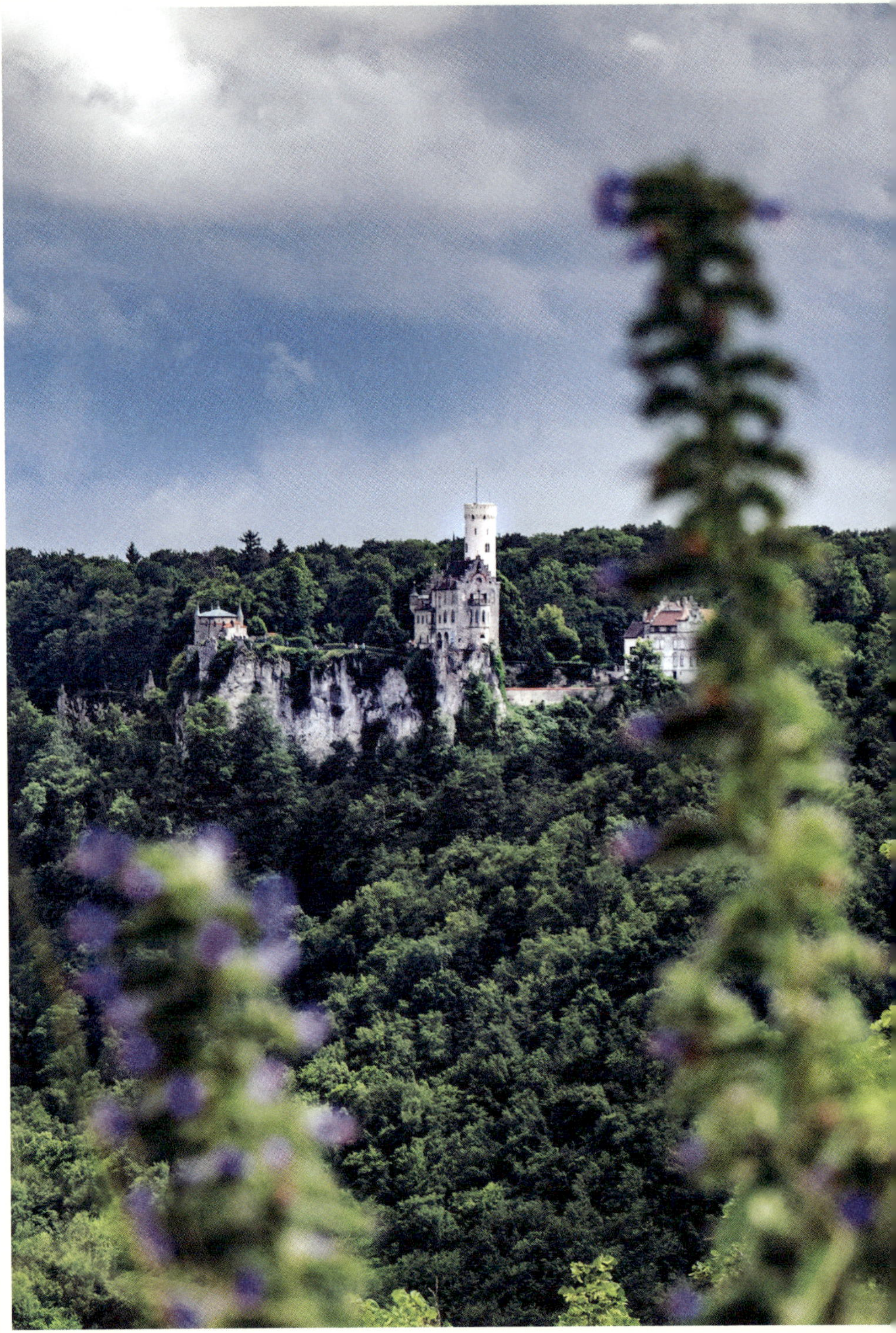

Vom Gießstein bietet sich ein grandioser Blick auf das württembergische Märchenschloss

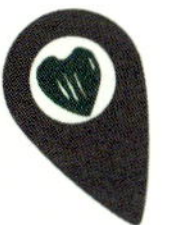

Märchenschloss und mehr

Hochgehträumt

45

Allein werden Sie auf dieser Wanderung niemals sein – schließlich gehören das Schloss Lichtenstein und die Nebelhöhle zu den Großsehenswürdigkeiten der Schwäbischen Alb mit entsprechend großem Rummel. Aber an ruhigeren Tagen ist diese Tour zum Zungenschnalzen.

Erstens sind Schloss und Höhle ja tatsächlich märchenhaft und zu Recht zum Inbegriff der Alb-Romantik geworden. Zweitens führt mehr als die Hälfte der Strecke entlang des Albtraufs mit herrlichen Ausblicken. Höhepunkt ist der Gießstein hoch über dem Echaztal. Drittens fühlt man sich halbwegs auf einer Fernwanderung, denn die Route deckt sich über längere Passagen mit dem *Hauptwanderweg 1* des Albvereins. Und viertens verblüfft die Tatsache doch, wie schön und einsam die Pfade gegen Ende werden, vor allem auf dem Rückweg zwischen Höhle und Schloss. Als Bonbon für alle faulen Wanderer kommt hinzu, dass sich die Höhenmeter trotz des permanenten Gipfelfeelings sehr in Grenzen halten.

Warm ans Herz legen möchte ich Ihnen vor allem den Abstecher zur Ruine Alt-Lichtenstein. Schon Ende des 14. Jahrhunderts galt diese Burg als verfallen, und bis heute träumen die wenigen erhaltenen Mauern und Wallgräben zwischen grünem Wald und luftigem Abgrund sanft vor sich hin. Es ist eine wunderbare Stimmung, die diesen Ort umweht, aufgeladen von Geschichte, Ruhm und Vergehen.

Das *Alte Forsthaus* befindet sich wie das Schloss direkt am Albtrauf – bei manchen Tischen muss man beinahe schwindelfrei sein.

Hochgehberge
Biosphärengebiet Schwäbische Alb 

10,9 km, 3:30 h 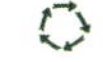

220 Hm 

mittel

61 

Parkplatz Schloss Lichtenstein (kostenpflichtig) Lichtenstein-Honau 48.405311, 9.257086 

Bahn bis Reutlingen, mehrere Buslinien bis Honau (2,5 km schöner, aber sehr steiler Fußweg) oder Traifelberg (2 km Fußweg, deutlich flacher) 

Aussicht, Kultur/ Sehenswürdigkeiten 

Direkt am Schloss Lichtenstein kann man in einem Kletterpark die persönlichen Grenzen austesten 

out.ac/A7CoO 

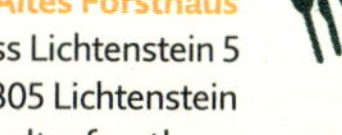

Altes Forsthaus
Schloss Lichtenstein 5
72805 Lichtenstein
www.altesforsthaus lichtenstein.de

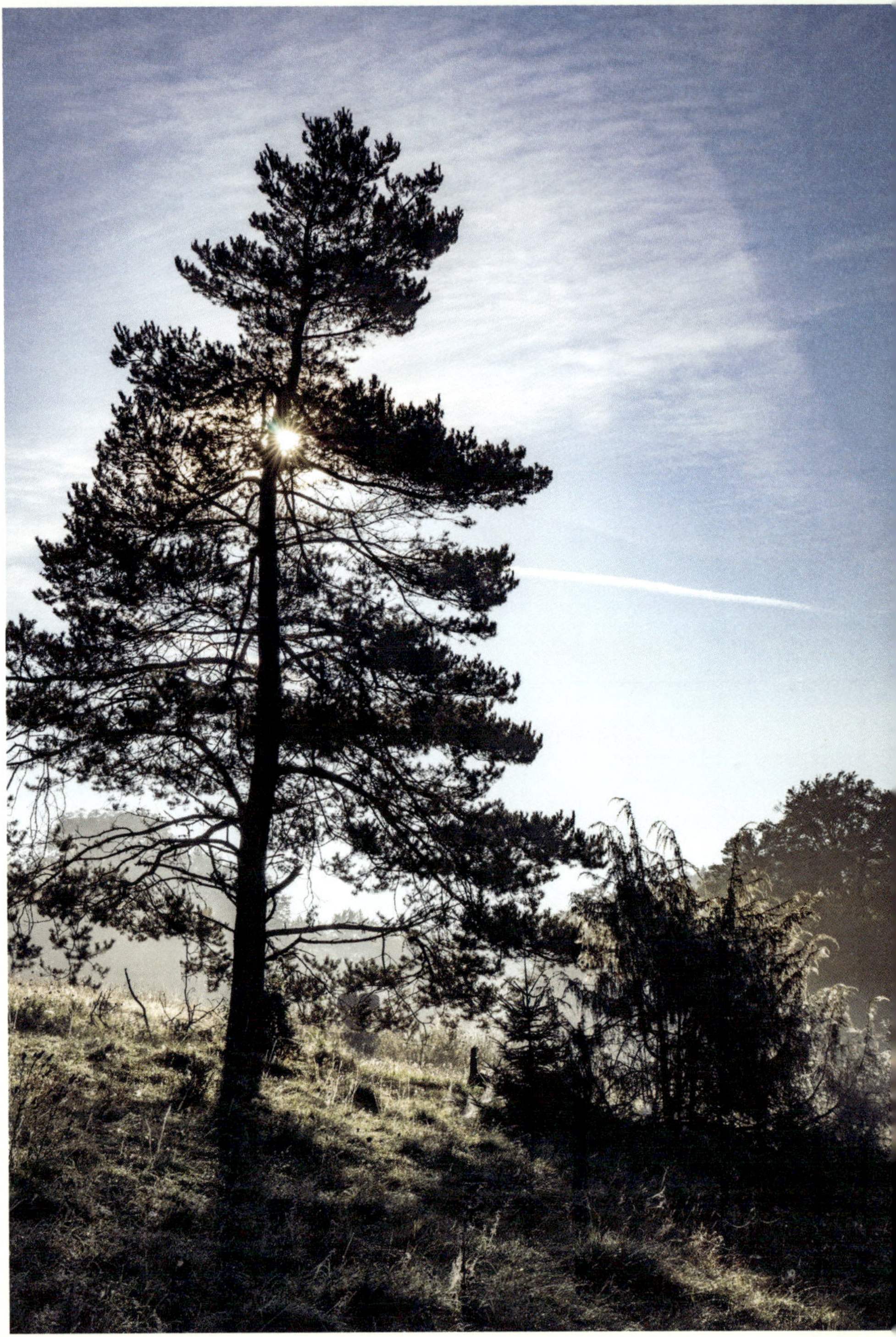

Im Herbst wirken die Wacholderheiden am Beutenlay beinahe magisch

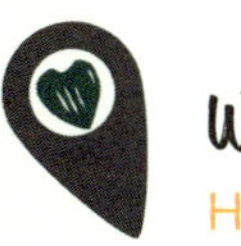

Wie vor 200 Jahren

Hochgehhütet

46

Der Beutenlay besitzt bei vielen Münsingern einen magischen Klang – denn auf diesem großen Hügel am Rande der Stadt kann man noch bestaunen, wie die Alb vor 100 oder 200 Jahren ausgesehen hat. Hier wird auf einer Fläche noch die Dreifelderwirtschaft betrieben, bei der sich Sommergetreide, Brache und Wintergetreide abwechseln und bei der auch noch die Ackerkräuter eine Chance zum Überleben haben.

Der *Hochgehhütet*-Weg führt über Wacholderheiden, auf denen sich das harmonisch-wellige Hochland der Alb gut überblicken lässt. Man passiert einen Hutewald, in dem die Schafe die unteren Äste, wie mit einem Lineal gezogen, abgeäst haben, soweit ihre Mäuler eben hinaufreichten. Und man spaziert über eine Wiese, auf der noch der Gelbe und der Kreuz-Enzian wachsen.

Das Gute an diesem Spaziergang (der dennoch mit einem steilen Auf- und einem steilen Abstieg aufwartet) sind die vielen Informationsschilder, denn so kommt man deutlich klüger von dieser kleinen Runde zurück, als man gestartet ist. Ein Arboretum mit 40 exotischen Baumarten und ein Straucharten-Lehrpfad ergänzen die schöne Naturschau auf dem Beutenlay.

Eine empfehlenswerte Ergänzung ist das Hofgut Hopfengut direkt am Start der Tour: Dort kann man vorher oder nachher in einem alten Schäferwagen, in einem Tipi oder in einer kirgisischen Jurte übernachten.

Hochgehberge
Biosphärengebiet Schwäbische Alb

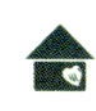

4 km, 1:30 h

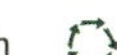

83 Hm

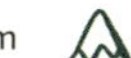

leicht

–

Wanderparkplatz Hopfenburg Münsingen
48.401955, 9.507562

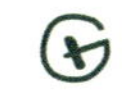

Bahn/Bus bis Münsingen, 1 km Fußweg bis Toureneinstieg Schützenhaus

Kinder, Sonne, Botanik

Das Biosphärenzentrum beherbergt eine Dauerausstellung und einen Shop mit regionalen Produkten. Das Alte Lager mit vielen Manufakturen befindet sich gleich daneben.

out.ac/749na

Das alteingesessene Hotel Hermann mit Gasthof in Münsingens Mitte gehört zu der Gruppe der Biosphärengastgeber.

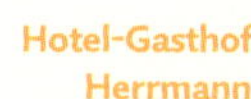

Hotel-Gasthof Herrmann
Ernst-Bezler-Straße 3
72525 Münsingen
www.hotelherrmann.de

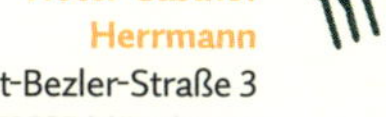

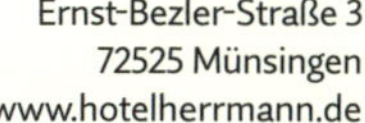

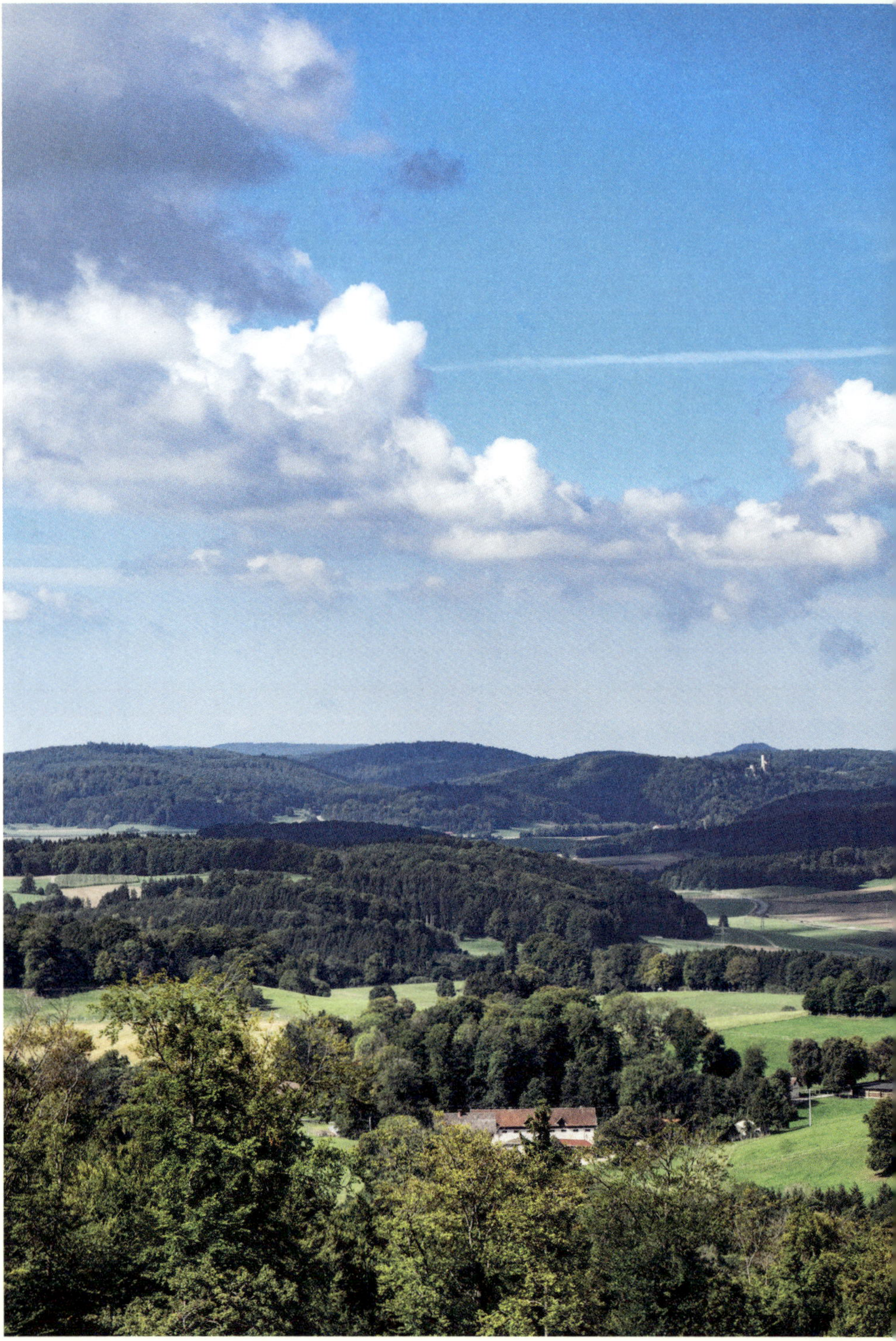

Vom Turm auf dem Sternberg überblickt man die ganze Mittlere Alb

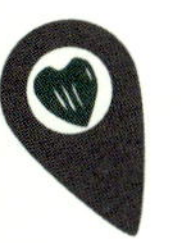

Über den Sternberg

Hochgehsprudelt

47

Hochgehberge Biosphärengebiet Schwäbische Alb 

8,7 km, 2:45 h 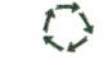

296 Hm 

mittel 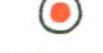

62

Wanderparkplatz Braikestal Gomadingen-Offenhausen 48.389014, 9.369137 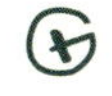

Schwäbische-Alb-Bahn oder Buslinie 7606 über Metzingen und Lichtenstein nach Offenhausen, dort Toureneinstieg 

Aussicht, Wasser, Botanik 

Das Haupt- und Landgestüt Marbach ist mit dem Auto schnell erreicht 

out.ac/73944 

Die Ratschlüsse der Wegetüftler, die diese Tour geschmiedet haben, sind selbstredend unfehlbar, aber weshalb sie die Wanderung nicht in Offenhausen beginnen lassen, wird für immer ihr Geheimnis bleiben. So würde die Tour zwar um zwei Kilometer länger sein, aber um eine bedeutende Sehenswürdigkeit reicher: Die Quelle der Großen Lauter, die noch von alten Klostermauern umgrenzt wird, ist nämlich Idylle pur. Und wer sich für Pferde interessiert, könnte im Vorwerk des Gestüts Marbach nebenan gleich noch das Museum in der ehemaligen Klosterkirche besichtigen.

Über eine Lindenallee steigt man dann leicht in die eigentliche Route ein. Es ist ein beglückendes Auf und Ab bei dieser Tour, ebene Abschnitte gibt es kaum. Die meiste Zeit geht man durch Wald, aber auch über weitläufige Wacholderheiden, und die gesamte Landschaft ist sehr naturnah. An der höchsten Stelle der Strecke, auf dem Sternberg, trifft man auf das Wanderheim des Albvereins und in einiger Entfernung auf einen Aussichtsturm. Die sanften Kuppen der Alb und die scheinbar endlosen Waldgebiete lassen dort oben das Herz vor Freude höherschlagen.

Nur das Brünnele unterhalb des Sternbergs, dessen Wasser der Tour den klangvollen Namen gegeben hat, wirkt etwas mickrig, weil es häufig aus der Leitung tropft statt sprudelt.

Der Landgasthof Winter ist von der Quelle der Großen Lauter in wenigen Minuten zu Fuß erreichbar.

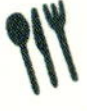

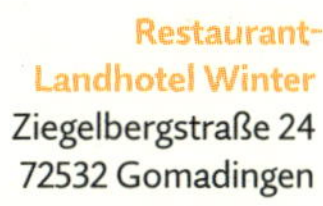

Restaurant-Landhotel Winter
Ziegelbergstraße 24
72532 Gomadingen
www.restaurant-landhotel-winter.de

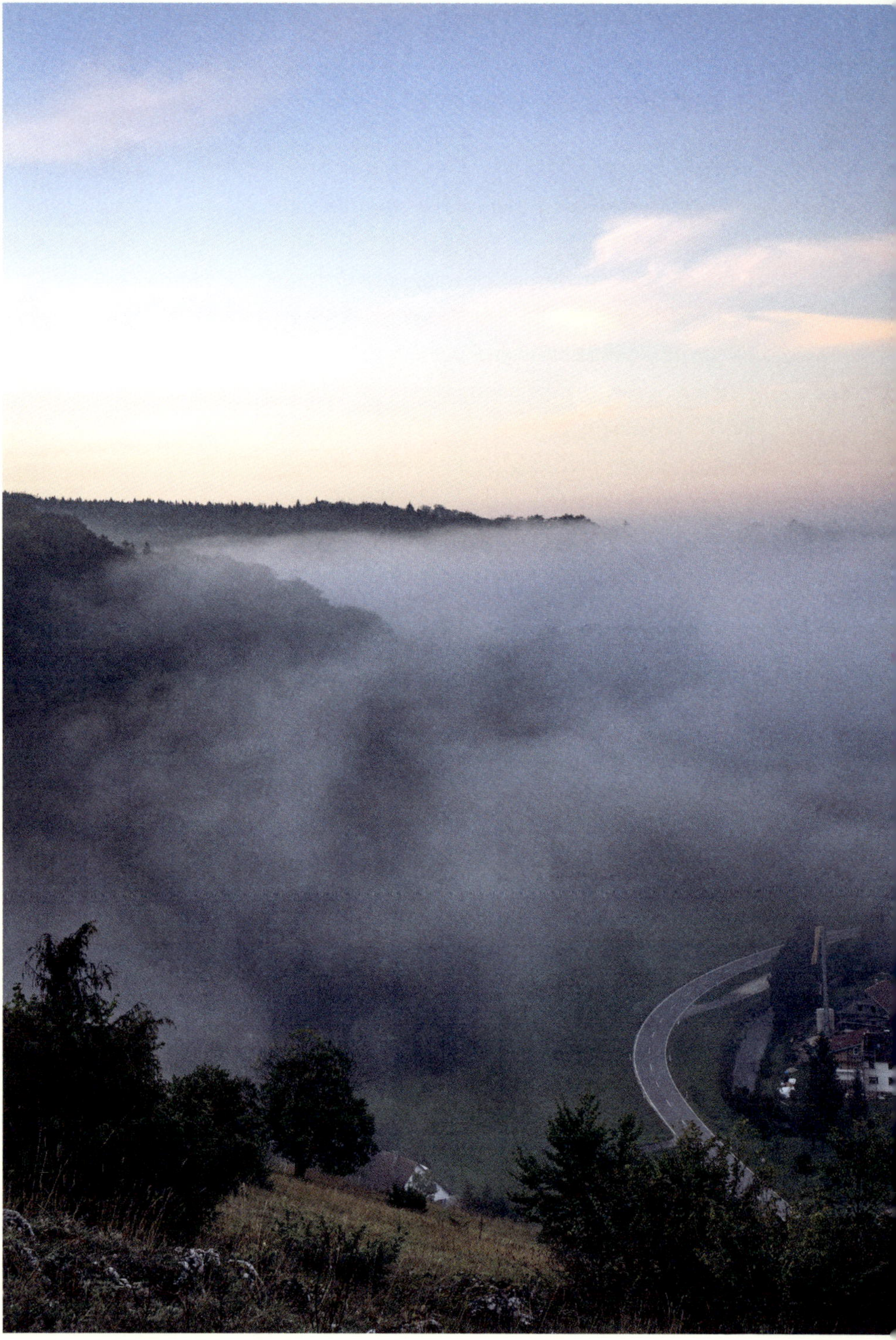

Am frühen Morgen wirkt das Lautertal, vom Schachenberg aus betrachtet, besonders ruhig und friedlich

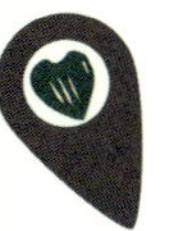

Quietschbuntes Zollhaus

Hochgehgrenzt

48

Der Höhepunkt dieser Tour ist der Schachenberg, und das gleich in doppelter Hinsicht. Erstens genießt man von dort oben einen weiten Blick über das Große Lautertal: Unter einem liegt Bichishausen mit seiner Burgruine, und weit lassen sich links und rechts die Windungen der Lauter verfolgen, dieses wahrscheinlich romantischsten Flusses der Alb. Zweitens ist der Schachenberg an sich interessant, denn es ist eine Wohltat, über seine Wacholderheiden zu streifen oder im Frühjahr den unzähligen Küchenschellen beim Wachsen zuzuschauen. Unter Naturschutz steht das Gebiet aber nicht.

Leider bleibt es unterwegs weitgehend bei diesem einen Höhepunkt. Die kurze Route verläuft ansonsten mehrheitlich durch landwirtschaftliches Gebiet. Da bietet der Blick hinüber zum Wasserturm von Dürrenstetten schon eine Abwechslung.

Seinen Namen erhielt die Tour, weil sie durch das frühere Grenzgebiet zwischen dem Herzogtum Württemberg und dem Fürstentum Fürstenberg führt. Letzteres wurde 1806 nach Napoleons Willen aufgelöst und größtenteils nach Baden eingegliedert. Unten an der Lauter steht noch ein quietschbuntes Zollhaus in golden-schwarzen württembergischen sowie in blau-rot-weißen fürstenbergischen Farben. Richtung Bremelau kommt man noch an einem Grenzstein vorbei.

Ein schöner Grillplatz liegt in der Nähe des Parkplatzes Reichartsberg.

Das *Bootshaus* ist immer gut besucht – man sitzt an der Lauter aber auch wirklich herrlich.

Hochgehberge
Biosphärengebiet
Schwäbische Alb 

6,1 km, 2:00 h 

161 Hm 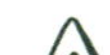

leicht 

58

Wanderparkplatz
Reichartsberg
Münsingen-Hundersingen
48.344591, 9.506642 

Bus/Bahn bis Münsingen, Buslinie 341/342/345 bis Bichishausen, Haltestelle Zollhaus, dort Toureneinstieg 

Wasser, Botanik 

Verbinden Sie die Wanderung mit einer Kanutour ab dem *Bootshaus* in Bichishausen – möglich ist dies Montag bis Freitag 

out.ac/73vFM 

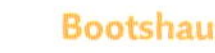

Fürstenbergstraße 2
72525 Münsingen-Bichishausen
www.bootshaus.info 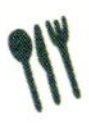

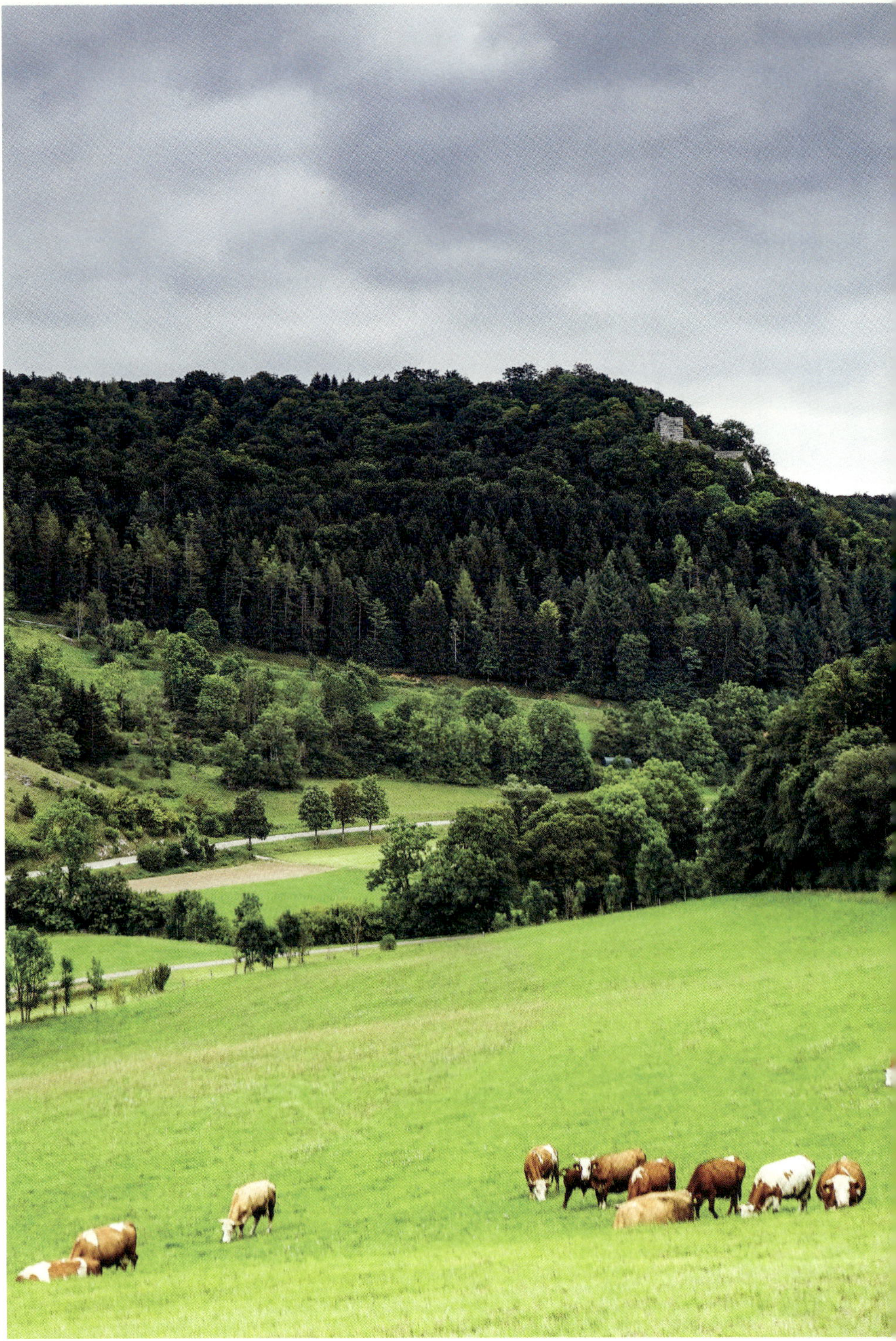

Die Kühe dürfen die Ruine Hohengundelfingen täglich bestaunen

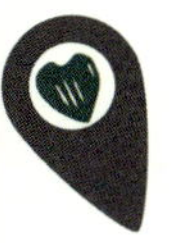

Die Füße ins Wasser

Hochgehbürzelt

49

Wer sich nach einem guten Mittagessen noch etwas die Beine vertreten will, dem sei dieser Spaziergang empfohlen. Das Tal der Großen Lauter zwischen Buttenhausen und Lauterach ist ja an sich schon ein Wohlfühlort und gehört zu den schönsten Flecken der Schwäbischen Alb. Dennoch muss man sagen, dass diese Tour, für sich alleine genommen, etwas wenig bietet.

Ja, es bietet sich ein beeindruckender Blick auf die Burgruinen Nieder- und Hohengundelfingen sowie auf die Burg Derneck, die ein herrliches Wanderheim des Albvereins beheimatet. Man kommt aber an keiner der Burgen direkt vorbei. Am ehesten gestreift wird noch Niedergundelfingen, doch gerade dieses Bauwerk ist privat und nicht zugänglich. An einer Stelle zumindest gibt es einen Rastplatz an der Lauter, wo man die Füße ins immer kalte Wasser strecken kann. Das tut Körper und Seele gut. Ansonsten verläuft die Route ohne größere Höhepunkte, doch immerhin einsam und idyllisch durch Wald und Flur.

Deutlich interessanter wird die *Hochgehbürzelt*-Tour, wenn Sie sie mit der Nachbarwanderung *Hochgehswiggert* verbinden, wodurch Sie die Burgen Hohengundelfingen und Derneck tatsächlich besuchen können. Insgesamt beträgt die Wanderung dann rund elf Kilometer.

Eine Alternative zum *Bootshaus* in Bichishausen ist der *Hirsch* mit seiner schwäbischen Küche.

Hochgehberge
Biosphärengebiet Schwäbische Alb 

4 km, 1:30 h 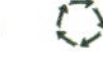

125 Hm 

leicht

– 

Wanderparkplatz Steighof oberhalb von Münsingen-Gundelfingen 48.327188, 9.492364 

Bahn bis Reutlingen oder Metzingen, Bus bis Münsingen, Buslinie 341/342/345 bis Gundelfingen, Haltestelle Gundelfingen Ack, dort Toureneinstieg 

Aussicht, Wasser 

Ein kleiner Abstecher (ein Kilometer hin und zurück) führt zur begehbaren Burgruine Bichishausen 

out.ac/73XzK 

Gasthaus Hirsch
Stettenerhalde 3
72525 Münsingen-Bichishausen 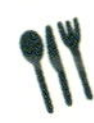

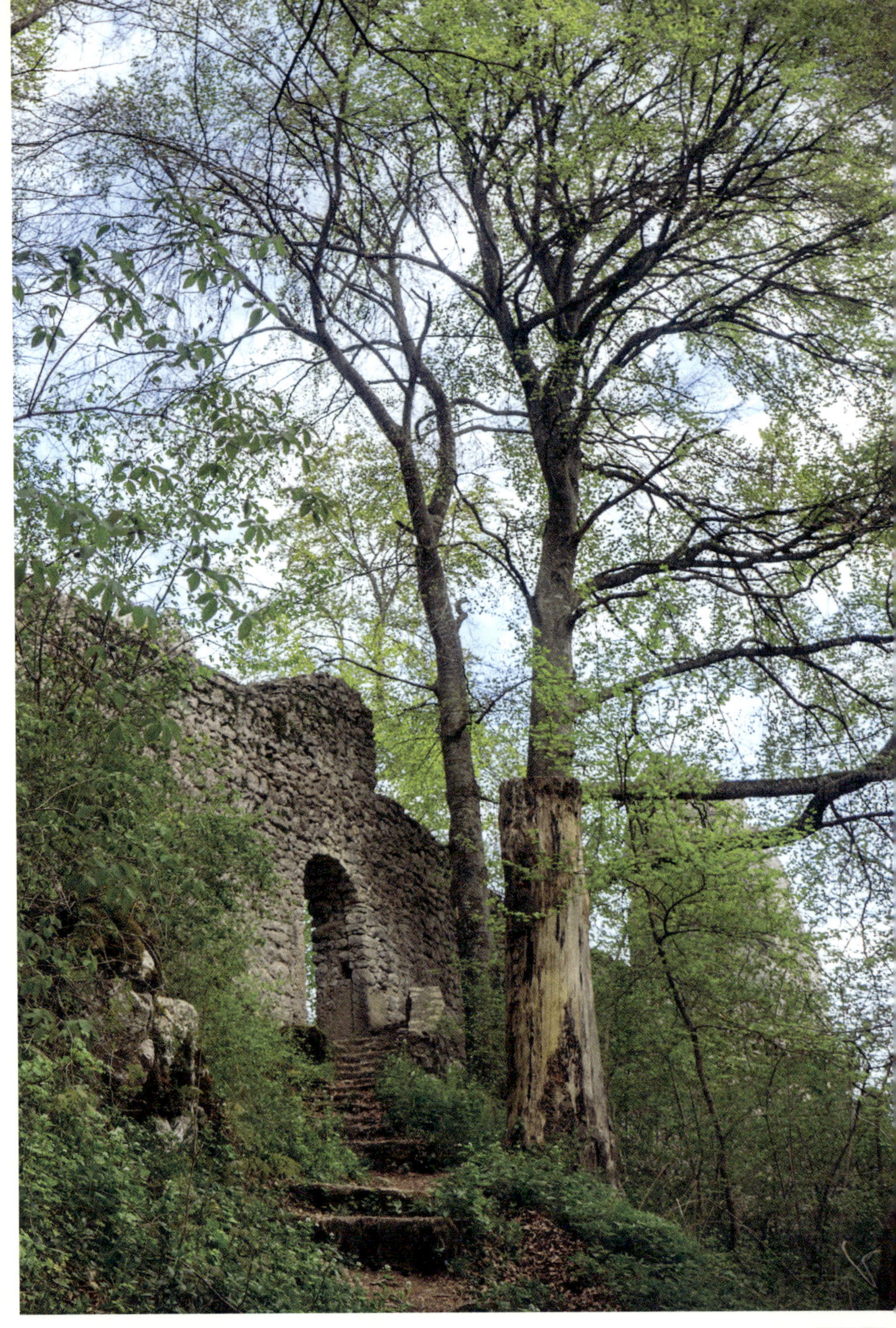

Romantischer geht es kaum: die Ruine Hohengundelfingen

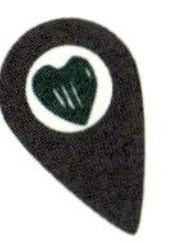

Zur Dornröschenburg

Hochgehswiggert

50

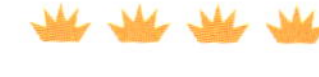

Zwei sehr unterschiedliche Ruinen besucht man auf dieser Tour *Hochgehswiggert*. Die Burg Derneck ist teilweise restauriert – hier hat der Schwäbische Albverein ein wunderschönes Wanderheim geschaffen, das sich für eine gemütliche Einkehr und auch zum Übernachten eignet. Die Ruine Hohengundelfingen dagegen erweist sich als ein so romantischer und verwunschener Ort, dass er für mich zu den Lieblingsplätzen auf der Alb zählt. Die Familie Römer hat die damals ziemlich überwucherte Anlage in den 1930er-Jahren erworben und aus dem Dornröschenschlaf erweckt, und die Nachkommen kümmern sich bis heute um die Burg. Der Blick hinab zur Flussschleife der Großen Lauter ist einzigartig, und das Gewirr an Mauern und Ebenen lädt zu einer längeren Erkundung ein.

Gleich am Beginn der Wanderung oder an deren Ende verlockt ein Rastplatz direkt am Fluss zu einer längeren Pause – hier kann man grillen, einfach nur auf der Wiese liegen oder sogar ein wenig in der Lauter planschen. Aber Vorsicht, Badewannentemperaturen sollte man nicht erwarten.

Zwar sind einige Aufstiege zu bewältigen, doch auch Kinder dürften an dieser burgen- und wasserreichen Tour ihre Freude haben. Eine Verknüpfung des Premiumweges mit dem benachbarten Spaziergang *Hochgehbürzelt* ist möglich. Zusammen ergeben sie eine Strecke von rund elf Kilometern.

Hochgehberge
Biosphärengebiet Schwäbische Alb 

6,2 km, 2:30 h 

211 Hm 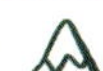

leicht 

86

Wanderparkplatz Heiligental bei Münsingen-Gundelfingen 48.316010, 9.507417 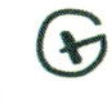

Bahn bis Reutlingen oder Metzingen, Bus bis Münsingen, Buslinie 341/342/345 bis Haltestelle Gundelfingen Wittstaig, dort Toureneinstieg 

Kinder, Aussicht, Kultur/Sehenswürdigkeiten, Wasser 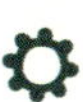

Im nahen Buttenhausen wurde ein Museum für den Demokraten Matthias Erzberger eingerichtet, der 1921 von rechten Nationalisten ermordet worden war 

out.ac/BlhMA 

Das Land- und Ferienhotel Wittstaig gehört zur Gruppe der Biosphärengastgeber mit regionalen Produkten.

Die Wittstaig
Wittstaig 10
72525 Münsingen-Gundelfingen
www.hotel-wittstaig.de 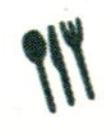

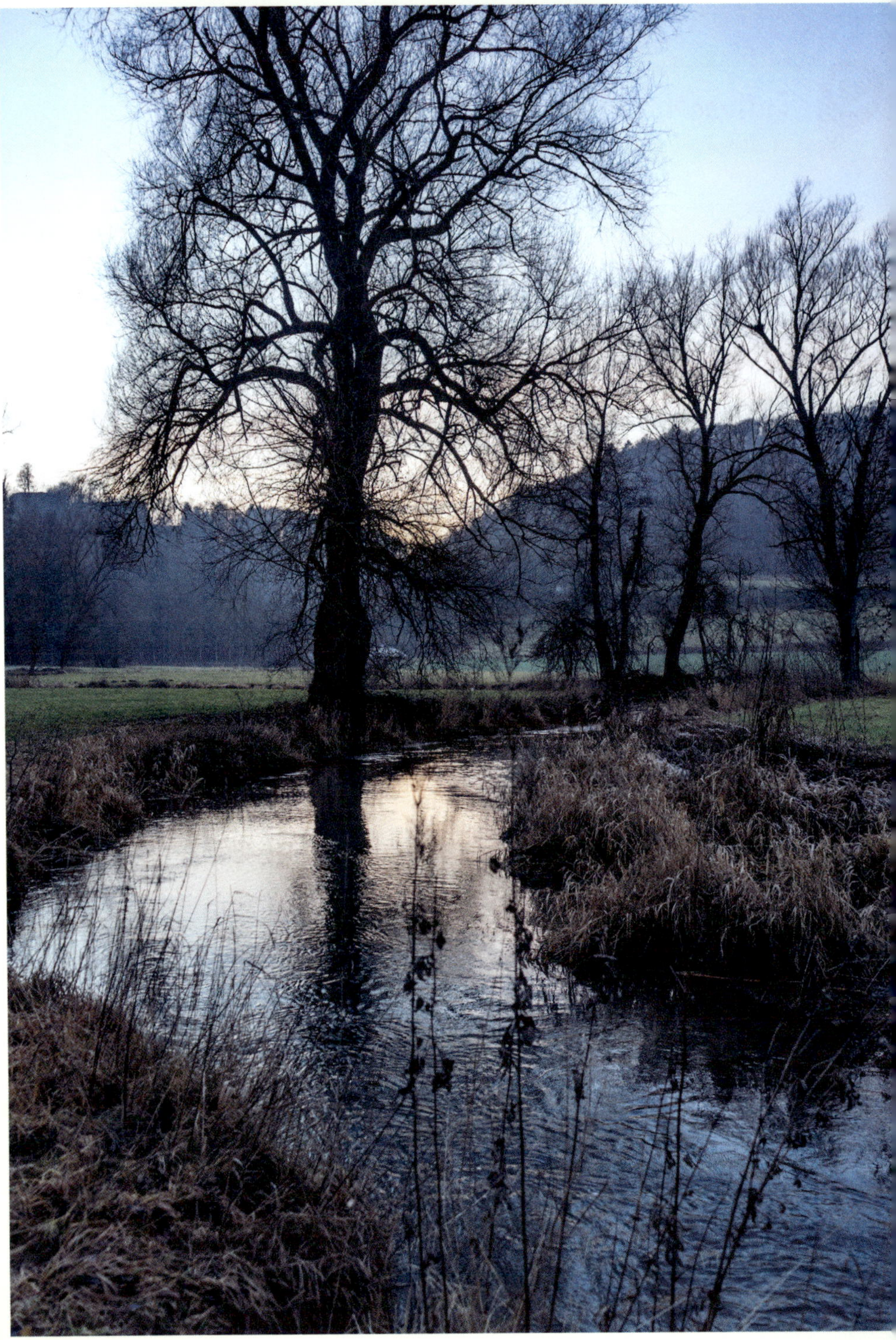

Lange begleitet man bei dieser Tour die Große Lauter

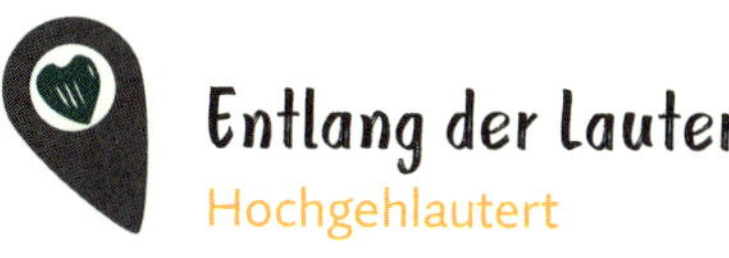

Entlang der Lauter

Hochgehlautert

51

Nur schweren Herzens habe ich diese Wanderung nicht in die Top Ten der schönsten Touren auf der Schwäbischen Alb hineingenommen – sie hat die Bestenliste nur ganz knapp verpasst. Ich mag besonders den Abschnitt durch das Große Lautertal, das hier ohne Autostraße auskommt und deshalb besonders ursprünglich geblieben ist. Langsam mäandert der Fluss durch das Tal, und wie das Wasser sollte man sich selbst auch Zeit lassen. An den Hängen entdeckt man kleine Höhlen, und sehr idyllisch gelegen ist der Hohe Giesel, ein Wasserfall mit wild schäumender Gischt. Am Startpunkt bietet zudem eine Liegewiese mit Grillstelle und Zugang zum Fluss großen Freizeitwert.

Zusätzlich führt dieser Premiumweg zu gleich drei Burgruinen. Die Maisenburg befindet sich direkt neben einem hübsch hergerichteten Hofgut, in dem man übernachten (und heiraten) könnte. Die Ruine Monsberg versteckt sich tief im Wald, und nur eine Mauer wehrt sich noch tapfer gegen den endgültigen Untergang. Groß und beinahe protzig steht dagegen der Wartstein mit seinem erhabenen Turm hoch über der Lauter – auf der Turmspitze eröffnet sich ein fantastischer Blick über das Lautertal.

Der erste Abschnitt über die Hochfläche bei Hayingen ist dagegen ruhig und unscheinbar – nur deshalb hat es *Hochgehlautert* nicht unter die Allerbesten geschafft. Mit dem Burgfelsenpfad ließe sich diese Wanderung zu einer rund 16 Kilometer langen Tour verbinden.

Der *Hirsch* in Indelhausen lockt mit einer breiten Palette schwäbischer Gerichte – inklusive Rostbraten und Schwartenmagen.

Hochgehberge
Biosphärengebiet Schwäbische Alb 

10,9 km, 3:30 h 

262 Hm 

mittel 

83

Wanderparkplatz Anhausen
Hayingen-Anhausen
48.285233, 9.500693 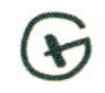

Buslinie 265 bis Indelhausen und Rufbus bis Anhausen möglich, aber zeitintensiv 

Aussicht, Kultur/Sehenswürdigkeiten, Wasser 

Im Naturtheater Hayingen finden im Sommer Theateraufführungen und weitere Kulturevents statt 

out.ac/9npAa 

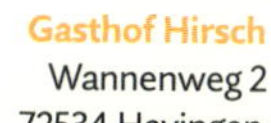

Gasthof Hirsch
Wannenweg 2
72534 Hayingen-Indelhausen
www.hirsch-indelhausen.de 

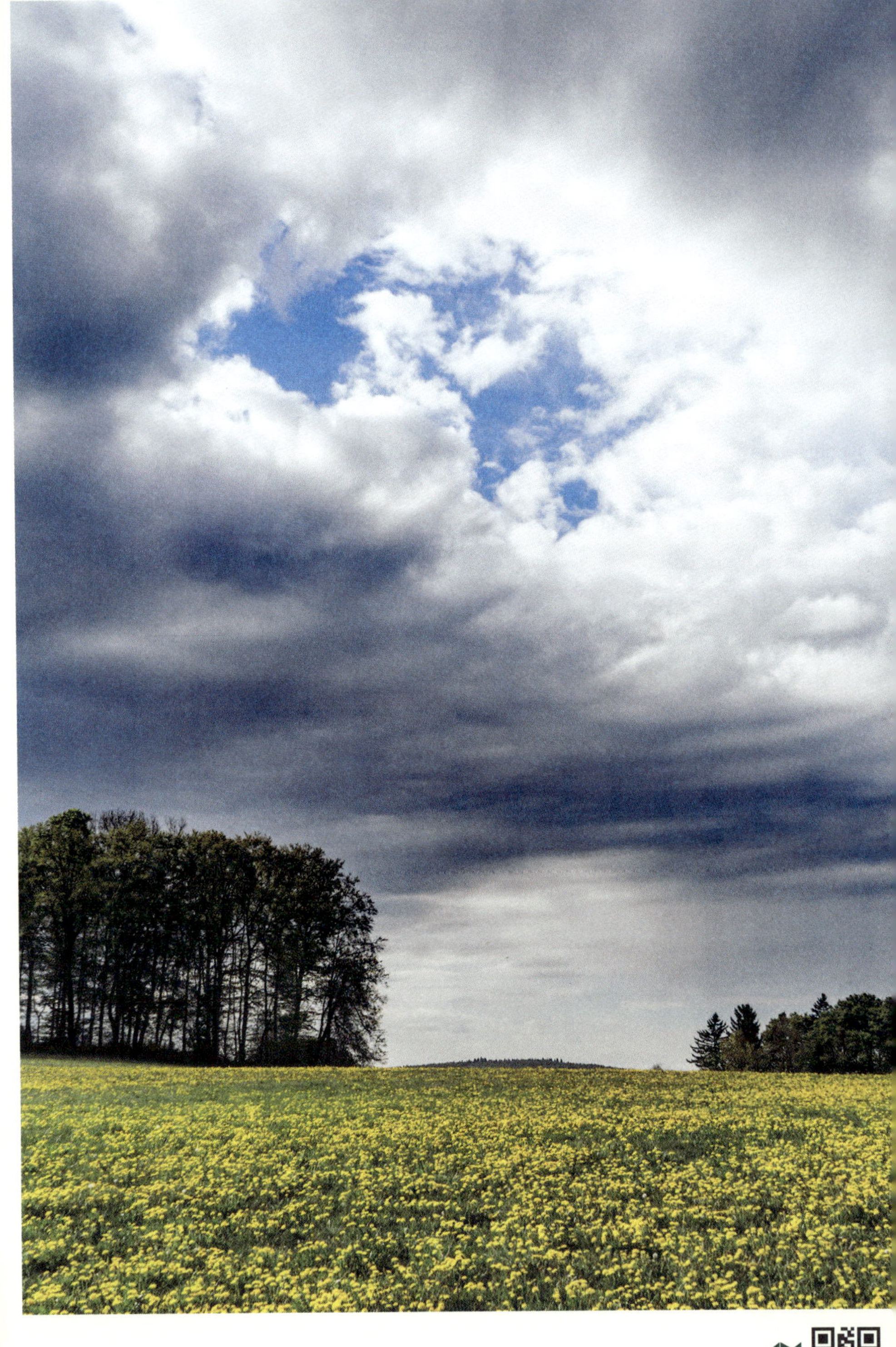

Auf der Zwiefalter Alb geht es meist ruhig zu

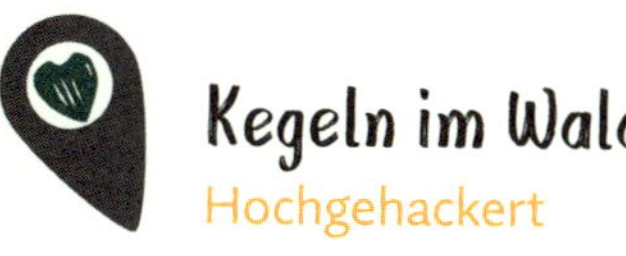

Kegeln im Wald

Hochgehackert

52

Hier bei Pfronstetten zeigt sich die Schwäbische Alb von ihrer bescheidenen Seite – Wald, Wiesen und Äcker wechseln sich ab, und nur manchmal sorgt ein Felsenband für einen besonderen Akzent. Dafür ist diese Ecke der Zwiefalter Alb alles andere als überlaufen, sodass sich die Natur bei dieser Wanderung oft in großer Wald- und Wieseneinsamkeit erleben lässt. Mit etwas Glück zeigen sich Rehe oder Hasen. Vor allem auf dem Rückweg, im eng eingeschnittenen Tiefental, fühlt man sich weit weg vom Alltagstrubel und kann zu sich selbst kommen.

Ein wenig Trubel dürfte es höchstens zu Beginn der Tour geben, denn am selben Parkplatz startet ebenfalls der knapp einen Kilometer lange *Phänopfad*, der zwar bald eine andere Richtung nimmt, aber leicht in die *Hochgehackert*-Tour eingebunden werden kann (etwa 1,5 Kilometer zusätzlich hin und zurück).

Gerade Kinder dürften ihre Freude daran haben, denn hier können alle kräftig mitmachen und physikalische Phänomene erleben: Man lernt, durch große Trichter wie ein Luchs zu hören oder mit einem Flaschenzug schwere Felsklötze leicht anzuheben. Da fühlt man sich gleich wie Obelix, auch ohne Wildschweinbraten. Eine Kegelbahn wurde ebenfalls auf dem *Phänopfad* am Waldrand errichtet – sie ist wie alle Stationen aus Holz gebaut.

Hochgehberge
Biosphärengebiet
Schwäbische Alb 

9,3 km, 3:00 h 

139 Hm 

mittel 

54 

Parkplatz Phänopfad
Pfronstetten
48.283890, 9.379839 

Bahn bis Reutlingen, Buslinie 260 bis Pfronstetten, Haltestelle Ortsmitte, 1 km Fußweg 

Kinder 

Im malerisch gelegenen Freizeitheim Georgenhof der Bruderhaus-Diakonie können Gruppen übernachten. Im Sommer gibt es Feriencamps für Kinder. 

out.ac/B3bLi 

Die *Rose* in Ehestetten ist weithin für ihre Bioküche und ihre pfiffigen Betreiber bekannt, die vier Tress-Brüder.

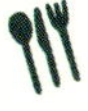

Bio-Restaurant Rose
Aichelauer Straße 6
72534 Hayingen-Ehestetten
www.tressbrueder.de/rose-restaurant

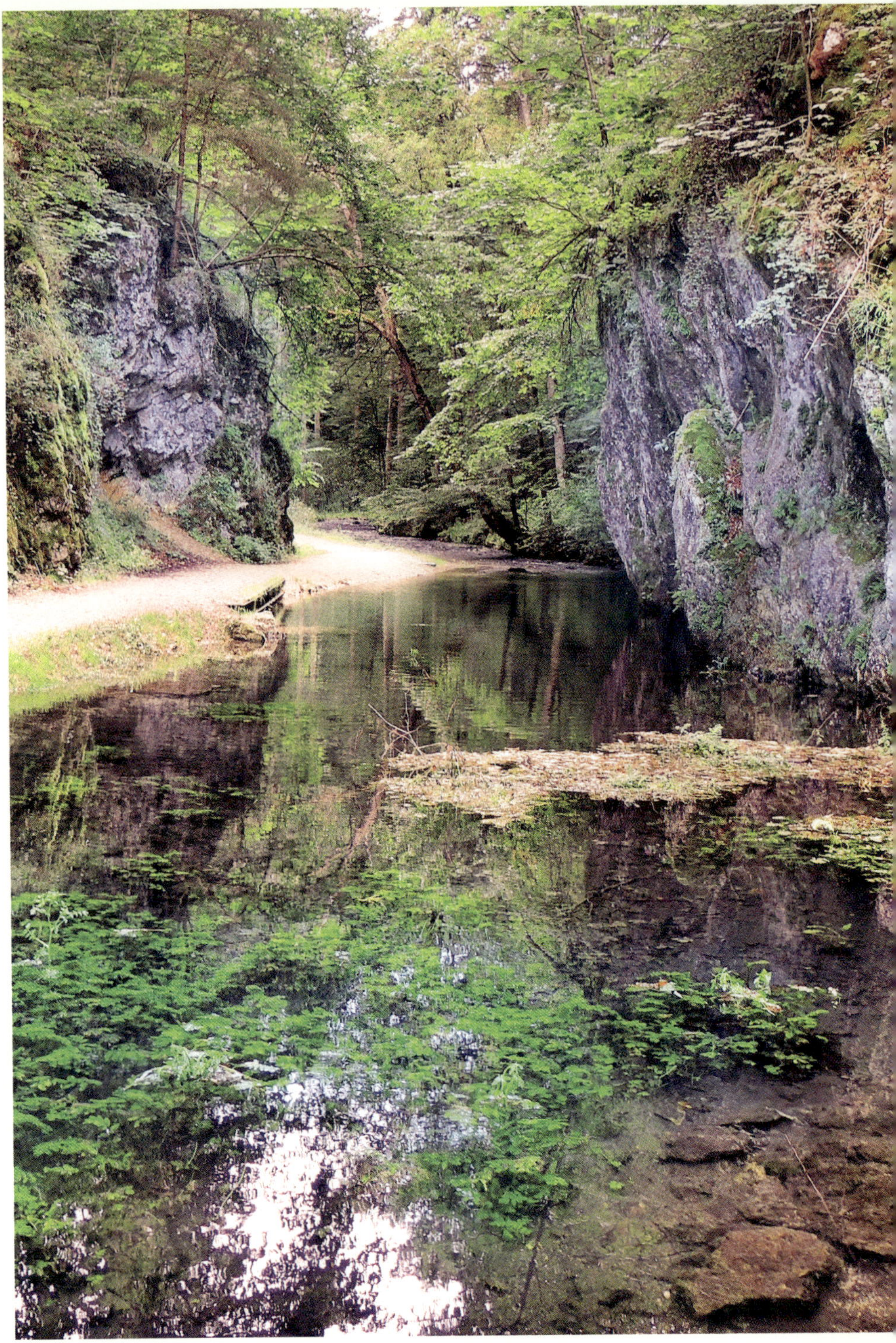

Am Eingang ins Glastal hat sich ein kleiner See gebildet

Im Urwald von morgen

Hochgehschätzt

53

Die Gegend zwischen Hayingen und Zwiefalten ist voller Höhepunkte – viele davon werden Sie bei dieser Tour erleben. Den Besuch der Wimsener Höhle, der einzigen per Boot befahrbaren Schauhöhle Deutschlands, sollte man sich bis zum Schluss aufheben. Zunächst geht es vorbei am privaten Schloss Ehrenfels, dem früheren Sommersitz der Zwiefalter Äbte. Dann gelangt man zum Glastal: Ein Brückchen bildet den Eingang, still ruht rechts davon ein glasklarer See, und zwei hohe Felsen ragen auf beiden Seiten des Weges empor, als bewachten sie das Tor zu einem magischen Reich und wollten jeden Wanderer streng kontrollieren.

Man biegt allerdings ins Schweiftal ab – könnte von dort einen Abstecher zur Ruine Alt-Ehrenfels und später zum Aussichtspunkt auf dem Lämmerfelsen machen – und wandert an Hayingen vorbei zum Digelfeld, einer der größten und schönsten Wacholderheiden der Alb.

Kurz danach erreicht man einen Grillplatz und tritt quasi von hinten her ins Glastal, das zur Kernzone des Biosphärengebiets Schwäbische Alb gehört und wo wieder Urwald wachsen darf. Zwei kleine Höhlen und die Quelle des Hasenbaches bereichern das idyllische Tal zusätzlich. An den Wächtern am Eingang kommen wir aber nicht mehr vorbei, wir gehen vorher rechts ab – schön ausgetrickst.

Die Tour lässt sich mit der Wanderung *Hochgehpilgert* verbinden; zusammen ergeben die beiden Premiumwege stolze 23 Kilometer.

Hochgehberge
Biosphärengebiet Schwäbische Alb 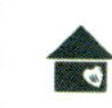

9,2 km, 3:00 h 

195 Hm 

mittel 

59

Parkplatz an der Wimsener Höhle Hayingen 48.258860, 9.447931 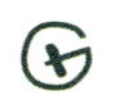

Bahn/Bus bis Münsingen, Buslinie 345 bis Hayingen, Haltestelle Schloss Ehrenfels 

Kinder, Kultur/Sehenswürdigkeiten, Wasser, Botanik, Geologie 

Eine Fahrt durch die Wimsener Höhle mit dem Boot ist obligatorisch 

out.ac/B3aXn 

Kaum ein Gasthaus der Alb liegt so schön wie der Gasthof Friedrichshöhle, direkt unter einer Felswand an einem plätschernden Bach.

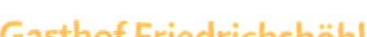

Gasthof Friedrichshöhle
Wimsen 1
72534 Hayingen-Wimsen
www.tressbrueder.de/bio-gasthof-friedrichshoehle 

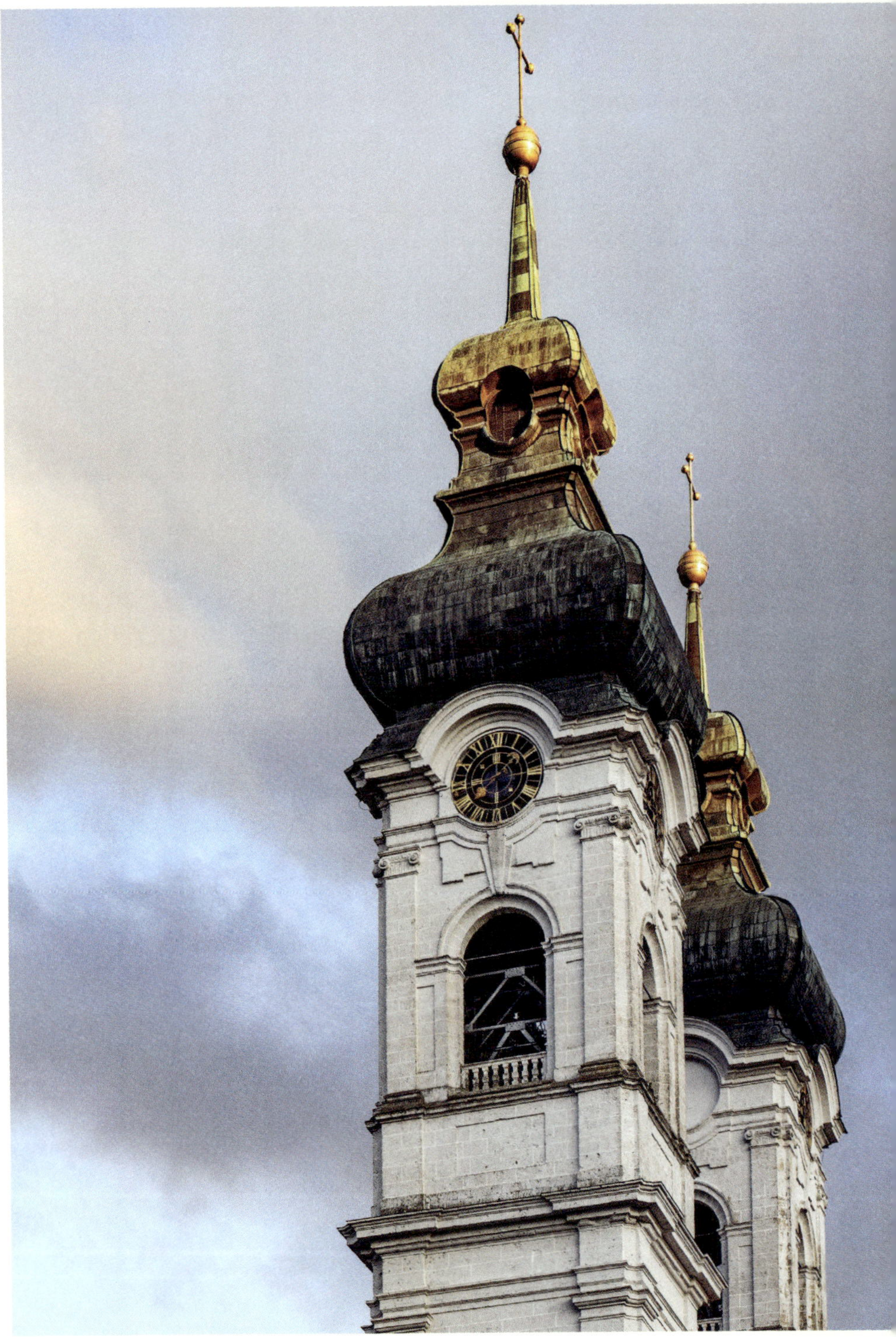

Weithin leuchten die Türme des Zwiefalter Münsters

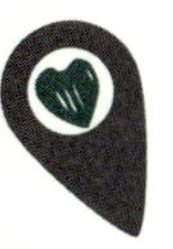

Einmal Einkehr halten

Hochgehpilgert

54

Zur inneren und äußeren Einkehr – dazu lässt sich der *Hochgehpilgert*-Rundweg wunderbar nutzen. Bis heute überstrahlt die spätbarocke Klosteranlage das eigentlich mit 2.300 Einwohnern recht kleine Zwiefalten. Aber der Ort hat sich in den letzten Jahren sehr herausgeputzt, etwa mit mehreren schönen Lokalen rund um die Abtei, so dem Biergarten *Bierhimmel*. Doch da bin ich jetzt vorgeprescht und wäre schon bei der äußeren Einkehr.

Ein Besuch des Münsters bildet jedenfalls die erste Etappe der inneren Einkehr. Die zweite ist der Kreuzweg, der bei Sonderbuch beginnt und bei einer Lourdesgrotte endet, wie sie Ende des 19. Jahrhunderts auch im deutschen Südwesten Mode waren. Dort kann man übrigens an klaren Tagen bis zu den Alpen sehen – vielleicht gibt das ebenfalls Anstöße, mal über den eigenen Horizont hinauszublicken.

Mit dem Lorettohof beginnt dann die äußere Einkehr und im Übrigen zugleich die zweite, schönere Hälfte dieser Wanderung. Den Höhepunkt bildet natürlich die Wimsener Höhle mit dem Gasthaus Friedrichshöhle. Auch wenn der idyllische Ort oft überlaufen ist, so kann ihm doch niemand seinen einzigartigen Reiz absprechen. Zurück führt die Route durch das wildromantische Achtal nach Zwiefalten, wo, wie gesagt, weitere Lokale locken.

Dieser Premiumweg lässt sich mit der Tour *Hochgehschätzt* verbinden, wodurch eine Gesamtstrecke von 23 Kilometern entsteht.

Hochgehberge
Biosphärengebiet Schwäbische Alb 

13,2 km, 4:00 h 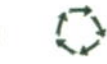

295 Hm 

mittel

61 

Parkplatz Rentalhalle Zwiefalten 48.232314, 9.464164 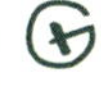

Bahn bis Reutlingen, Buslinien 260 und 265 bis Zwiefalten, Haltestelle Rentalhalle 

Aussicht, Kultur/Sehenswürdigkeiten, Geologie 

Seit 500 Jahren wird in Zwiefalten Bier gebraut. Führungen in der Brauerei sind nach Anmeldung möglich. 

out.ac/AZtLr 

Zum vertrödelten Nachmittag – schöner kann ein Lokal nicht heißen. Auf dem Lorettohof, einem Biobetrieb, empfängt zudem ein Hofladen gerne Besucher.

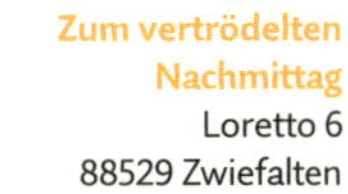

Zum vertrödelten Nachmittag
Loretto 6
88529 Zwiefalten
www.lorettozwiefalten.de

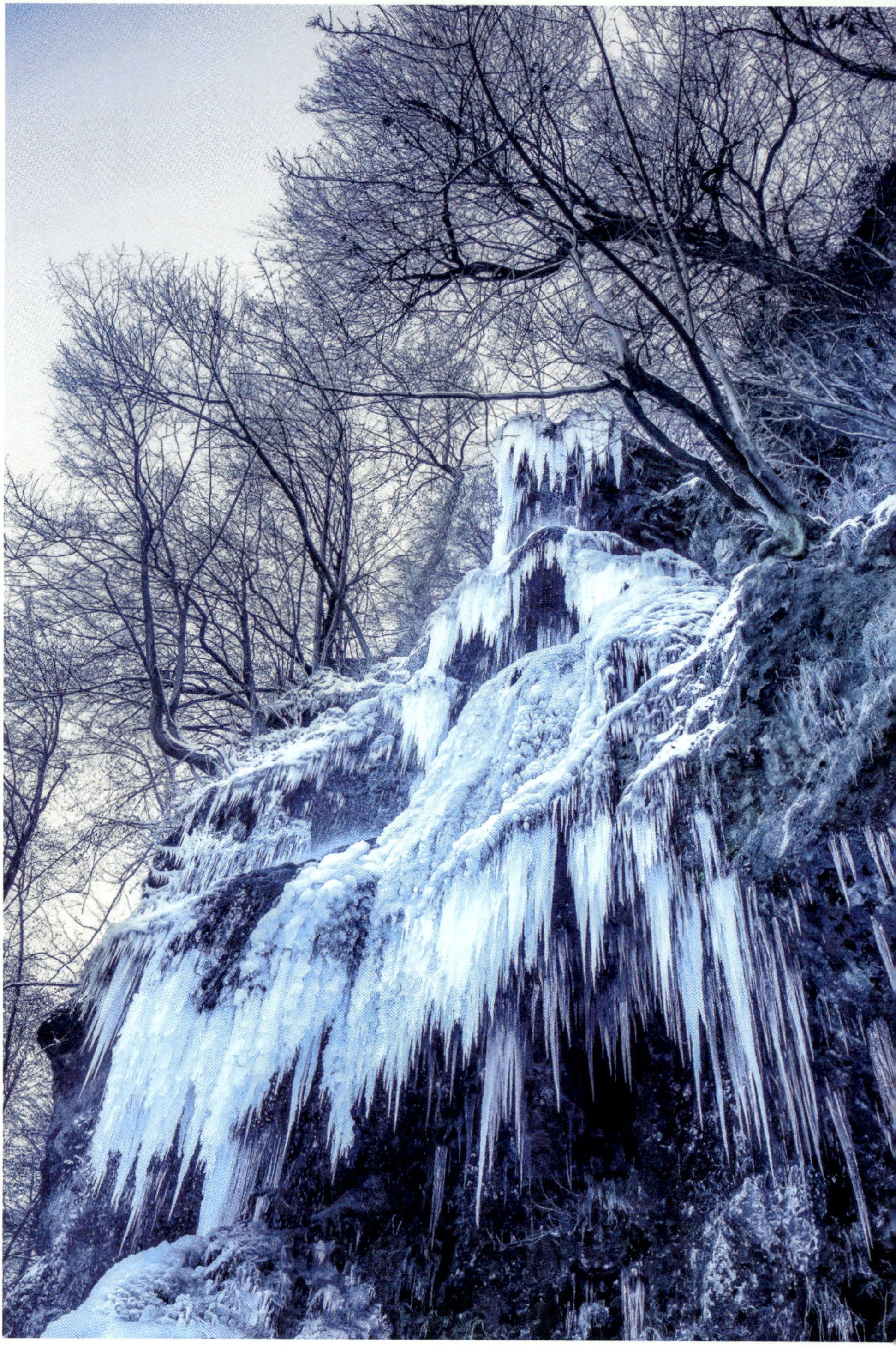

Wenn es im Winter ganz kalt ist, erstarrt der Wasserfall zu bizarren Eisgebilden

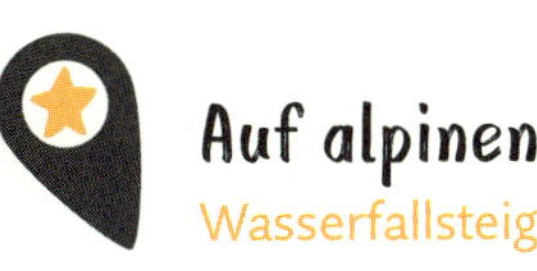

Auf alpinen Pfaden

Wasserfallsteig

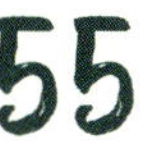

Grafensteige
Stadt Bad Urach

10,3 km, 3:15 h

510 Hm

schwer

87

Wanderparkplatz Maisental Bad Urach
48.495901, 9.372488

Bahn bis Bad Urach, Haltestelle Wasserfall

Aussicht, Wasser, Geologie

Auch das Naturfreundehaus *Rohrauer Hütte*, an dem man direkt vorbeikommt, lohnt einen Besuch

out.ac/kTqZ

Der Uracher Wasserfall gehört unbestritten zu den Top-Sehenswürdigkeiten der Alb – einsam werden Sie dort selten sein. Zudem ist der *Wasserfallsteig* im Jahr 2016 von einem Magazin zum schönsten Wanderweg des Jahres gewählt worden. Seither herrscht dort ein teils bedenklicher Rummel. Insofern kann ich nur sagen: Diese Tour gehört eindeutig zu den besten der Alb, aber machen Sie sie unbedingt unter der Woche, früh am Morgen oder an einem Tag, an dem das Wetter durchwachsen ist.

Bad Urach liegt in einer Talspinne, in der eine Vielzahl von Tälern weit in den Albtrauf hineingreifen und in der Felswände teils senkrecht aus den Auen aufragen. Die malerische Lage macht die Stadt und ihre Umgebung einzigartig. Auf dem *Wasserfallsteig* können Sie diese Landschaft besonders gut erleben. Gerade der Weg vom Fuß des Wasserfalls hinauf zum majestätischen Rutschenfelsen besitzt einen alpinen Charakter, so nah am Fels führt der Pfad vorbei und so steil passagenweise hinauf. Aber keine Angst, wirklich ausgesetzt ist die Strecke nicht.

Der Gütersteiner Wasserfall, der kleine Bruder des Uracher, stellt einen weiteren Höhepunkt dieser Wanderung dar. Ich persönlich finde ihn noch idyllischer: Er liegt verborgen im Wald, und der Tuff-Turm, den das Wasser im Laufe der Jahrtausende gebildet hat, ist eindrucksvoll. Und das Beste: Viel weniger Menschen tummeln sich hier.

Im Biergarten rund um den Kiosk auf der oberen Terrasse des Uracher Wasserfalls kann man paradiesische Stunden verbringen.

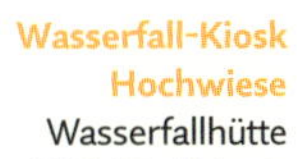

Wasserfall-Kiosk Hochwiese
Wasserfallhütte
72574 Bad Urach

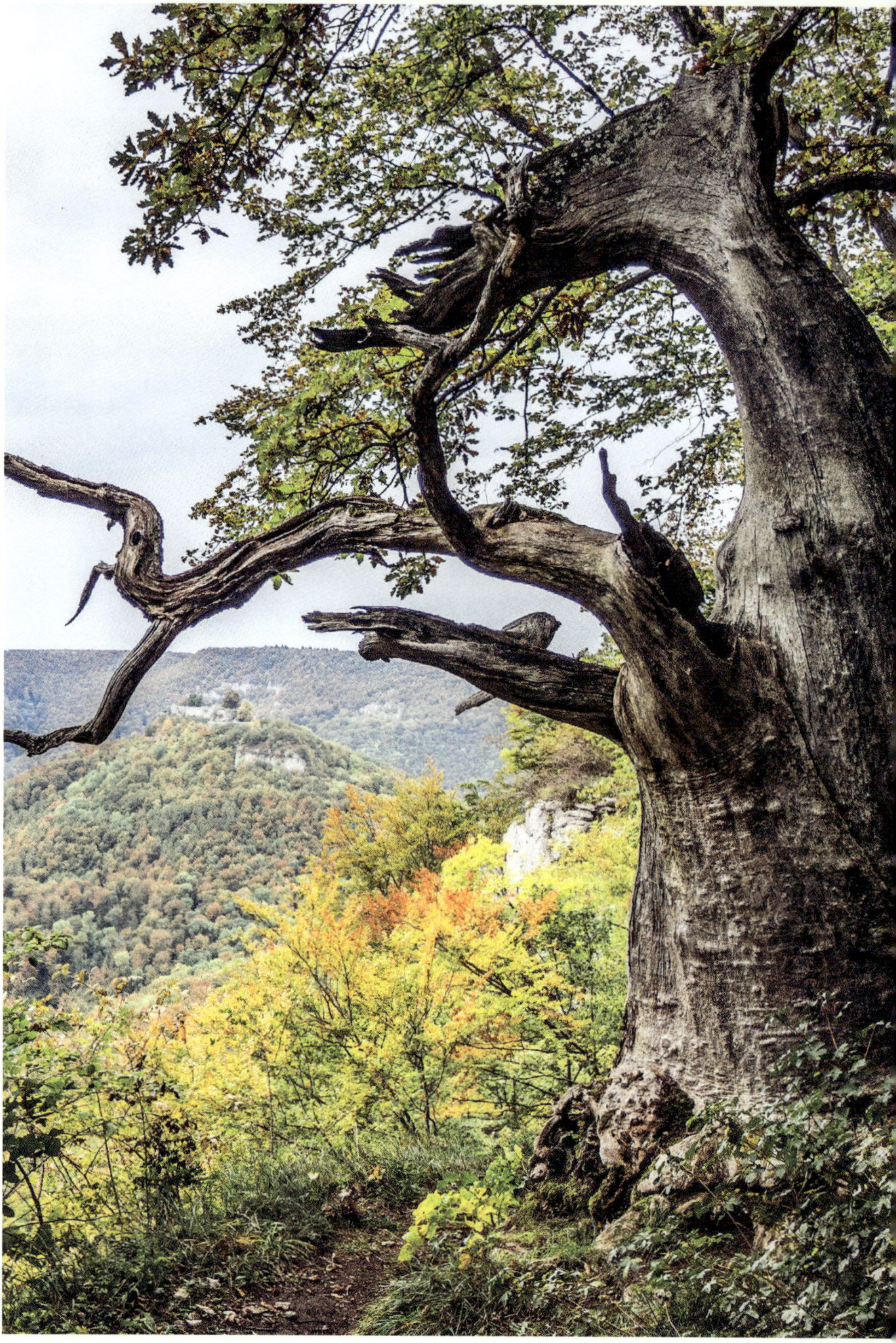

Von der Eppenzilleiche bietet sich ein schöner Blick auf die Burgruine Hohenurach

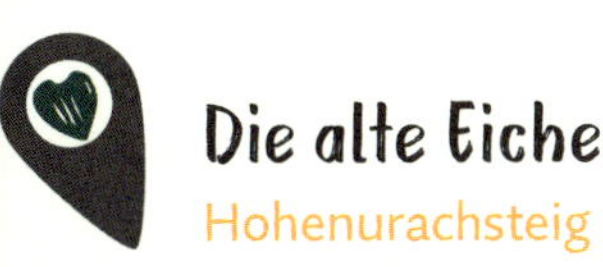

Die alte Eiche

Hohenurachsteig

56

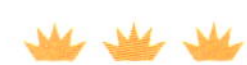

Der Eppenzillfelsen ist ein ganz besonderer Platz: Man fühlt sich dort wie in der Ehrenloge eines natürlichen Amphitheaters. Der Blick schweift hinüber zu den mächtigen Abbrüchen der Rutschenfelsen, hinaus zum Runden Berg, den schon die Kelten besiedelt hatten, und hinab zum Uracher Wasserfall, von dem nur leise die Stimmen einer fernen Zivilisation heraufdringen. Der Eppenzillfelsen ist aus diesem Grund einer meiner Lieblingsplätze auf der Alb.

Ein weiterer ist die alte Eiche, die etwa 50 Meter bergwärts des Eppenzillfelsens steht (um zu ihr zu gelangen, muss man kurz den angegebenen Wanderweg verlassen). Sie ist, obwohl abgestorben, noch immer eindrucksvoll – auf einer Seite kann man sogar in den hohlen Stamm hineinschlüpfen und fühlt sich geborgen im Schoss der Natur.

Der eigentliche Höhepunkt dieser spritzigen Tour ist aber natürlich die Ruine Hohenurach. Sie wirkt heute wie einst imposant, ja einschüchternd, und man kann auf dem weitläufigen Areal lange auf Erkundungstour gehen. Fast schaurig wirkt der lange dunkle Tunnel, der Unter- und Oberburg miteinander verbindet. Tatsächlich gehörte der Hohenurach früher zu den sieben Landesfestungen Württembergs und war im 16. Jahrhundert mit hohem Aufwand ausgebaut worden. Schon Mitte des 18. Jahrhunderts begann allerdings ihr Niedergang.

Grafensteige
Stadt Bad Urach 

7,6 km, 2:30 h 

487 Hm 

mittel

57 

Park-and-Ride-Parkplatz am Bahnhof Bad Urach
48.491930, 9.393960 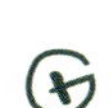

Bahn bis Bad Urach 

Aussicht, Schatten, Kultur/Sehenswürdigkeiten 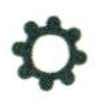

Die Alb-Thermen in Bad Urach haben einen großen Bade- und Spa-Bereich 

out.ac/kTpT 

Das Hotel und Restaurant *Vier Jahreszeiten* ist in einem alten Fachwerkhaus in der Altstadt von Bad Urach untergebracht.

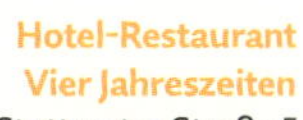

Hotel-Restaurant Vier Jahreszeiten 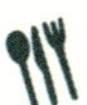
Stuttgarter Straße 5
72574 Bad Urach
www.flairhotel-vierjahreszeiten.de

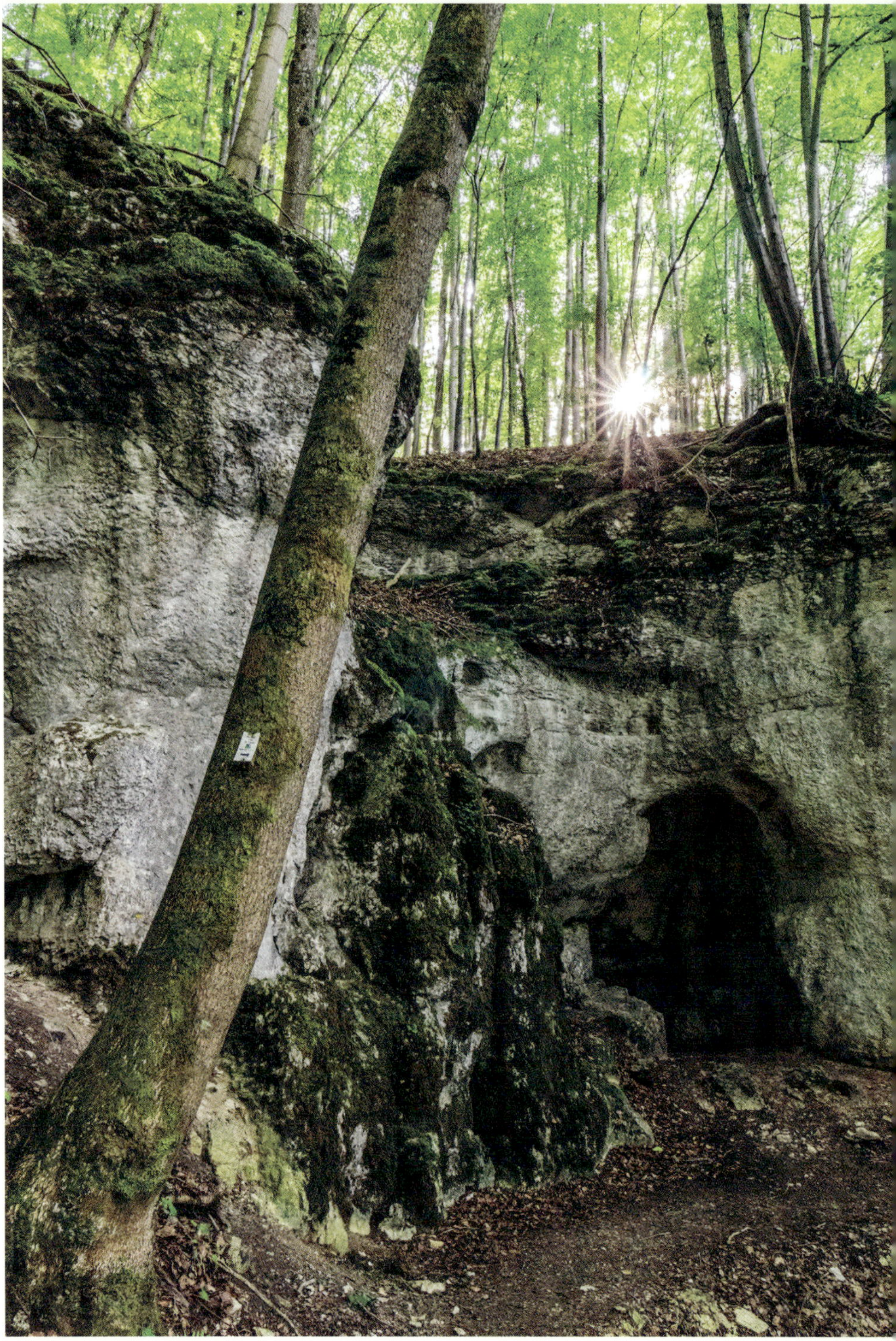

Die Wassersteinhöhle träumt in einer sehr schattigen Klamm vor sich hin

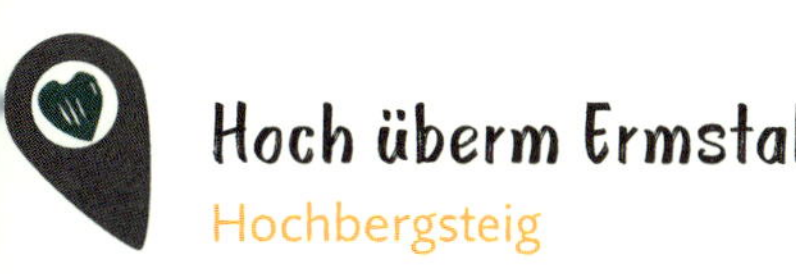

Hoch überm Ermstal

Hochbergsteig

57

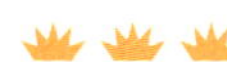

Bad Urach ist für mich – neben Blaubeuren – die heimliche Hauptstadt der Schwäbischen Alb. Es gibt dort so viel zu entdecken, dass man leicht zwei Wochen Urlaub machen könnte, ohne sich zu langweilen. Die vielen wunderbaren Ziele rund um die Stadt laufen dem *Hochbergsteig* allerdings etwas den Rang ab. Nicht zuletzt im Vergleich zu den vier anderen Touren der Marke *Grafensteige* rutscht dieser Premiumweg daher auf einen der hinteren Plätze.

Das soll aber keineswegs heißen, dass der *Hochbergsteig* nicht zu empfehlen wäre. Besonders an heißen Sommertagen lohnt sich dieser Weg, da er über weite Strecken im Wald verläuft. Der hohe Anteil an weichen Wurzelpfaden ist angenehm. Und die Tour besitzt einige schöne Höhepunkte. Da wäre zunächst die Wassersteinhöhle zu nennen, die beim Aufstieg vom Talgrund unvermittelt auftaucht. Einige Meter kann man hineingehen. Später wandert man hoch über dem Ermstal, und von mehreren Aussichtsfelsen wie dem Kunstmühlefelsen ergeben sich weite Blicke über das – teilweise aber zugebaute – Ermstal. Vor dem Abstieg stößt man auf das Michelskäppele mit seiner kleinen turmartigen Hütte. Von dort kann man hinab auf Bad Urach schauen – und sich schon mal einen Überblick verschaffen für einen Spaziergang im Anschluss durch die Stadt. Denn Bad Urach war im 15. Jahrhundert die Hauptstadt der Uracher Linie des Hauses Württemberg und besitzt bis heute eine heimelige Fachwerkaltstadt.

Grafensteige
Stadt Bad Urach 

7,7 km, 2:30 h 

337 Hm 

mittel 

59 

Wanderparkplatz am Sportplatz Zittelstatt
Ulmer Straße (B28)
Bad Urach
48.494105, 9.410839 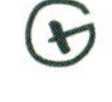

Bahn bis Bad Urach, 1,5 km Fußweg 

Aussicht, Schatten, Geologie 

Besuchen Sie unbedingt das Schloss der früheren württembergischen Residenz Bad Urach 

out.ac/kTpx 

Neben mehreren Cafés am Marktplatz empfiehlt sich das traditionsreiche, aber etwas höherpreisige Restaurant Buck in einer Seitenstraße.

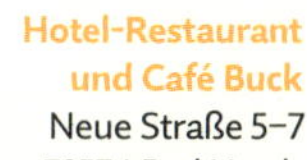

Hotel-Restaurant und Café Buck
Neue Straße 5–7
72574 Bad Urach
www.hotel-buck.de 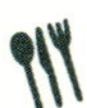

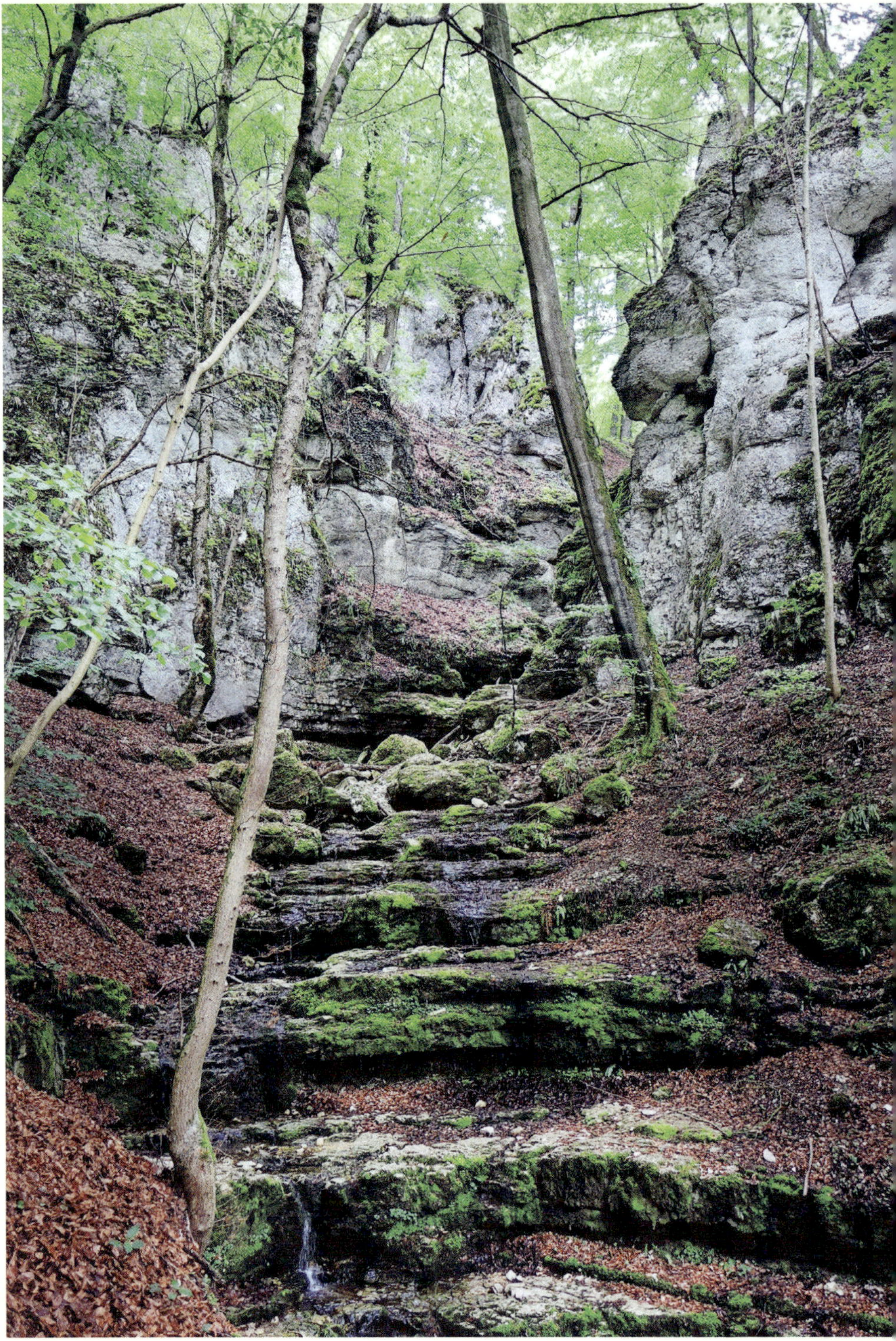

Die Wolfsschlucht bildet das grandiose Finale dieser Wanderung

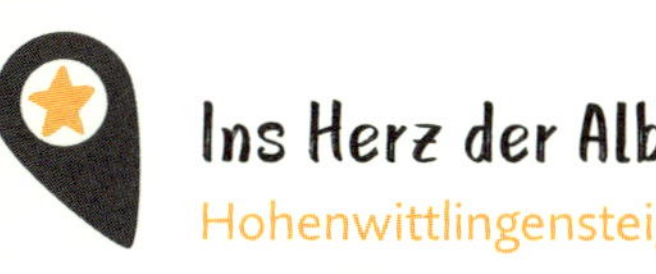

Ins Herz der Alb

Hohenwittlingensteig

58

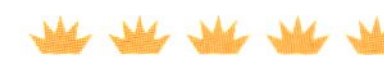

Grafensteige
Stadt Bad Urach 

6,3 km, 2:00 h 

422 Hm 

mittel 

71

Wanderparkplatz Hohenwittlinger Straße bei Bad Urach-Wittlingen (P65) 48.465465, 9.435018 

Bahn bis Bad Urach, Buslinie 7646 bis Wittlingen, Haltestelle Rathaus, 700 m Fußweg 

Kinder, Aussicht, Schatten, Kultur/Sehenswürdigkeiten, Geologie 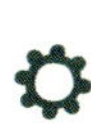

In der Ermstalfischerei kann man ohne Angelschein Lachsforellen fischen – ausnehmen muss man sie selbst 

out.ac/kTpp 

Auf dieser Tour findet sich alles, was die Schwäbische Alb im Innersten ausmacht – nicht nur aus diesem Grund gehört sie zu meinen Alb-Favoriten. Zu Beginn wandern Sie durch herrliche Buchenwälder, kommen an steilen Felsen vorbei (durch den Geschlitzten Fels können Sie sogar hindurchgehen), auf der Burgruine Hohenwittlingen schauen Sie frei übers Ermstal, die Schillerhöhle lässt sich auch mit Kindern auf den ersten Metern besichtigen, und zuletzt kehren Sie durch die eindrucksvolle Wolfsschlucht zum Ausgangspunkt zurück. So führt diese Tour mitten ins Herz der Alb.

Aber damit nicht genug: Hier wurde schwäbische Weltliteratur geschrieben – das Buch *Rulaman* von David Friedrich Weinland aus dem 19. Jahrhundert ist vornehmlich in dieser Kulisse verankert. Auch wenn es inhaltlich nicht mehr dem wissenschaftlichen Stand entspricht, ist diese tragische Geschichte aus der Steinzeit bis heute unbedingt lesenswert.

Lassen Sie sich übrigens von den wenigen Kilometern der Wanderung nicht blenden: Die Pfade sind teilweise steil und schmal, bei Nässe auch rutschig – diese Tour kann durchaus zu einer Herausforderung werden. Am Ende aber werden Sie mir beipflichten: Das ist eine absolute Traum-Tour. Und wem's doch zu schnell ging, kann ja die Strecke in umgekehrter Richtung gleich ein zweites Mal zurücklegen.

Alblamm, Linsen, Zwiebelrostbraten – die *Traube* in Bad Urach kocht schwäbisch und verwendet fast ausschließlich regionale Produkte.

Die Traube
Kirchstraße 8
72574 Bad Urach
www.traube-badurach.de 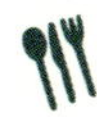

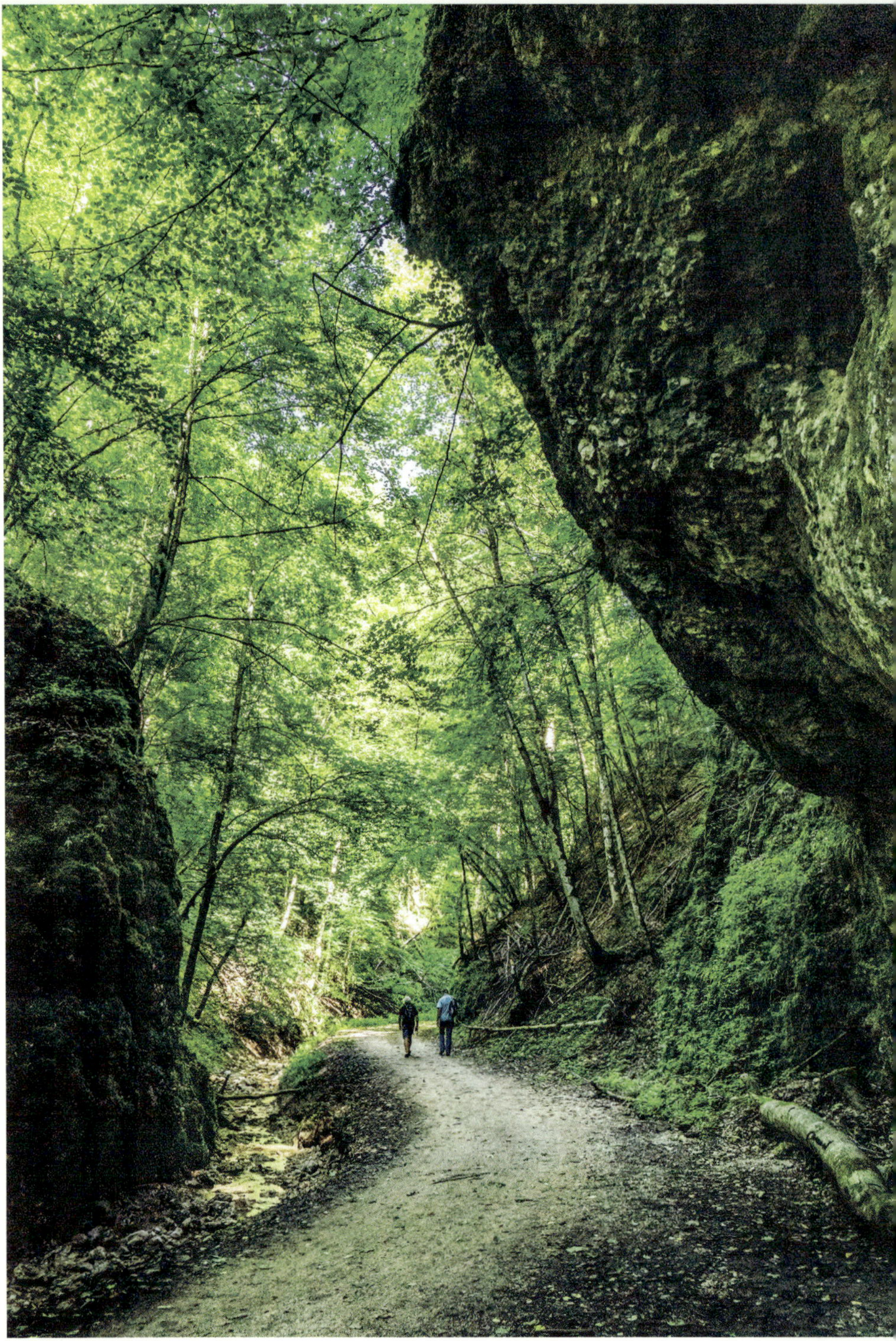

Die Trailfinger Schlucht zeigt sich oft wildromantisch

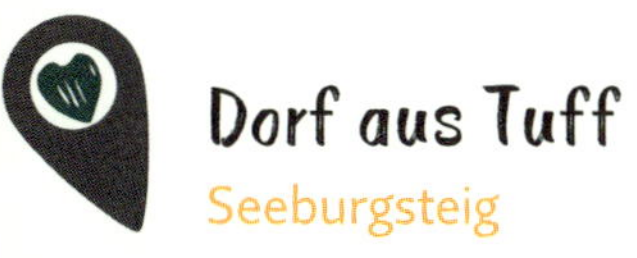

Dorf aus Tuff

Seeburgsteig

59

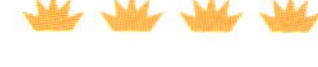

Tuff ist ein außergewöhnliches Material: Es entsteht, wenn kalkhaltiges Wasser mit Luft in Berührung kommt; dann löst sich Kalk aus dem Wasser und wie aus dem Nichts bilden sich in nur wenigen tausend Jahren neue Steine – für geologische Verhältnisse ist das Lichtgeschwindigkeit. Seeburg liegt auf solchen mächtigen Tuffbarrieren, viele Gebäude des Ortes sind aus diesem Baustoff errichtet. Er wurde auch andernorts auf der Alb abgebaut und machte in der großen weiten Welt Karriere – Teile des Berliner Olympiastadions bestehen ebenfalls daraus. Heute ist der Abbau verboten.

Weg vom Tuff führt uns diese Tour hinein in den alten Kalkstein, der schon vor 150 Millionen Jahren im Jurameer entstanden ist. Insgesamt verläuft der *Seeburgsteig* ohne dramatische Höhepunkte, er ist eher eine Wanderung nach innen, bei der man trefflich über Tuff, Tand und Tun sinnieren kann. Aber die Umgebung Seeburgs ist wunderschön, der Weg führt auf und ab durch schattige kleine Täler, über eine Wacholderheide und durch kühlen Buchenwald. Auch die Schönheit der Trailfinger Schlucht ist legendär. Dort führt die Route an der Ermsquelle und an einigen eindrucksvollen Felsen vorbei, wie dem Littstein. Wenn man in der Schlucht nicht gleich dem Pfad zum Littstein hinauffolgt, sondern etwas weitergeht, trifft man auf einen schön gelegenen Grillplatz.

Grafensteige
Stadt Bad Urach 

8,2 km, 2:45 h 

351 Hm 

mittel 

63 

Parkplatz
Gruorner Straße (P40)
Bad Urach-Seeburg
48.446470, 9.457740 

Bahn bis Bad Urach,
Buslinie 345A bis
Seeburg 

Schatten, Geologie 

Das Alte Lager, eine denkmalgeschützte Kaserne in Münsingen, beherbergt mittlerweile ein touristisches Zentrum namens *Albgut* mit Manufakturen, Museen und Gastronomien 

uul.ac/kTyi 

Ein französischer Garten auf der Alb? Ja, am *Schlössle* in Seeburg gibt es das.

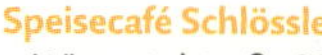

Speisecafé Schlössle 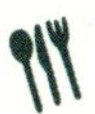
Wiesentalstraße 26
72574 Bad Urach-Seeburg
www.speisecafe-schloessle.de

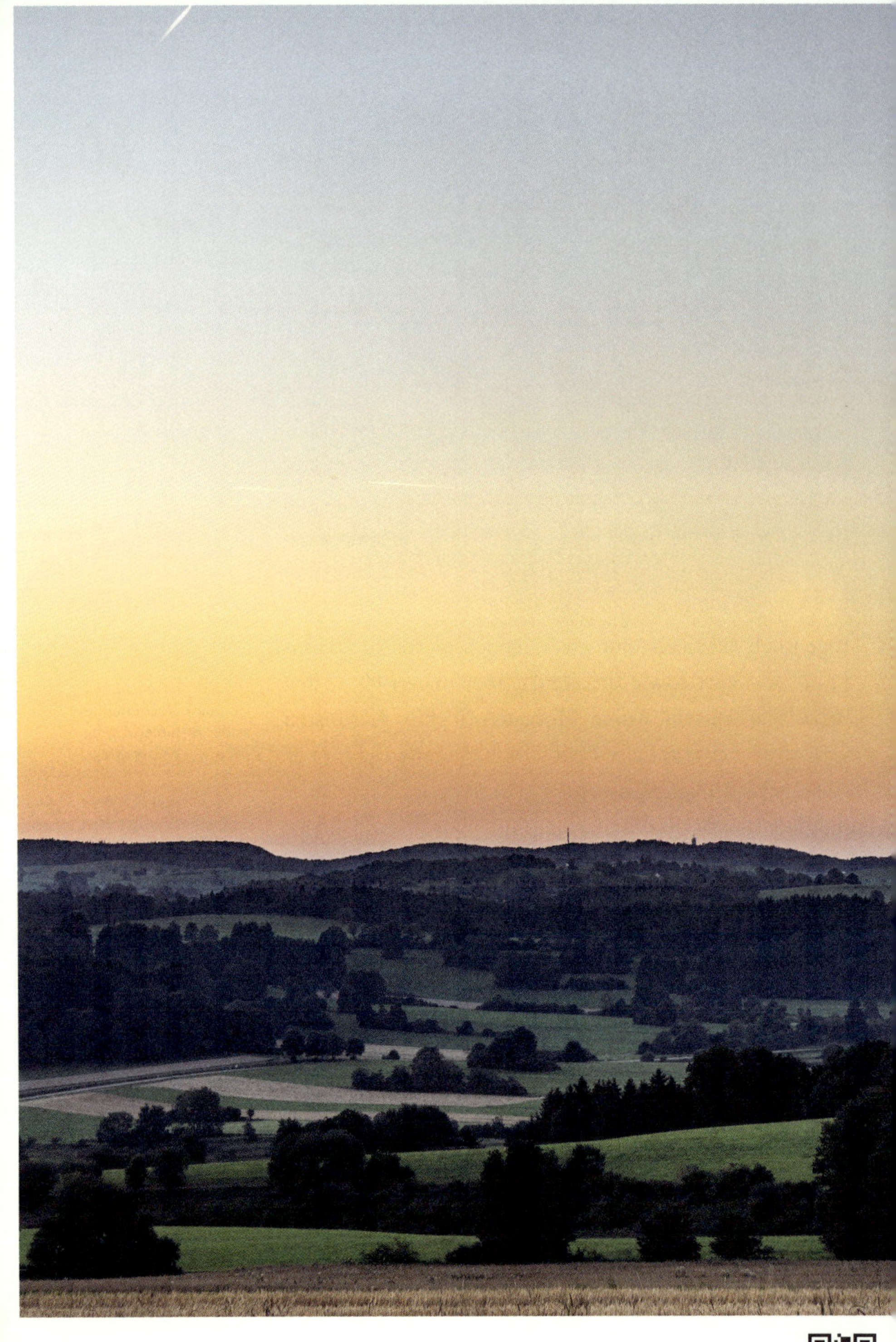

Die sanften Wellen der Kuppenalb strahlen große Ruhe aus

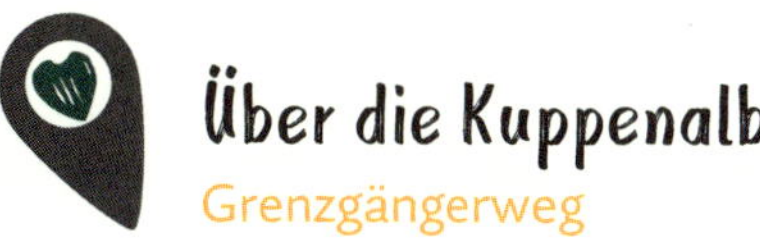

Über die Kuppenalb

Grenzgängerweg

60

Gemeinde Sonnenbühl

23,2 km, 6:30 h

396 Hm

schwer

–

Parkplatz an der Bärenhöhle Sonnenbühl-Erpfingen 48.367769, 9.220502

Bahn bis Reutlingen, Buslinien 400 und 555 bis Bärenhöhle (am Wochenende) oder Buslinie 7635 bis Erpfingen (werktags)

Sonne, Kultur/ Sehenswürdigkeiten

Die Sommerbobbahn bei Erpfingen verspricht Spaß für Kinder und Erwachsene

out.ac/ZXaje

Ein *Grenzgängerweg* ist diese Wanderung in doppeltem Sinne: Zum einen müssen viele bei stolzen 23 Kilometern – das ist die zweitlängste Tour in diesem Band – an ihre körperliche Grenze gehen; zum anderen verläuft die Strecke im südlichen Teil entlang der ehemaligen Grenze zwischen dem evangelischen Württemberg und dem katholischen Hohenzollern. Hohenzollern, das wissen viele nicht, war bis 1945 der dritte Bundesstaat im deutschen Südwesten. Dennoch wurde er bei der Gründung von Baden-Württemberg im Namen schlicht unterschlagen.

Insgesamt fehlen dieser Tour rund um Sonnenbühls Teilort Erpfingen jedoch etwas die Höhepunkte. Eigentlich existieren nur zwei nennenswerte: die Bärenhöhle am Start sowie die kleine, aber malerisch in den Wald eingebettete Ruine Hohenerpfingen. Ansonsten geht man meistens über Forst- und Wiesenwege und erlebt die allerdings angenehme Landschaft der Kuppenalb, deren harmonisches Wellenspiel von Hügeln und Tälern große Ruhe ausstrahlt. Und frei atmen kann man hier im Luftkurort sowieso.

Die Tour lässt sich leicht abkürzen, und dann bliebe Zeit für eine der Attraktionen rund um Sonnenbühl. Für kleinere Kinder ist der Freizeitpark *Traumland* an der Bärenhöhle empfehlenswert. In Erpfingen befindet sich ein Kletterpark für Größere. Und wer Kurioses liebt, besucht vielleicht das Ostereimuseum, in dem 1.000 künstlerisch bearbeitete Eier aus aller Welt ausgestellt sind.

Wer es gehobener mag: Der *Hirsch* in Erpfingen ist mit einem Michelin-Stern dekoriert und bietet regionale Küche in bester Qualität.

Restaurant Hirsch
Im Dorf 12
72820 Sonnenbühl-Erpfingen
www.romantikhotel-hirsch.de

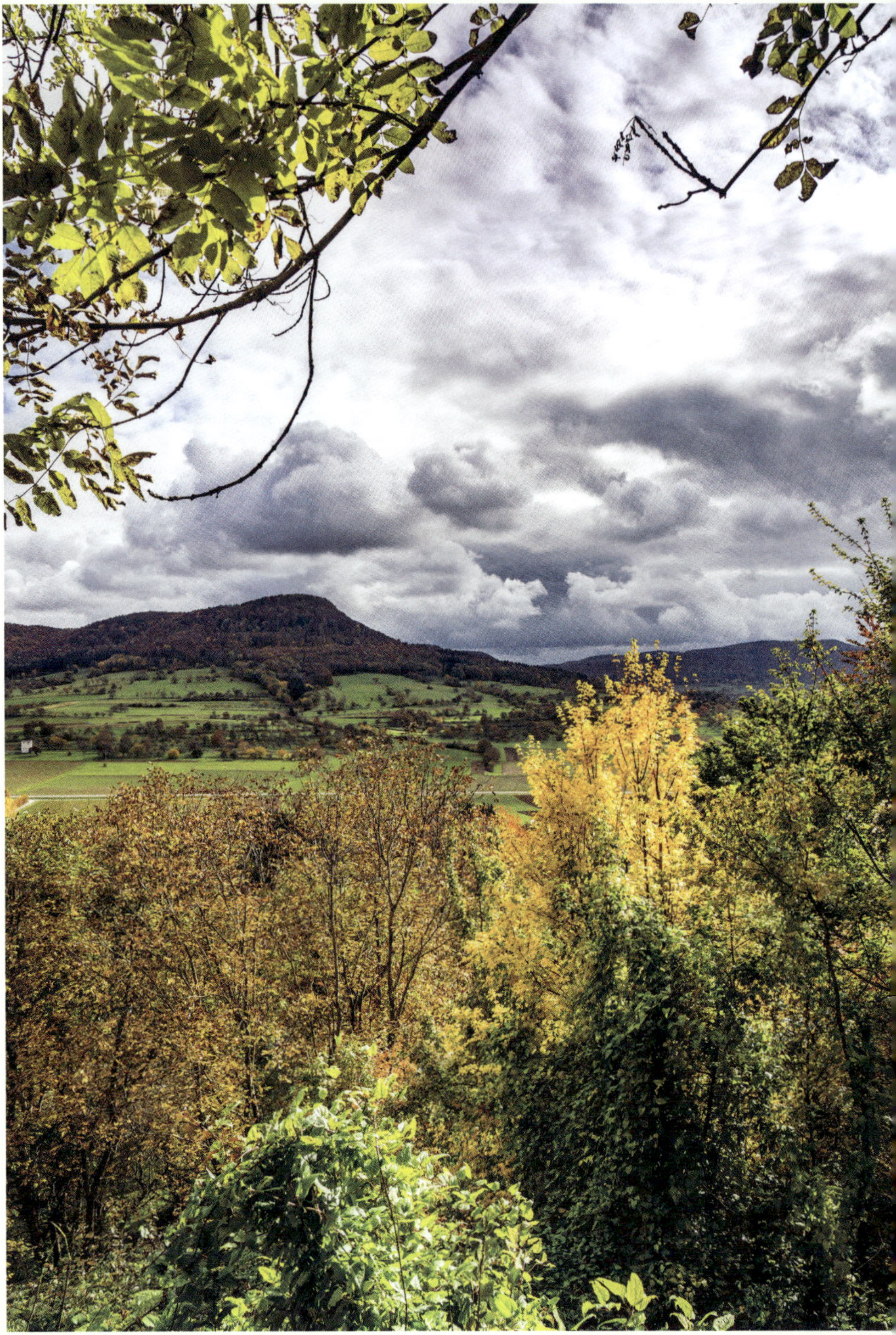

Vom ehemaligen Burgplatz First schweift der Blick hinüber zum Filsenberg

Nostalgie im Wald

Firstwaldrunde

61

Für heiße Tage im Sommer ist diese Tour eine gute Wahl: Wie der Name schon sagt, verläuft sie überwiegend in den schattigen Hallen des Firstwaldes. Schweißtreibend dürfte es dennoch werden, denn der Aufstieg zum Schlossbuckel ist nicht ohne. Zur Abkühlung ließe sich das Mössinger Freibad mit einem Mini-Abstecher in die Wanderung einbeziehen.

Herausragende Höhepunkte fehlen, langweilig wird es dennoch nicht. So gehen Sie zu Beginn an einem Lehrpfad entlang, an dem die »Bäume des Jahres« der letzten drei Dekaden gepflanzt worden sind – wetten, dass Sie nicht einmal die Hälfte erkennen? Unterwegs sind auch viele Obstbäume bezeichnet, sodass Sie endlich erfahren, wie Gewürzluike, Palmischbirne und Rheinische Schafsnase aussehen. Vorwiegend führt die Tour über Schotter, aber eine längere Passage ist naturnah und besitzt sogar einen eigenen Namen: das Jägerwegle. Über Brücken durchschreiten Sie zwei Klammen.

Ansonsten huldigt die Firstwaldrunde der Nostalgie und erinnert an Vergangenes. So kommen Sie an einem Ort vorbei, an dem früher die »Dicke Eiche« mit 2,5 Meter Durchmesser gestanden hat – sie wurde allerdings schon 1874 vom Blitz gefällt. Und oben auf dem Schlossbuckel stand die Burg First, von der jedoch ebenfalls nur noch Schilder künden. Die Aussicht auf Filsen- und Farrenberg entschädigt für das Fehlen jeglicher Ruinenreste.

Ein schöner Grillplatz mit Schutzhütte liegt am Startpunkt der Tour.

Früchtetrauf
Landkreis Tübingen 

9,8 km, 3:00 h 

205 Hm 

mittel 

61 

Wanderparkplatz Schwanholz bei Nehren
48.424803, 9.080459 

Bahn bis Nehren, 1 km Fußweg zum Toureneinstieg am Eichbuckel 

Aussicht, Schatten, Botanik 

Im nahen Gönningen gibt es ein Samenhandelsmuseum. Die Gönninger verkauften früher Pflanzensamen in ganz Europa. 

out.ac/4BigV 

Das Lokal *Schwanen* in Nehren befindet sich in einem wundervoll restaurierten Fachwerkhaus im Ortszentrum.

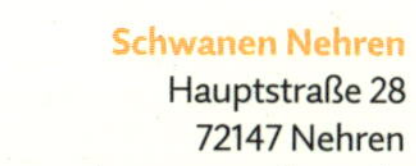
Schwanen Nehren
Hauptstraße 28
72147 Nehren
www.schwanen-nehren.de 

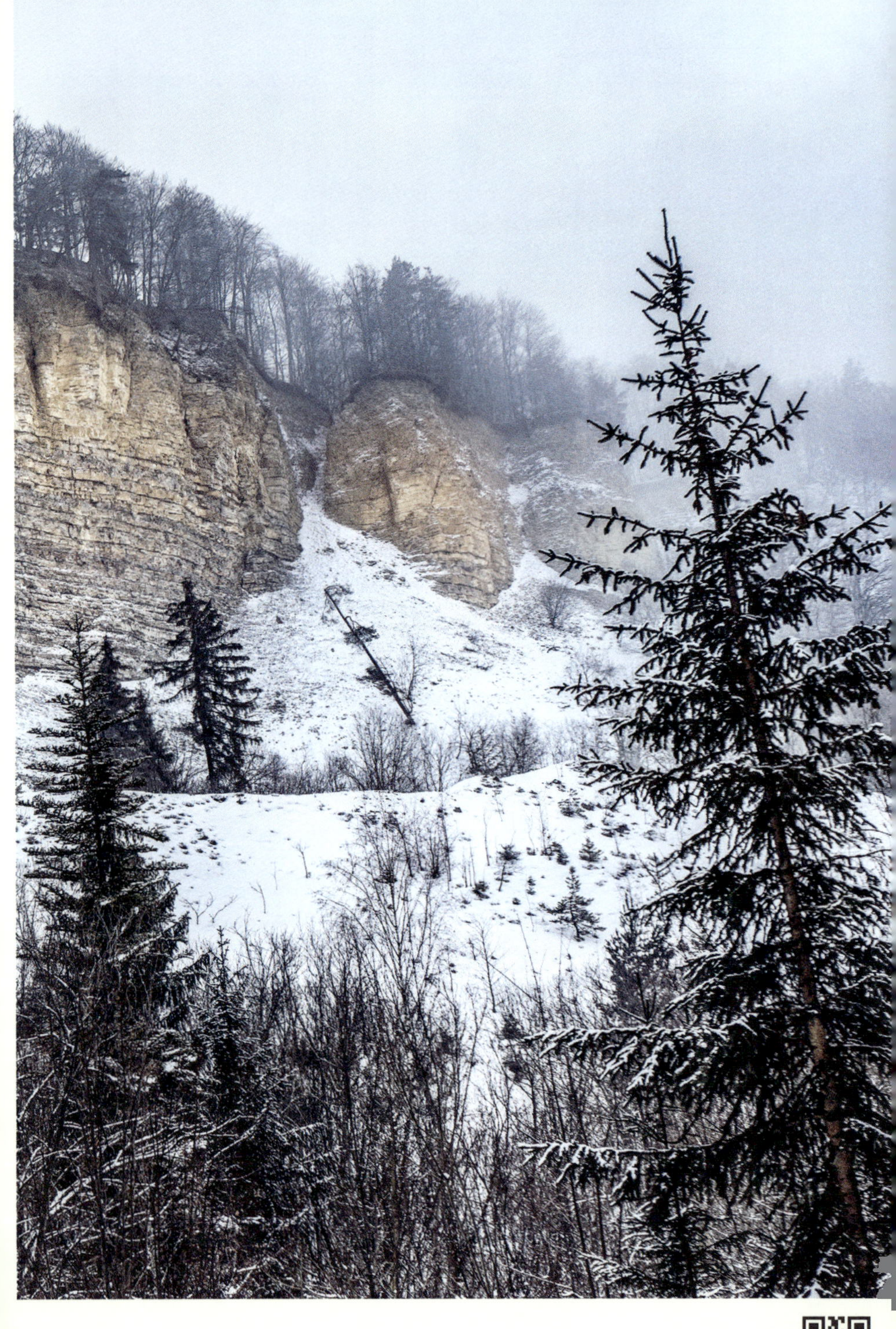

Die Urgewalt der Natur ist am Bergrutsch bei Mössingen noch immer sichtbar

Über dem Abgrund

Dreifürstensteig

62

Niemand hat es gesehen, wie der Berghang am Hirschkopf an jenem 12. April 1983 auf einer Länge von einem Kilometer ins Rutschen kam und ins Tal krachte. Tagelang hatte es geregnet, dichte Wolken verdeckten die Sicht auf dieses Jahrhundertereignis. Unübersehbar aber war später die felsige Schneise, aus der fast alles Leben verschwunden war. Doch heute ist die Fläche ein Naturschutzgebiet und man kann beobachten, wie die Natur den Hang zurückerobert. Besonders eindrucksvoll ist der Blick von oben, und genau dort an der Abbruchkante führt diese Tour vorbei – Menschen, die nicht ganz schwindelfrei sind, können aber leicht einige Meter in den Wald hinein ausweichen.

Der Dreifürstensteig gehört für mich jedoch nicht nur wegen des imposanten Bergrutsches zu den zehn besten Wanderwegen der Alb. Die Strecke verläuft zu großen Teilen auf schmalen Pfaden und bleibt fern den Ortschaften, zudem ist sie unglaublich abwechslungsreich. Der Aussichtspunkt am Dreifürstenstein, der der Tour seinen Namen gegeben hat, ist atemberaubend – weit kann man von dort über die Burg Hohenzollern hinweg am Albtrauf entlangschauen. Und einige Passagen führen durch die ausgedehnten Streuobstwiesen rund um Mössingen. Im Frühjahr, wenn die Birn- und Apfelbäume blühen, zeigt sich die Landschaft von ihrer schönsten Seite – dann riecht die frische Luft nach Anfang und Aufbruch, und das Herz hüpft vor Freude.

Früchtetrauf
Landkreis Tübingen 

13,3 km, 4:30 h 

568 Hm 

schwer 

76 

Parkplatz Olgahöhe bei Mössingen 48.390946, 9.060753 

Bahn bis Mössingen, 2 km Fußweg; im Sommer sonntags Anmeldesammeltaxi der Sonderlinie 152 bis Haltestelle Olgahöhe 

Aussicht, Geologie 

Der Besuch im vielfach prämierten Theater Lindenhof in Melchingen könnte abends ein Anschlussprogramm sein 

out.ac/nMOK 

Das Gasthaus *Zum Talwirt* am Sportgelände des *TSV Talheim* bietet italienische Speisen – von Pizza bis »Pesce«.

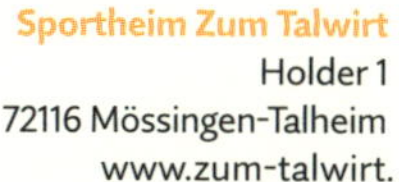

Sportheim Zum Talwirt
Holder 1
72116 Mössingen-Talheim
www.zum-talwirt.eatbu.com 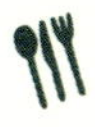

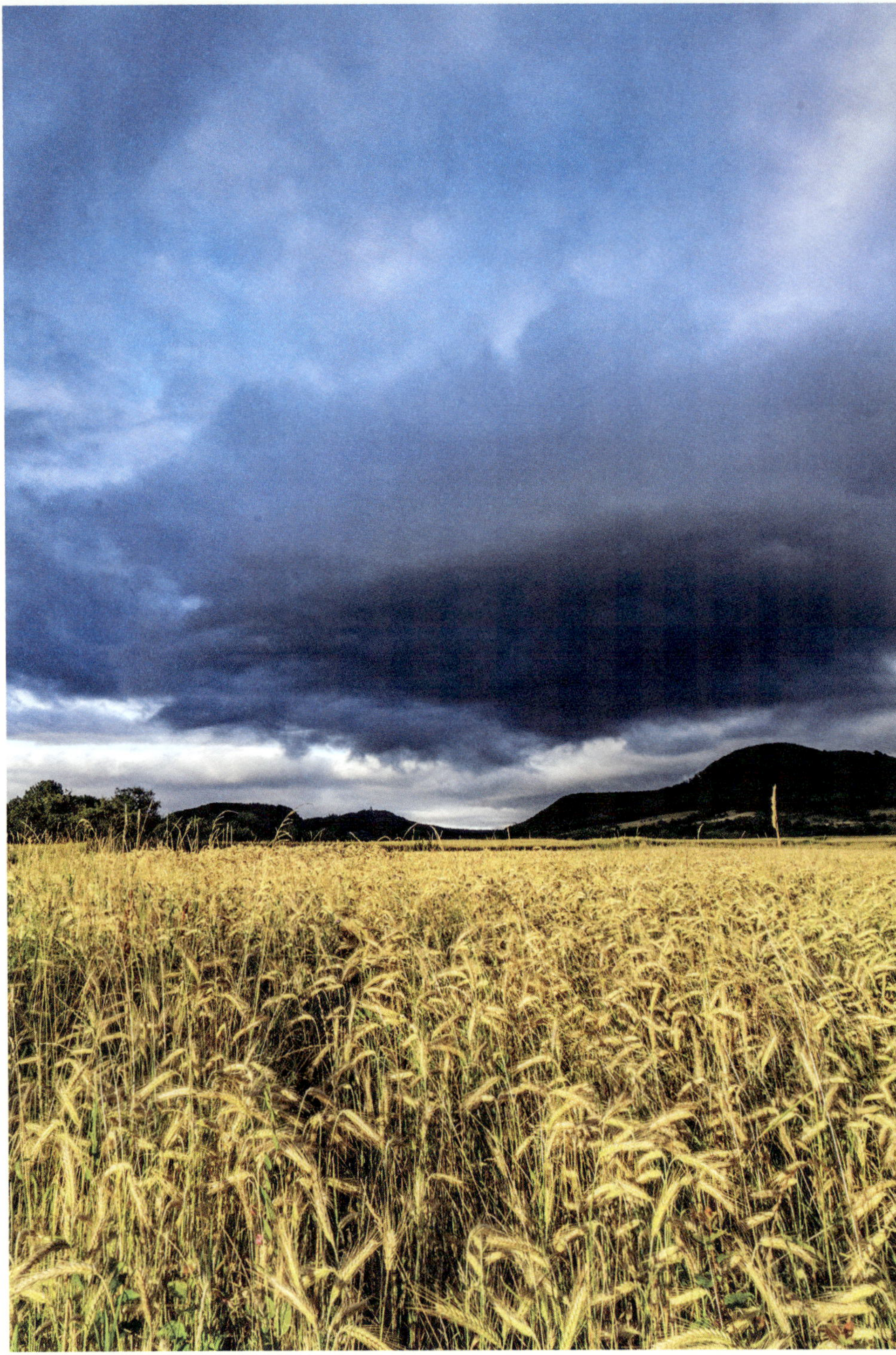

Immer wieder bieten sich schöne Ausblicke auf den Roßberg

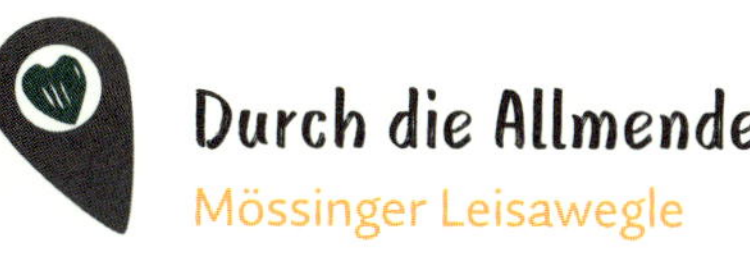

Durch die Allmende

Mössinger Leisawegle

63

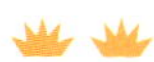

Früchtetrauf
Landkreis Tübingen 

4,8 km, 1:30 h 

115 Hm 

leicht

– 

Park- und Rastplatz Linden, Mössingen 48.395697, 9.080433 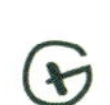

Bahn bis Mössingen, Buslinie 152 bis Mössingen, Haltestelle Ziegelhütte, dort Toureneinstieg 

Sonne 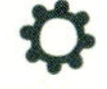

In den nahen Gönninger Seen kann man im Sommer baden 

out.ac/GHMuE 

Weizen, Wiesen, Wildvögel: Das ist der Dreiklang beim *Mössinger Leisawegle.* Der Name erinnert daran, dass dort früher Linsen, das Leibgericht jedes aufrechten Schwaben, angebaut wurden. Die Tour führt aber nicht nur an Getreidefeldern vorbei, sondern auch durch alte und junge Streuobstwiesen, und häufig bietet sich ein schöner Blick auf Roßberg und Farrenberg. In Mössingen gibt es übrigens noch alte Allmende-Grundstücke – so nannte man im Mittelalter Wiesen, die allen Bürgern eines Ortes gemeinsam gehörten. Heute sind die Stückle wieder in Privat- oder Gemeindebesitz, aber man kann solche Allmandteile pachten.

Beim *Leisawegle* führt übrigens der Weg direkt über eine Kälberweide. Angesichts der vielen Limousin-Mutterkühe mit ihren Kälbern benötigt man womöglich etwas Mut, die Strecke fortzusetzen. Ein Schild erklärt zum Glück auch allen Städtern, wie man sich verhalten soll. Unterwegs kommt man zudem am Vogelschutzzentrum Mössingen vorbei, das als die professionellste aller Auffangstationen im Südwesten gilt und heute vom Naturschutzbund geführt wird. Seit weit mehr als einem Vierteljahrhundert kümmert sich das Zentrum um verletzte Wildvögel und leitet Artenschutzprojekte.

Das *Leisawegle* lässt sich mit dem *Streuobstwegle* zu einer dann 6,5 Kilometer langen Wanderung verbinden.

Wen die Lage an einer Ausfallstraße nicht stört: *Bäck stage* ist eine moderne und geschmackvoll eingerichtete Event-Gastronomie.

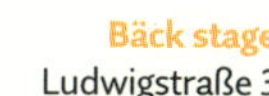

Bäck stage
Ludwigstraße 3
72116 Mössingen
www.baeck-stage.de 

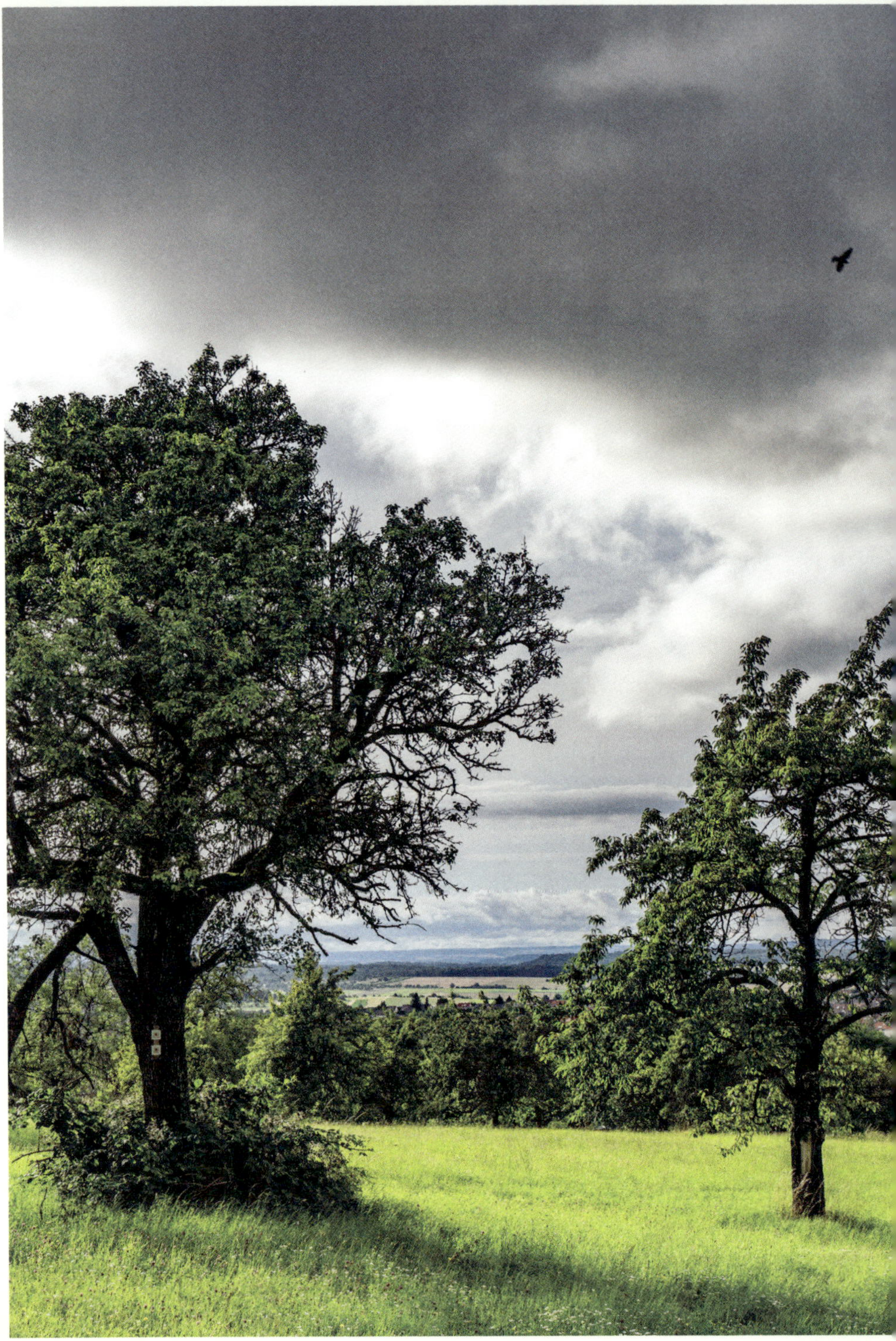

Streuobstwiesen sind einzigartiges Kultur- und Naturgut

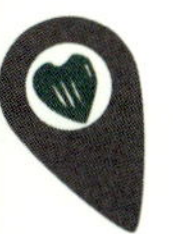

Kampf für die Stückle

Mössinger Streuobstwegle

64

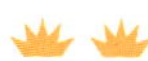

Wie schlecht es um die Streuobstwiesen steht, weiß jeder: Immer mehr werden für Neubaugebiete gerodet, und viele Besitzer pflegen ihre »Stückle« nicht mehr. Die Zahl der Obstbäume sinkt im Südwesten dramatisch, zwischen 1965 und 2018 von 18 auf sieben Millionen.

Doch das *Streuobstwegle*, das durch die Wiesen unter dem Mössinger Albtrauf führt, macht Hoffnung. Denn in Mössingen sorgen viele rührige Menschen dafür, dass nicht noch mehr der Grundstücke verkommen. Und die Gemeinde geht mit der Zeit: Auf der Internetplattform *mystueckle.de* können junge Familien oder Naturfreunde per Mausklick eine Obstwiese pachten. Wer für die Pflege keine Zeit hat, kann zumindest bei der Aktion *mybaeumle.de* mitmachen und mit einer Spende Baumpate werden. Ganz dürfen wir den Kampf um das einzigartige Kulturgut Streuobstwiese also noch nicht aufgeben.

Viele Schilder am *Streuobstwegle* sorgen dafür, dass die Wandernden mit vielen Informationen und einiger Zuversicht nach Hause gehen. Und wer den Spaziergang im Herbst unternimmt, ist ausdrücklich aufgefordert, an einer bestimmten Wiese auch einen Apfel zu pflücken.

Die Tour lässt sich leicht mit dem *Leisawegle* zu einer 6,5 Kilometer langen Wanderung verbinden. Da sich in dem Gebiet insgesamt drei *Früchtetrauf*-Routen kreuzen, sollten Sie genau auf die Wanderschilder achten – sonst landen Sie schnell oben am Dreifürstenstein …

Früchtetrauf
Landkreis Tübingen 

3,5 km, 1:00 h 

75 Hm 

leicht

– 

Park- und Rastplatz Linden, Mössingen 48.396236, 9.079578 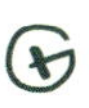

Bahn bis Mössingen, Buslinie 152 bis Haltestelle Ziegelhütte, 1 km Fußweg 

Sonne 

Der nahe Filsenberg ist landschaftlich schön und steht unter Naturschutz 

out.ac/GHMuV 

Das Café Pausa in Mössingen ist modern und bodenständig zugleich. Im Shop sind Obstwiesenspezialitäten erhältlich.

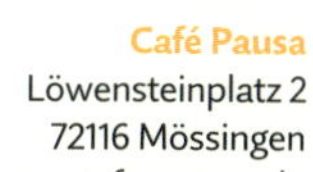

Café Pausa
Löwensteinplatz 2
72116 Mössingen
www.cafe-pausa.de 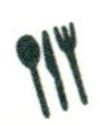

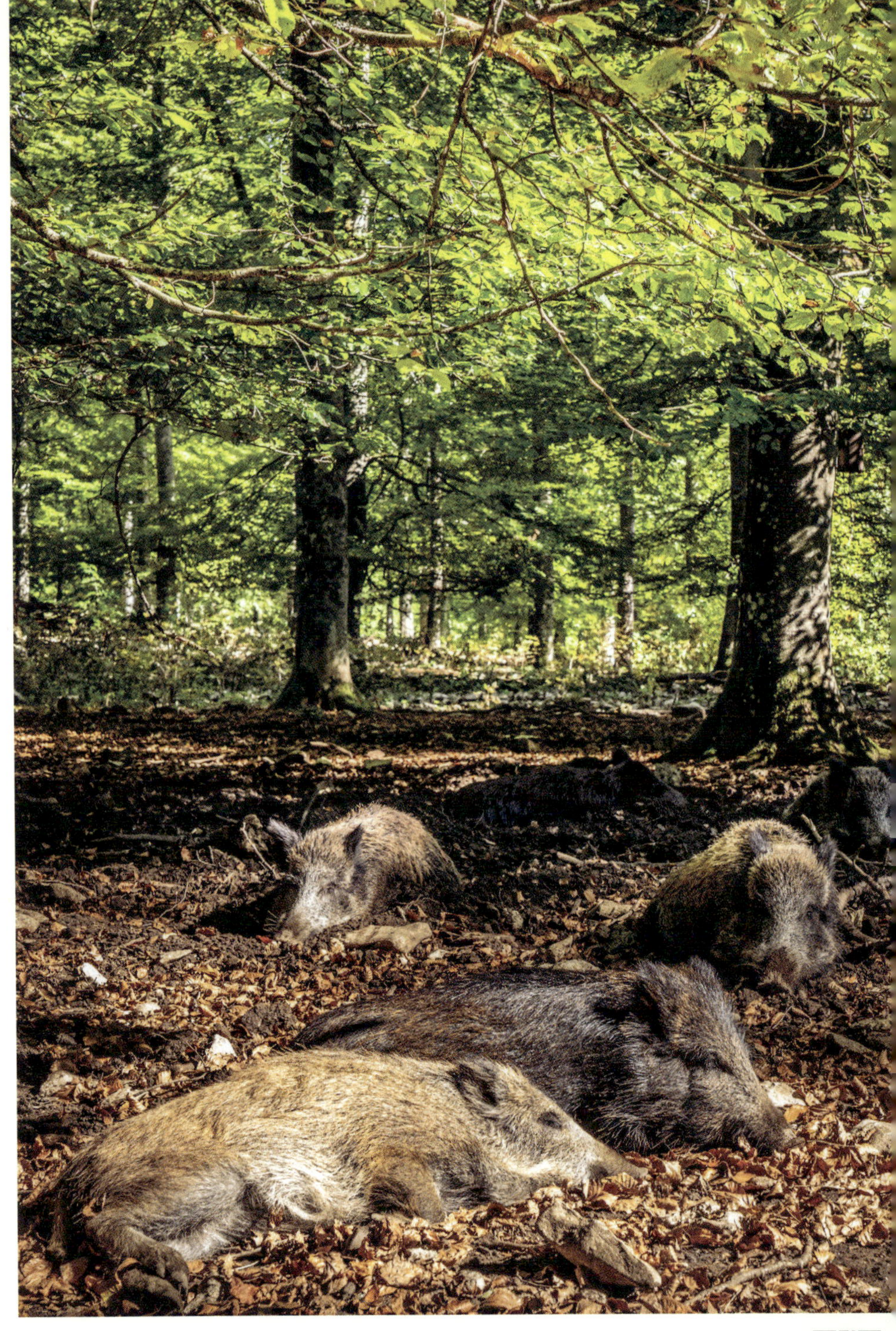

Die Wildschweine am Waldheim sind extrem zutraulich

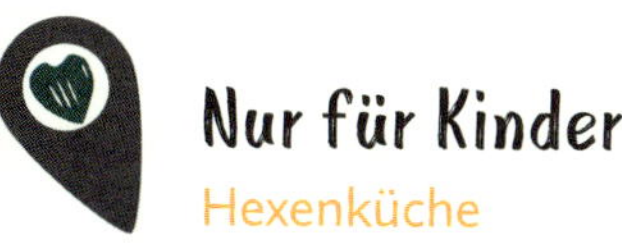

Nur für Kinder

Hexenküche

65

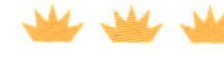

Die *Hexenküche* ist der einzige speziell für Kinder entwickelte Premiumweg auf der Schwäbischen Alb und stellt damit eine Besonderheit dar. Zudem ist auf eine ausgewogene Mischung geachtet worden; die künstliche Bespaßung hält sich im Rahmen, die Natur- und Tiererlebnisse überwiegen.

Das Waldheim Ebingen ist der überaus quirlige Startplatz dieser vier Kilometer langen Tour – dort gibt es fast alles: Spielplatz, Minigolf, Kletterpark, Biergarten, Aussichtsturm, Wildgehege sowie den Ausgangspunkt von zwei *Traufgänge*-Premiumwegen und einer Mountainbike-Strecke. Mit einer hohen Homo-sapiens-Dichte ist zu rechnen.

Der Abschnitt unter den wuchtigen Steinhängen des Schlossfelsens zeigt sich ausgesprochen wild – mit seinen kleinen Nischen und Höhlen wirkt er wie aus einem Märchen. Er hat der *Hexenküche* ihren Namen gegeben. Trotz allgemeiner Verzückung bitte aufpassen: Die Abhänge sind steil. Bald gelangen Sie zum Schlossfelsenturm, von dem aus einem Albstadt zu Füßen liegt. An klaren Tagen winken aus der Ferne sogar die Alpen herüber. Die Herzen der Kinder werden aber vor allem am Tiergehege höherschlagen: Die Wildschweine sind so zutraulich, dass sie gerne direkt am Zaun den Tag verpennen.

Unterwegs warten weitere Attraktionen: Die Kinder können über stachelige Bäume klettern oder durch einen ausgehöhlten Baum krabbeln. Sie werden also ihre Freude und Papi und Mami ihre Ruhe haben.

Traufgänge
Stadt Albstadt 

4,1 km, 2:00 h 

129 Hm 

leicht 

–

Waldheim
Albstadt-Ebingen
48.221099, 9.038055 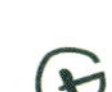

Bahn bis Ebingen, Buslinie 7421 bis Ebingen, Haltestelle Süßer Grund (am Wochenende Rufbus), etwa 1,5 km Fußweg über den *Traufgang Schlossfelsenpfad* 

Kinder, Aussicht 

Wer noch nicht ausgepowert ist, kann den Kletterpark am Waldheim besuchen 

out.ac/GkWm4 

Der Biergarten am Waldheim ist unbestrittener Dreh- und Angelpunkt des Ebinger Freizeitgeländes.

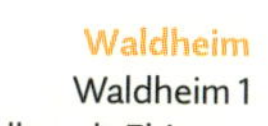
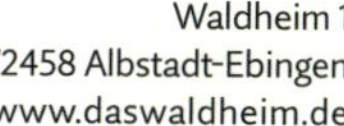
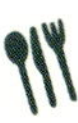

Waldheim
Waldheim 1
72458 Albstadt-Ebingen
www.daswaldheim.de

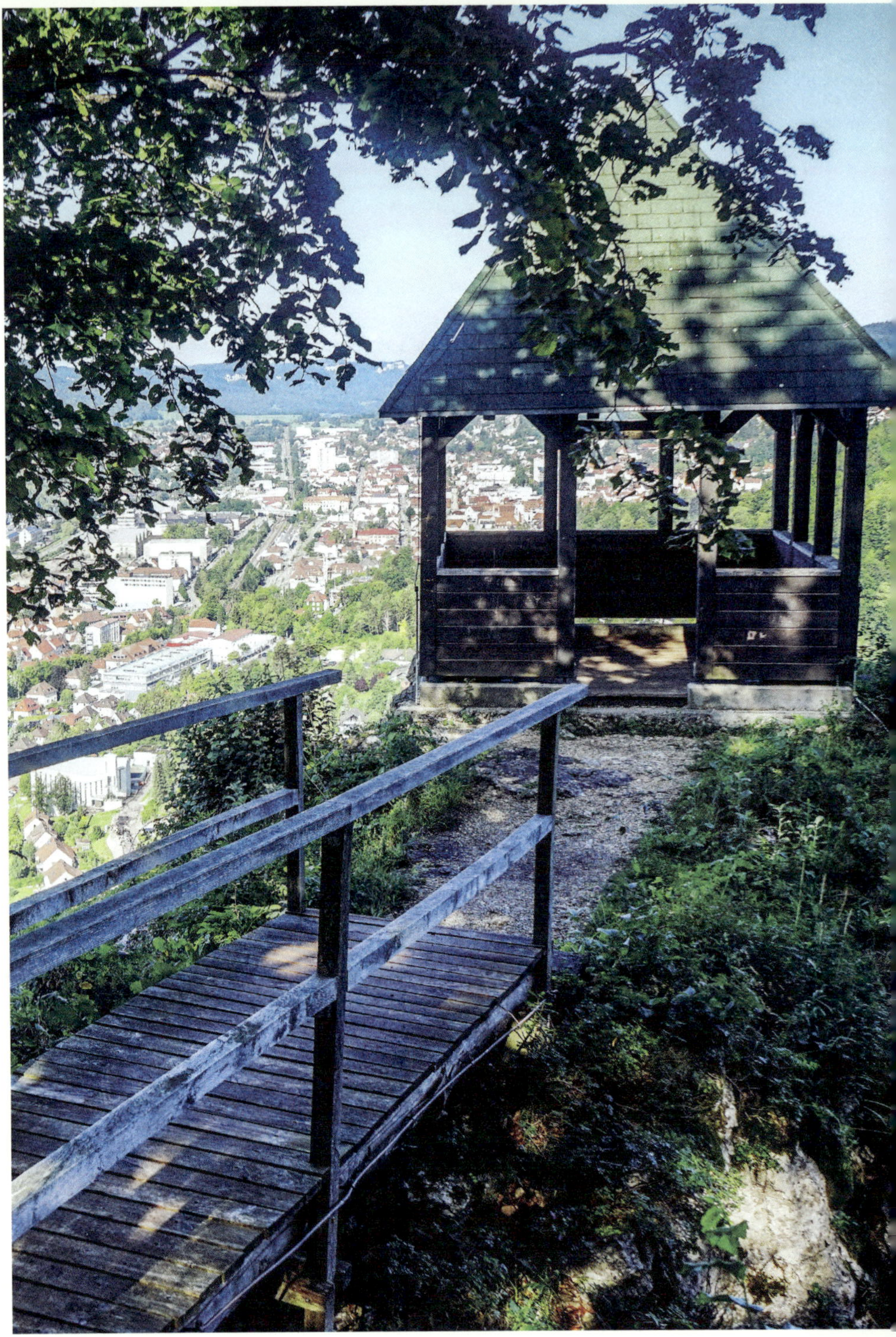

Von der Schleicherhütte reicht die Aussicht über ganz Ebingen

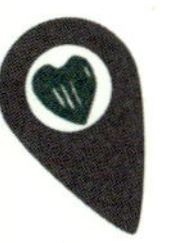

Fohlen und Schweine

Schlossfelsenpfad

66

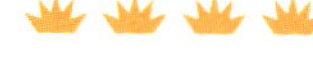

Voller Gegensätze ist diese Tour hoch über Albstadt-Ebingen. Teilweise geht man oben am steil abfallenden Trauf entlang und kann vom Schlossfelsenturm, der Schleicherhütte oder dem Galgenfels weit ins Land hinausblicken, mit etwas Glück sogar bis zu den Schweizer Alpen. Dann aber wandert man wieder über die fast flache Albhochfläche, aus der bewaldete Hügel wie grüne Inseln aus einem Meer von Wiesen und Wacholderheiden aufragen.

Besonders anmutig ist das Plateau am frühen Morgen, wenn die Sonne durch die einzeln stehenden Kiefern scheint. Dann taucht sie das hohe Gras, etwa auf der Heide mit dem klangvollen Namen *Stählernes Männlein,* in goldenes Licht. Der Begriff rührt vermutlich von einem alten Steinbruch her.

Die lange Tour lässt sich leicht in zwei kürzere Runden teilen, etwa entlang der Straße nach Bitz. Solch eine verkürzte Route wäre auch für Kinder geeignet. Denn wie beim anderen *Traufgänge*-Weg *Hexenküche* kommt man an einem Wildgehege mit Wildschweinen vorbei. Am Gasthof Fohlenweide lassen sich Zwergziegen, Hochlandrinder und Nandus bestaunen und teilweise sogar streicheln. Am Roßberg liegt ein großer Grillplatz mit Abenteuerspielplatz. Und nicht zu vergessen ist natürlich das große Angebot an Attraktionen am Waldheim wie Biergarten, Kletterpark und Spielplatz.

Traufgänge
Stadt Albstadt

14,9 km, 5:30 h

481 Hm

schwer

71

Parkplatz Waldheim
Albstadt-Ebingen
48.221360, 9.037630
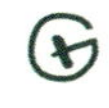

Bahn bis Ebingen,
Buslinie 7421 (am Wochenende Rufbus) bis Haltestelle Süßer Grund, dort Toureneinstieg
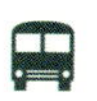

Aussicht, Sonne, Botanik

Das Kunstmuseum in Ebingen ist bekannt für seine hochwertigen Druckgrafiken und zeigt zudem Gemälde zur Schwäbischen Alb

out.ac/PmlT

Der Gasthof *Zum Süßen Grund* (mit Hotel) zeichnet sich durch eine wunderbare Alleinlage aus.

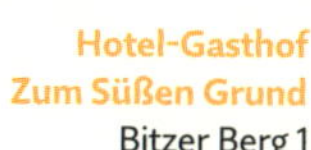
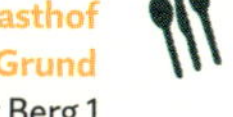

Hotel-Gasthof Zum Süßen Grund
Bitzer Berg 1
72458 Albstadt
www.hotel-suessergrund.de

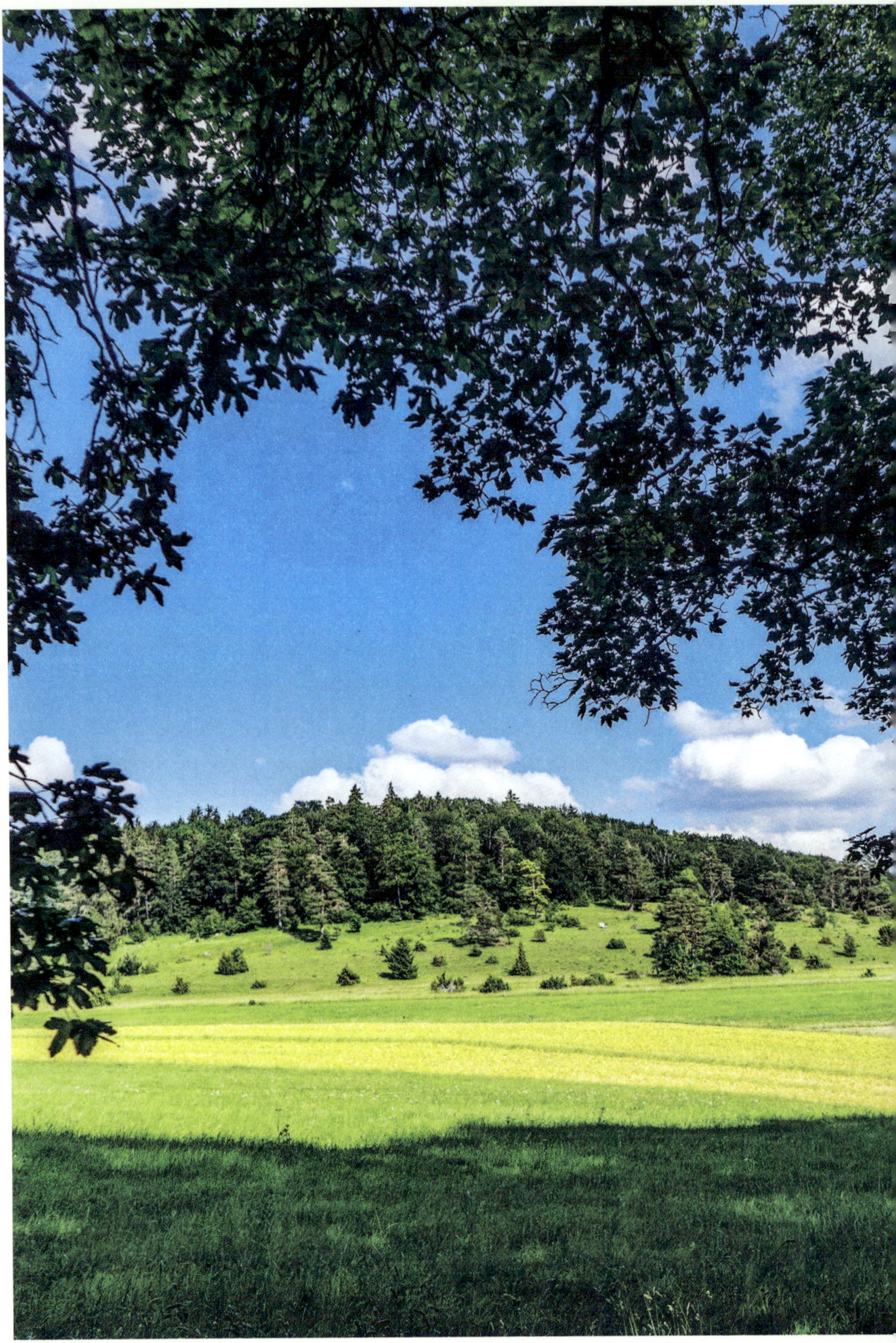

Ruhig und einsam geht es auf dem Rundweg Wacholderhöhe zu

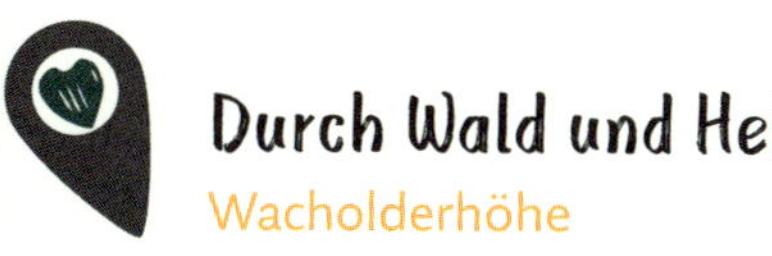

Durch Wald und Heide

Wacholderhöhe

67

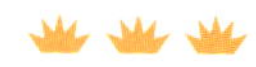

Traufgänge
Stadt Albstadt 

9,3 km, 3:00 h 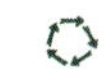

296 Hm 

mittel 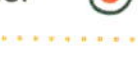

73

Parkplatz Schützenhaus
Schönbuch 3
Albstadt-Tailfingen
48.257184, 9.037934 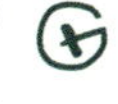

Bahn bis Ebingen, Buslinien 44/47 bis Tailfingen, Haltestelle Rudolf-Blickle-Straße, 1 km Fußweg 

Aussicht, Botanik 

Albstadt verdankte seinen Aufschwung der Textilindustrie. Das ungewöhnliche Maschenmuseum in Tailfingen zeigt deren Geschichte. 

out.ac/PgxK 

Die *Traufgänge* in Albstadt gehören zu den beliebtesten Premiumwegen auf der Schwäbischen Alb, was daran liegen dürfte, dass sie die ersten in dem Gebiet waren und sich die Verantwortlichen im Rathaus immer wieder Neues einfallen lassen. Aus diesem Grund treten sich auf den Routen zwischen Raichberg, Böllat und Schlossfelsen häufig die Wanderer gegenseitig auf die Zehen. Bei der *Wacholderhöhe* dagegen finden sie viel Raum und Ruhe. Diese Tour ist – vielleicht mit der *Wiesenrunde* – die einsamste unter den zehn *Traufgängen.*

Das beruht natürlich auch darauf, dass der Rundweg etwas mit Höhenpunkten geizt. Ja, vom Leimen- oder Strichfelsen kann man ins Schmiechtal hinabschauen; allerdings ist das mit den Albstädter Stadtteilen Tailfingen und Truchtelfingen ganz schön verbaut. Doch man wandert lange durch den Wald und an einigen Wacholderheiden vorbei. Das ist nichts Aufregendes, aber dennoch herrlich, zumal der nördliche Teil der Runde durch das Naturschutzgebiet Leimen verläuft. Auf zwei Bergkuppen wachsen noch viele gefährdete Pflanzen wie Frühlingsenzian und Silberdistel. Ein friedlicher Platz zum Verweilen ist der Schönhaldenfelsen mit Grillstelle – die Waldgaststätte war bei Drucklegung leider geschlossen. Wer auf dieser Tour nichts erwartet, wird vielleicht genau deswegen vieles finden.

Das *Schützenhaus* direkt am Start- und Endpunkt der Tour bietet heimische Küche.

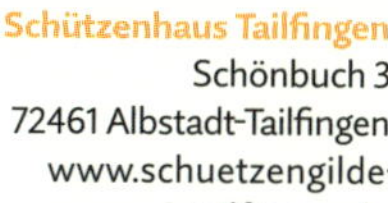

Schützenhaus Tailfingen
Schönbuch 3
72461 Albstadt-Tailfingen
www.schuetzengilde-tailfingen.de 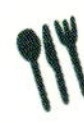

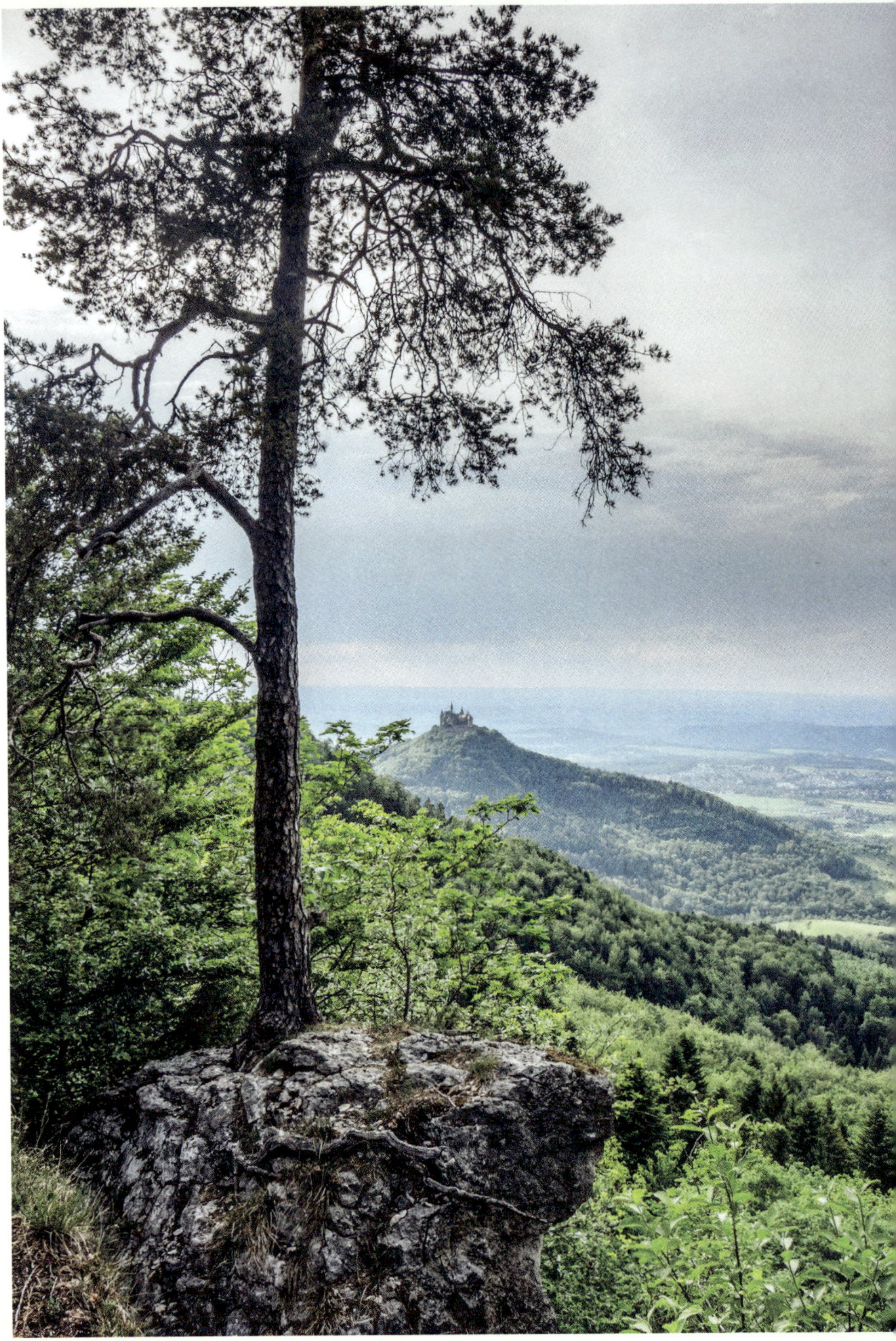

Die Burg Hohenzollern gelangt unterwegs auf dem Premiumweg immer wieder ins Blickfeld

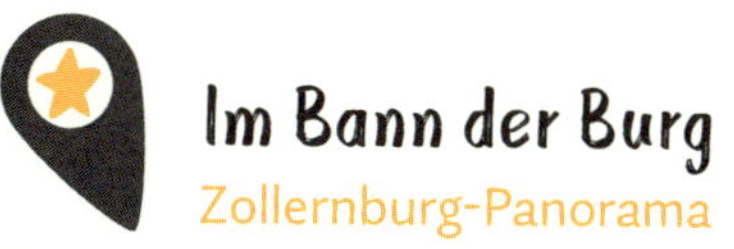

Im Bann der Burg

Zollernburg-Panorama

68

Traufgänge
Stadt Albstadt

15,6 km; 5:30 h

412 Hm

schwer

91

Parkplatz Stich an der L360 kurz vor Albstadt-Onstmettingen 48.284780, 8.971500

Bahn bis Bisingen, Buslinie 44 bis Onstmettingen, Haltestelle Stich

Aussicht, Botanik, Geologie

Ausdauernde Wanderer können die Burg Hohenzollern in die Tour einschließen. Vom Zeller Horn beträgt der Umweg hin und zurück sechs Kilometer.

out.ac/3uxR4n

Besser geht es nicht – auf diese einfache Formel ließe sich der Premiumweg *Zollernburg-Panorama* bringen. Tatsächlich verlieh ihm das *Deutsche Wanderinstitut* 91 Punkte und damit so viele wie keiner anderen Tour auf der Schwäbischen Alb. Und diese sehr gute Bewertung ist einfach verdient.

Mehr als die Hälfte der Strecke verläuft direkt am Albtrauf entlang, vom Heiligenkopf bis zum Kohlwinkelfelsen, und die einzige Qual unterwegs ist zu entscheiden, welcher der vielen Felsen denn das schönste Panorama bietet. Das Zeller Horn mit seiner bezaubernden Sicht auf die Burg Hohenzollern dürfte am Ende bei vielen die Nase vorn haben – Postkartenmotiv pur. Aber die Burg rückt entlang der Strecke mehrmals ins Blickfeld, und der Hangende Stein, an dem die Kante langsam nach außen kippt und eines der albtypischen Höllenlöcher entsteht, punktet ebenfalls mit höchstem Liebreiz. Hinzu kommt der Aussichtsturm auf dem Raichberg, von dem aus man bei klarem Wetter die Alpen erkennen kann. Zum Glück führen einige ruhige Passagen über Wacholderheiden und an Waldrändern entlang, sonst könnte man die vielen Eindrücke gar nicht alle verarbeiten. Mit gleich zwei weiteren empfehlenswerten Gaststätten unterwegs – dem *Nägelehaus* und dem *Zollersteighof* – braucht man zudem keine Furcht vor dem Verdursten zu haben.

Einziges Manko auf diesem Wanderweg, der sich deutschlandweit nicht verstecken muss: An schönen Tagen wird es knackig voll auf dieser Strecke.

Wer griechische Küche mag, ist im Restaurant Akropolis bestens aufgehoben (Abstecher von drei Kilometern hin und zurück)..

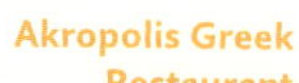

Akropolis Greek Restaurant

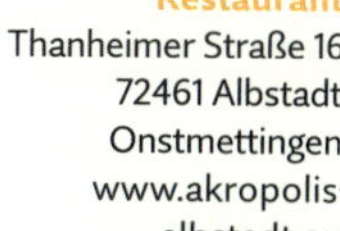

Thanheimer Straße 16
72461 Albstadt-Onstmettingen
www.akropolis-albstadt.eu

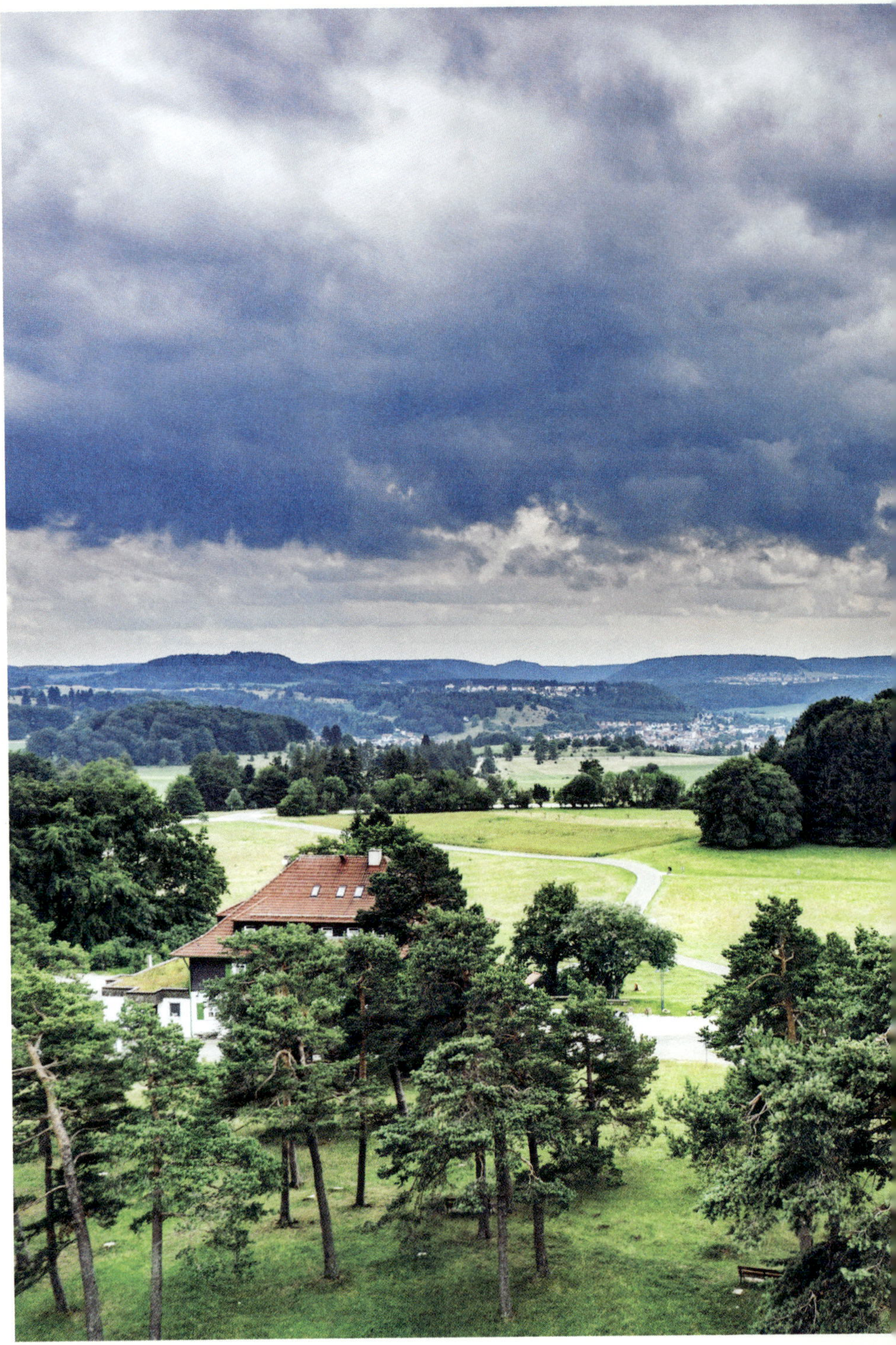

Auf dem Aussichtsturm liegt einem das Nägelehaus und der gesamte Raichberg zu Füßen

Ultimativer Sohlentest

Traufgängerle LOWA-Runde

69

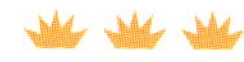

Traufgänge Stadt Albstadt 

3,4 km; 1:00 h 

Höhenmeter: 79 Hm 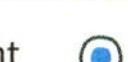

leicht

–

Startpunkt: Gaststätte Nägelehaus 48.304273, 8.993948 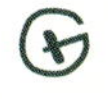

Bahn bis Bisingen, Buslinie 344 bis Nägelehaus Onstmettingen (1. Mai–15. Oktober) 

Kinder, Aussicht, Botanik, Geologie 

Wer länger unterwegs sein möchte, kann bis zum Zeller Horn oder den *Zollernburg-Panorama*-Weg gehen. 

out.ac/RNuG 

Herzlichen Glückwunsch! Der Traufgang-Weg *Zollernburg-Panorama* hat 2024 ein Baby bekommen. Es ist mit 3,4 Kilometern putzig klein, und angesichts winziger Höhenmeter werden auf dieser Wanderung die Sohlen nicht heiß laufen. Im Kern ist das *Traufgängerle* ein Teilstück des genannten Panoramaweges. Und es stellt ein Novum unter den zertifizierten Touren auf der Schwäbischen Alb dar, verdankt es doch seinen Namen einem Wanderschuhproduzenten. Was bei Stadien schon die Regel ist und mittlerweile auch bei Mountainbike-Strecken häufig vorkommt, greift demnach auf die Premiumwege über. Zumindest hat das Phänomen in diesem Fall einen nachvollziehbaren Grund: Im Nägelehaus können Stiefel des Herstellers ausgeliehen und auf der Runde ausprobiert werden – manchmal muss man kurz warten, bis der Chef Zeit hat, denn nur er kann den Testschuhraum aufschließen.

Die Strecke hat auch im folgenden Verlauf außergewöhnlich viel zu bieten und ist deshalb ein heißer Tipp für einen Spaziergang nach dem Mittagessen im Nägelehaus. Man kommt an einem aufgestapelten Kohlenmeiler vorbei. Drei Aussichtspunkte, darunter der besonders schöne Hangende Stein, werden passiert. Den Blick auf die Burg Hohenzollern gibt es gratis und mehrfach dazu. Man kann in die Abgründe der eindrucksvollen Höllenlöcher hinabblicken und hoffen, dass einem nicht schwindlig wird. Und am Ende wartet noch der Aussichtsturm – angesichts der geringen Tourenlänge bleibt noch Puste für den Aufstieg übrig, selbst wenn man ein Baby in der Kraxe mittragen sollte.

Das Nägelehaus auf dem Raichberg besticht durch seine einzigartige Lage und besitzt zudem eine lange Tradition seit dem Jahr 1928.

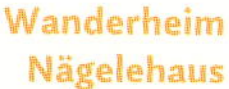

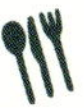

Wanderheim Nägelehaus
Am Raichberg 1
72461 Albstadt-Onstmettingen
www.naegelehaus.de

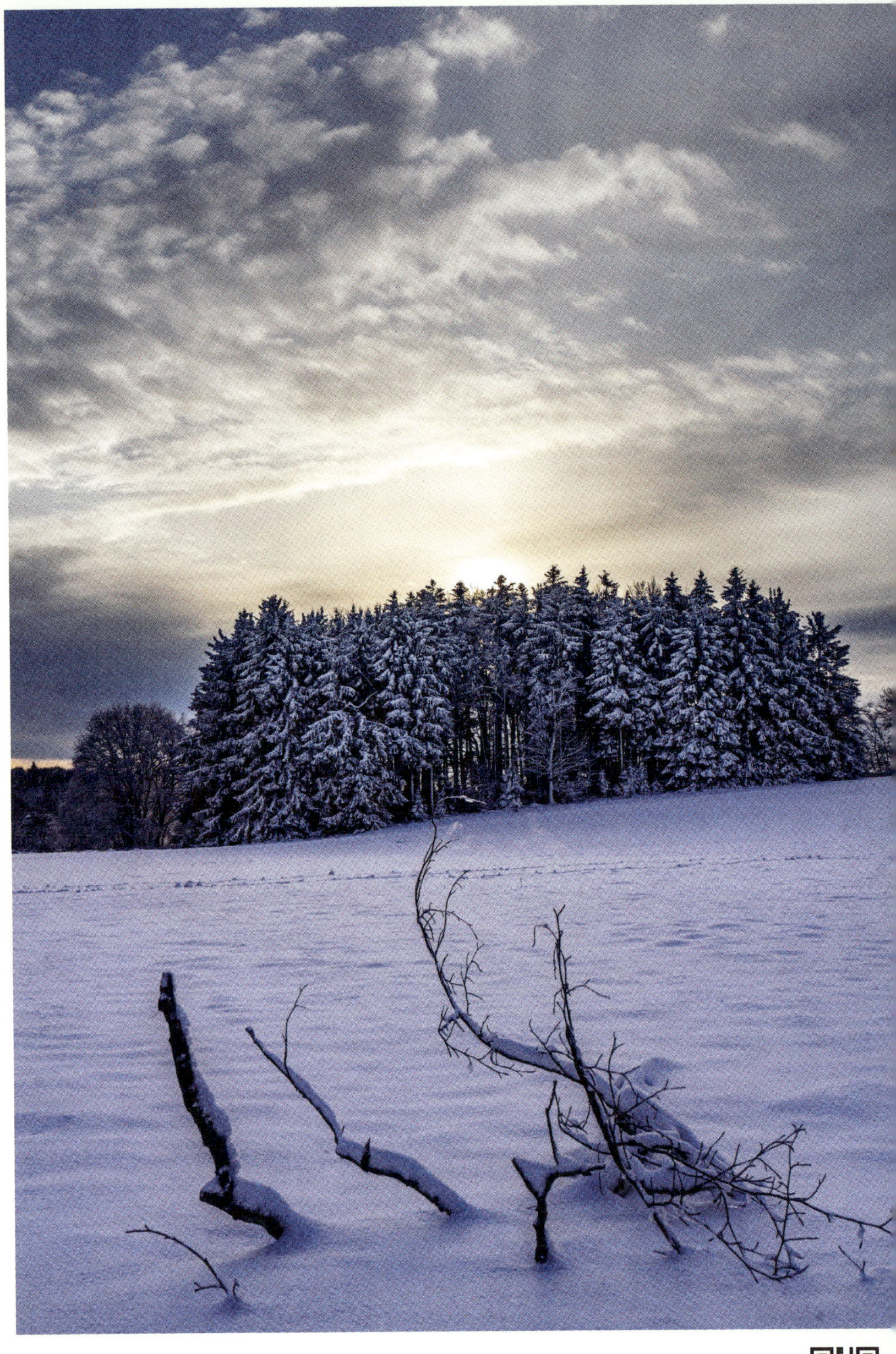

Am frühen Morgen liegt ein Hauch Magie über der Winterlandschaft

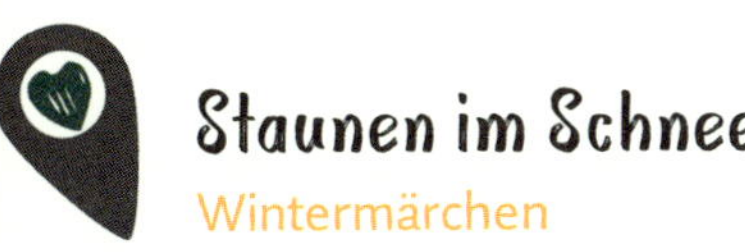

Staunen im Schnee

Wintermärchen

70

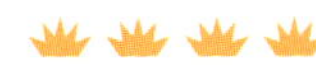

Chapeau, liebe Albstädter: Ihr habt nicht nur den bisher einzigen Premiumweg für Kinder auf der Alb ausgetüftelt, sondern auch die beiden einmaligen Premiumwinterwanderungen. Diese Touren werden bei entsprechender Schneelage mit einer Pistenraupe präpariert und führen abseits von Straßen durch die verschneite Landschaft.

Während dieses *Wintermärchens* wandern Sie im sanften Auf und Ab über die Hochebene des Raichbergs. Der Turm beim *Nägelehaus* lässt sich besteigen und bietet gerade in der kalten Jahreszeit oft ein herrliches Alpenpanorama. Und immer wieder öffnet sich die Sicht hinab ins Schmiechtal. Aber das eigentliche Ereignis ist die Landschaft: Wenn die Fichten ihre Zweige unter dem Schnee beugen, die Sträucher mit Raureif überzuckert sind und ein klarer blauer Himmel das unendliche Weiß überspannt, besitzt die Natur eine Reinheit und Unberührtheit, die das Herz höherschlagen lässt. Ich fühle mich dann immer in unschuldige Kindertage zurückversetzt – so war es also, als die Welt noch heil war.

Unterschätzen Sie die kurze Wanderung jedoch nicht. Häufig pfeift ein sehr kalter Wind über den Raichberg. Und der Weg ist manchmal anstrengend zu gehen, weil die Füße trotz der Präparierung im Schnee einbrechen können – ziehen Sie sich also warm an und bringen Sie viel Zeit mit. Zum Schauen, Staunen und Strahlen.

Traufgänge
Stadt Albstadt 

7,4 km; 2:30 h 

170 Hm 

mittel 

87

Wanderparkplatz Stocken bei Albstadt-Onstmettingen
48.294260, 8.999260 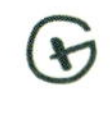

Bahn bis Bisingen, Buslinie 44 bis Onstmettingen, Haltestelle Hofäckerstraße, 1 km Fußweg 

Kinder, Aussicht, Sonne 

Der Junginger Gieß, ein Wasserfall im nahen Killertal, besitzt auch im Winter viele Reize. Seien Sie aber extrem vorsichtig beim steilen Abstieg in die Schlucht. 

out.ac/IBMXx 

Im gemütlich eingerichteten *Zollersteighof* können Sie sich nach der Wanderung am offenen Kamin aufwärmen.

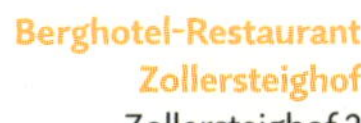

Berghotel-Restaurant Zollersteighof
Zollersteighof 2
72461 Albstadt-Onstmettingen
www.hotel-restaurant-zollersteighof.de 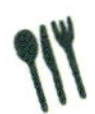

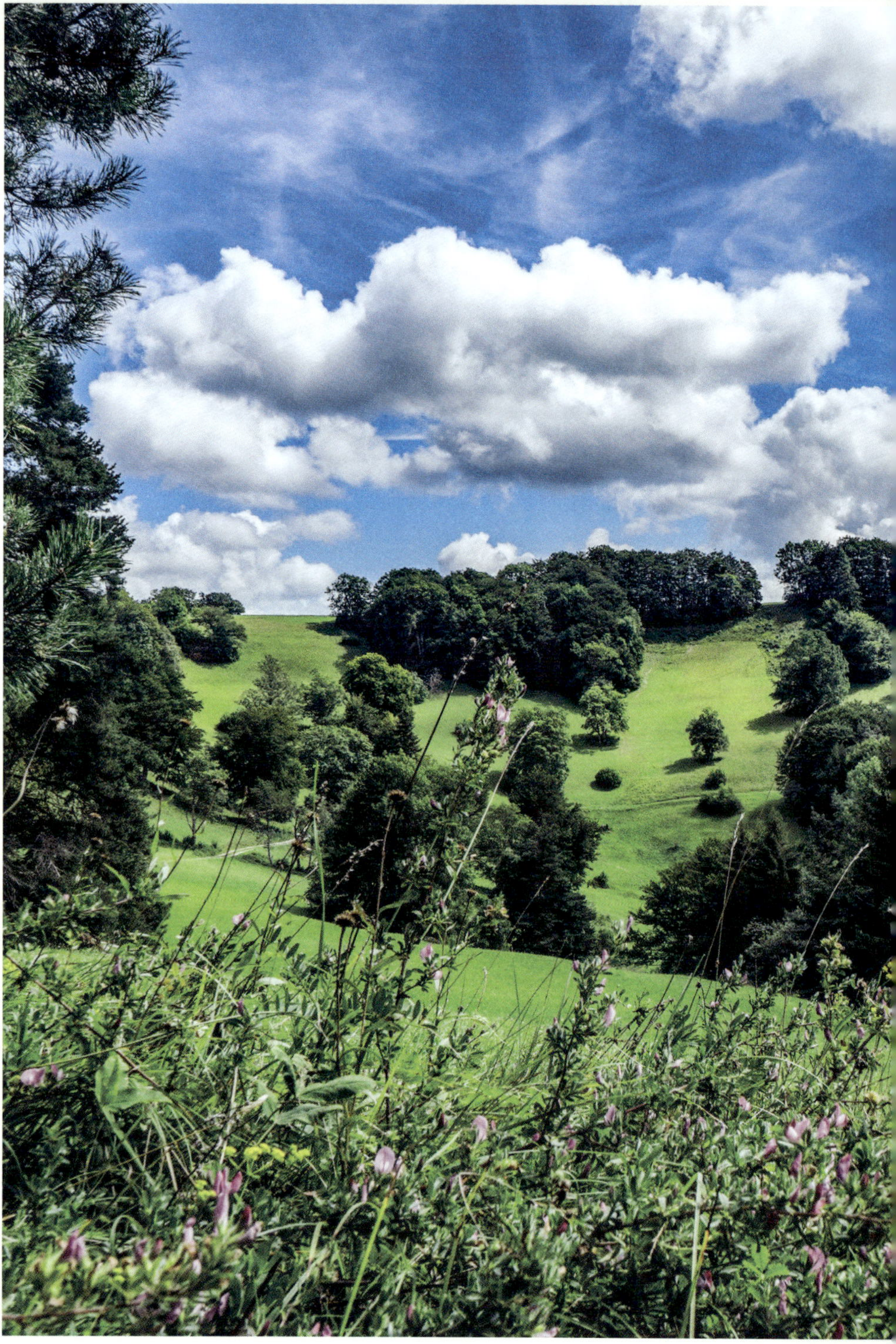

Der Höhepunkt der Wiesenrunde ist das Naturschutzgebiet am Irrenberg

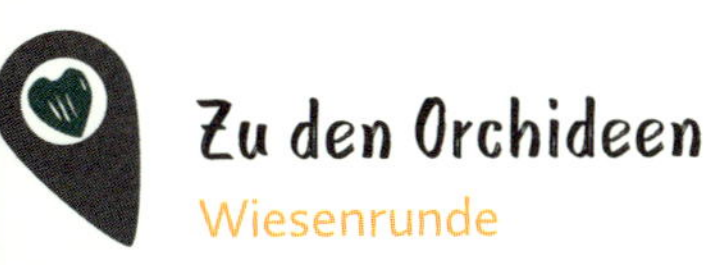

Zu den Orchideen

Wiesenrunde

71

Woher der Name Irrenberg kommt, ist mir nicht bekannt – aber verhaltensauffällige Personen sind mir dort noch nie begegnet, dagegen immer wieder Menschen mit einem selig entrückten Lächeln im Gesicht. Die *Wiesenrunde* bei Albstadt-Pfeffingen kann glücklich machen, führt sie doch durch die Naturschutzgebiete Irrenberg und Roschbach, die zusammen die mit Abstand größte geschützte Fläche des Zollernalbkreises bilden.

Vor allem der Irrenberg ist ein Juwel mit seinen steilen Grashängen, romantischen Baumgruppen und alten Buchenwäldern. Wie ein Amphitheater breiten sich die Wiesen unter der Bergkuppe aus.

An dieser Stelle sei den Helferinnen und Helfern vom *Schwäbischen Heimatbund* und vom *Albverein* gedankt, die sich seit einem halben Jahrhundert die Mühe machen, die Hänge zu pflegen. Zahlreiche Orchideen und Pflanzen wie Berghähnlein, Mädesüß und Kratzdistel haben in dem Gebiet ein Refugium gefunden. Und der Blick auf die Burg Hohenzollern bildet das Sahnehäubchen dieser Tour.

Rund die Hälfte des Wanderwegs verläuft durch die beiden Naturschutzgebiete. Wer aus diesem wunderbaren Fleckchen Erde keine Kraft und Ruhe mitnimmt, der ist wohl tatsächlich ein wenig irregeworden an dieser lauten Welt.

Traufgänge
Stadt Albstadt 

10,6 km; 3:30 h 

303 Hm 

mittel 

72 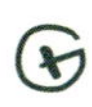

Parkplatz Zitterhof bei Albstadt-Pfeffingen 48.274570, 8.960780 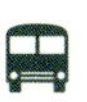

Bahn bis Ebingen, Buslinie 45 bis Pfeffingen, Haltestelle Lamm, 1 km Fußweg bis Toureneinstieg am Parkplatz Pfeffingen 

Sonne, Botanik 

Der recht unbekannte Wasserfall im nahen Zillhausen ist beeindruckende 17 Meter hoch 

out.ac/R9hc

Ein Geheimtipp von Einheimischen ist *Old Riedi* in Zillhausen. Das urige Lokal ist Café, Vesperstube, Biergarten und Backstube in einem.

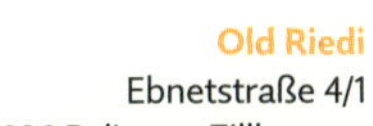
Old Riedi
Ebnetstraße 4/1
72336 Balingen-Zillhausen

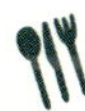

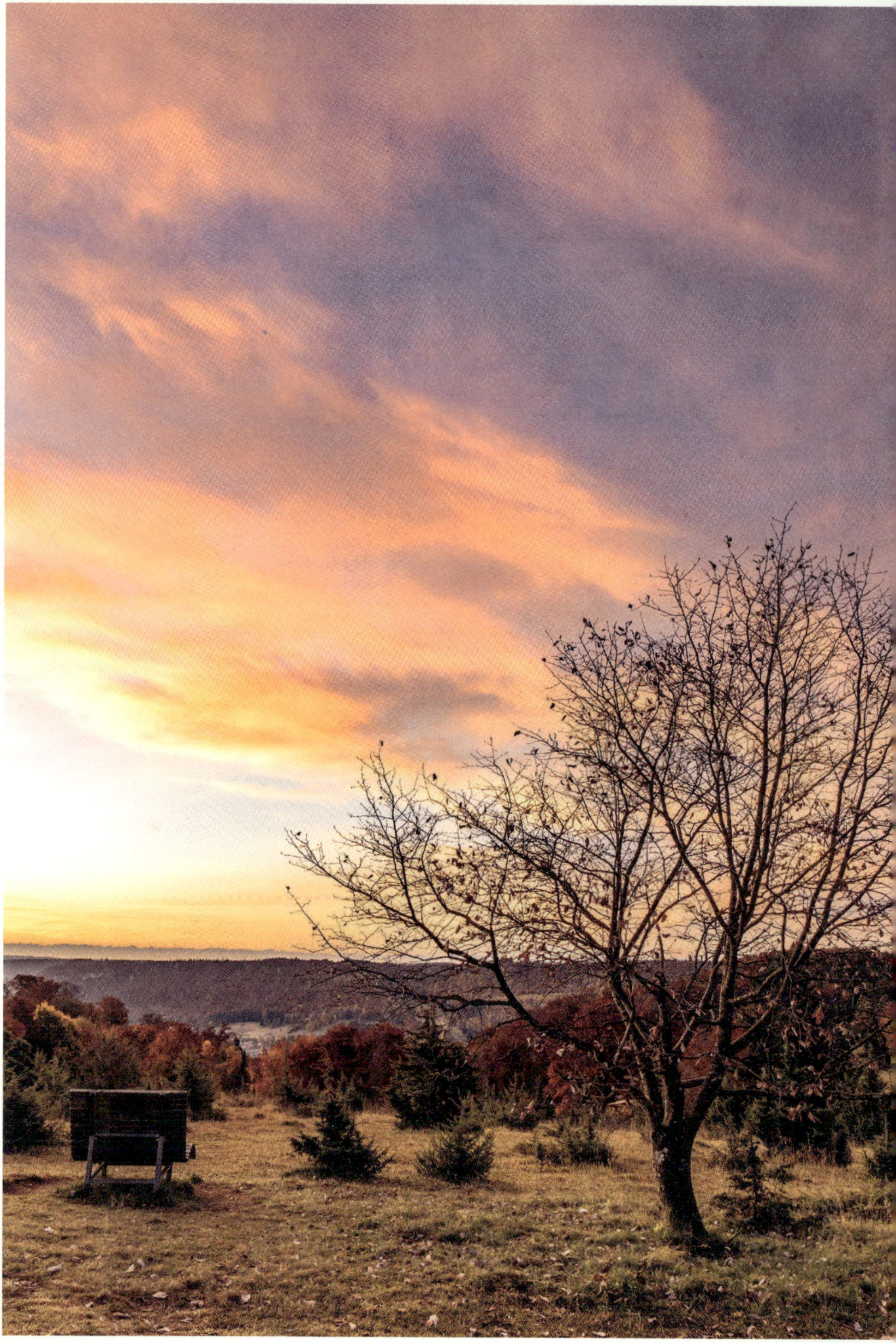

Der Kreuzbühl ist ein herrlicher Ort, um einen Sonnenaufgang zu erleben

Zur Höhle der Affen

Ochsenbergtour

72

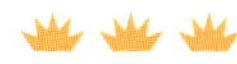

Warum nicht mal aus der Reihe tanzen? Bei der *Ochsenbergtour* böte es sich an, einmal das übliche Wandermuster – am Vormittag los, unterwegs Mittagessen, zum Kaffee wieder daheim – zu verlassen. Machen Sie sich doch ganz früh auf: Vom Parkplatz an der Kälberwiese sind es nur wenige hundert Meter bis zum 960 Meter hohen Kreuzbühl, und dieses Gipfelplateau eignet sich ausgezeichnet, um den Sonnenaufgang zu beobachten.

Bei gutem Wetter sehen Sie sogar die lange Kette der Alpenberge (Fernglas nicht vergessen). Erhebende Momente sind garantiert. Danach lässt sich beschwingt die eigentliche Wanderung beginnen. Einziger Nachteil: So früh am Morgen wird die Gaststätte *Ochsenhaus* nicht aufhaben. Den Zeitpunkt des Sonnenaufgangs finden Sie in jedem Wetterbericht. Sie sollten mindestens eine halbe Stunde vorher vor Ort sein, um das gesamte Farbenspiel genießen zu können.

Die *Ochsenbergtour* bietet unterwegs weitere Aussichtspunkte, wie den Schnecklesfelsen. Sie schlendern über Wacholderheiden und durch das Naturschutzgebiet Mehlbaum. Sie können die 40 Meter lange Heidensteinhöhle erkunden, die sich dadurch auszeichnet, eine von nur fünf Höhlen in Deutschland zu sein, in der Überreste von Menschenaffen entdeckt worden sind. Es war ein langer Weg von ihnen bis zu unserer Spezies. Aber vielleicht haben auch jene Primaten schon den Sonnenaufgang am Kreuzbühl genossen …

Traufgänge
Stadt Albstadt 

9,9 km; 3:30 h 

373 Hm 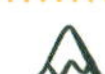

mittel

70 

Parkplatz Kälberwiese, in der Verlängerung der Kreuzbühlstraße Albstadt-Ebingen 48.224430, 9.006700 

Bahn bis Ebingen, Buslinie 76/77 bis Ebingen, Haltestelle Raidental, 800 m Fußweg 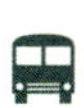

Kinder, Aussicht, Geologie 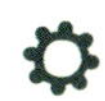

Im Freizeitbad *Badkap* können Sie nach der Tour im Wasser oder in der Sauna herrlich entspannen 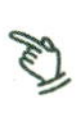

out.ac/PmvZ 

Das *Ochsenhaus* wartet mit toller Alleinlage, schwäbischer Küche und einem Spielplatz auf.

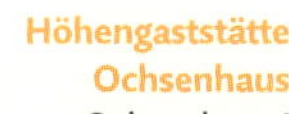
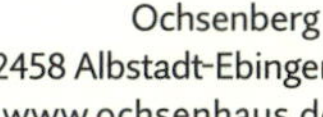

Höhengaststätte Ochsenhaus
Ochsenberg 1
72458 Albstadt-Ebingen
www.ochsenhaus.de 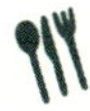

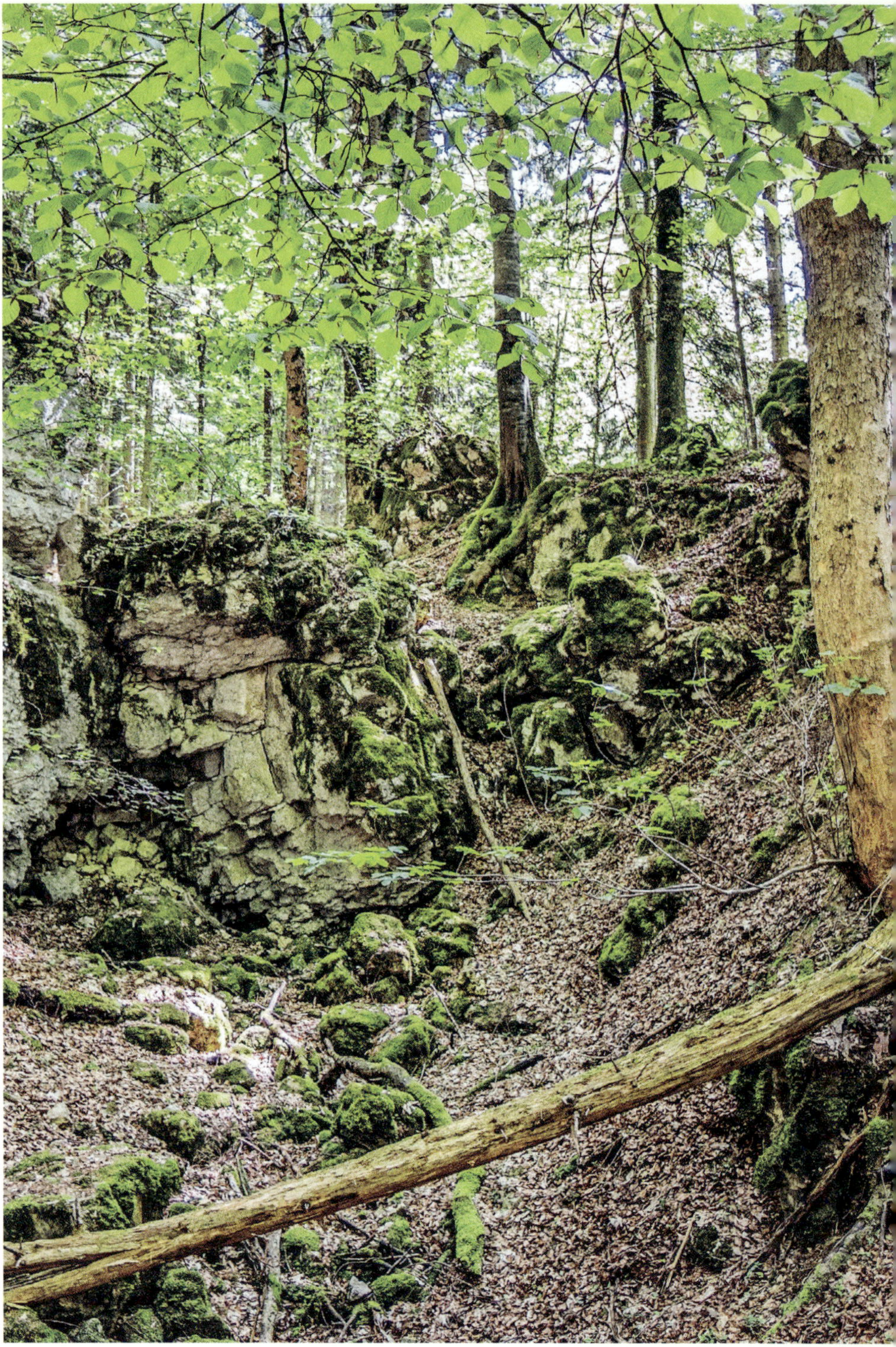

Das Felsenmeer am Heersberg: Haben Riesen Mikado gespielt?

Am Ende der Welt

Felsenmeersteig

73

Traufgänge
Stadt Albstadt 

16,8 km; 6:00 h 

723 Hm 

schwer 

80

Parkplatz Ortseingang Burgfelden, Albstadt-Burgfelden 48.244453, 8.932184 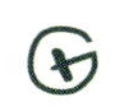

Bahn bis Ebingen, Buslinie 45 bis Margrethausen Süd, dort Toureneinstieg 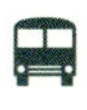

Aussicht, Kultur/Sehenswürdigkeiten, Geologie 

Die romanische Michaelskirche in Burgfelden besticht durch ihre Wandgemälde – und durch ihre elegante Schlichtheit 

out.ac/PuTt 

In Burgfelden endet die Welt – oder zumindest geht es von dem abgelegenen kleinen Dorf nur noch zu Fuß weiter. Ich fahre gerne hinauf, denn in Burgfelden scheint die Welt noch in Ordnung zu sein. Und zudem liegt der Flecken in einer Landschaft, die schlichtweg begeistert. Vor allem sportliche Wanderer können sich der Faszination des *Felsenmeersteigs* mit seinen 17 Kilometern, mehr als 700 Höhenmetern und zahlreichen Höhepunkten kaum entziehen.

So erreichen Sie von Burgfelden mit nur wenigen Schritten die Traufkante am Böllat, von dem aus sich ein grandioses Panorama bis hinüber zum Schwarzwald bietet. Von der entrückt gelegenen Schalksburg steht noch der Bergfried, den Sie besteigen können. Das Felsenmeer besteht aus hohen steinernen Wänden und im Wald verstreuten Felsblöcken – es sieht aus, als hätten Riesen Steinmikado gespielt. Und ganz oben auf dem Heersberg wandeln Sie erhabenen Sinnes durch stille Wacholderheiden. Eine Grillstelle samt Spielplatz befindet sich in der Nähe.

Wer jetzt Lust auf diese Wanderung bekommen hat, sich die gesamte Route allerdings nicht zutraut: Sie können sie etwas abkürzen, indem Sie nahe dem Felsenmeer oder über den Muliweg direkt zum Heersberg aufsteigen. Alle genannten Höhepunkte besuchen Sie dann dennoch – mit elf bis 13 Kilometern und 450 Höhenmetern bleibt die Tour dennoch anstrengend.

Im *Bergcafé* finden immer wieder Ausstellungen und Kleinkunstabende statt.

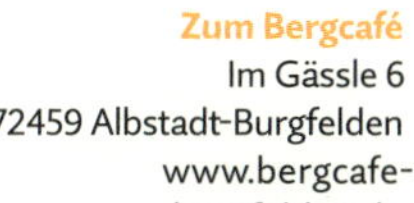

Zum Bergcafé
Im Gässle 6
72459 Albstadt-Burgfelden
www.bergcafe-burgfelden.de 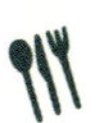

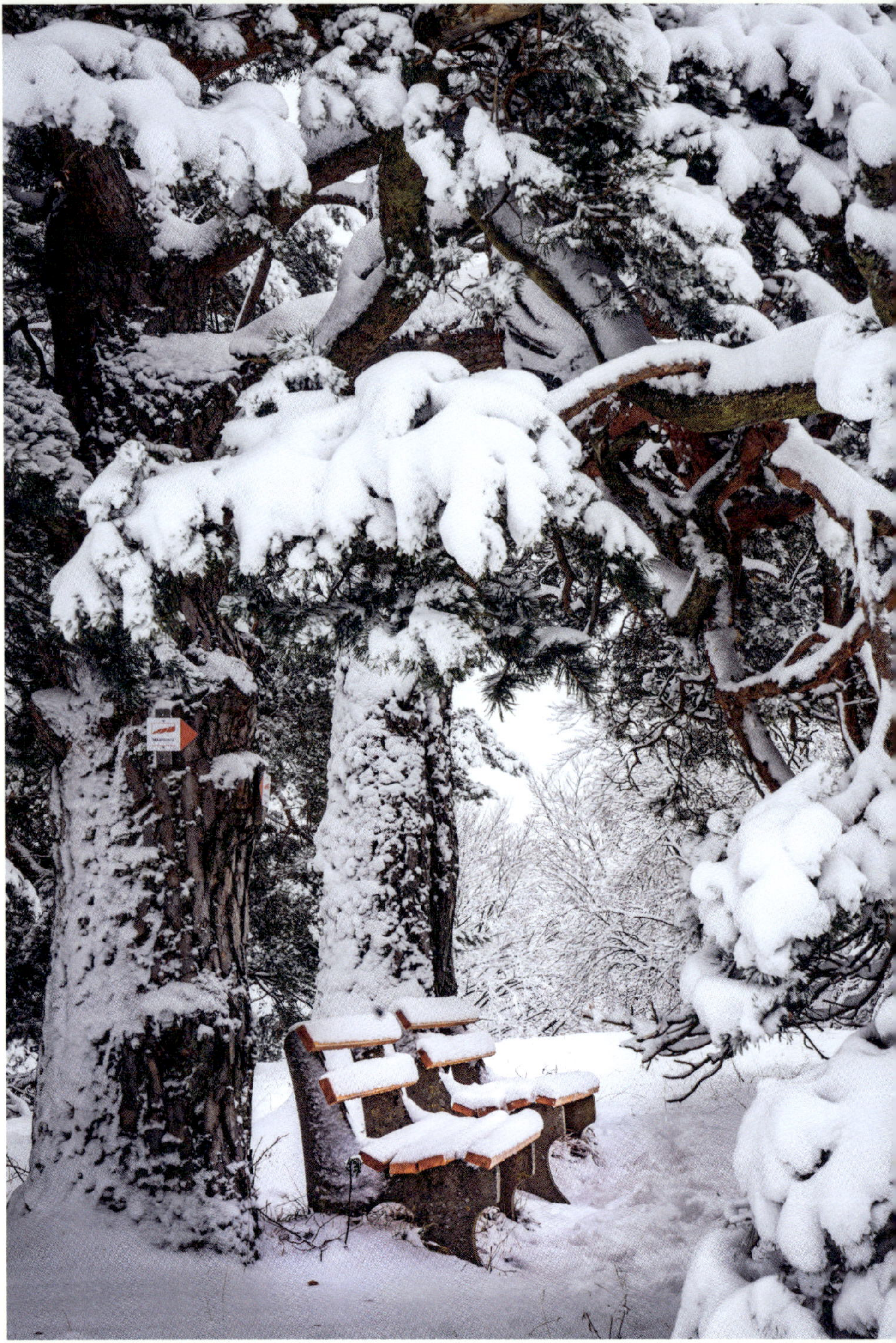

Auf der Kuppe des Heersbergs findet man Frieden, sommers wie winters

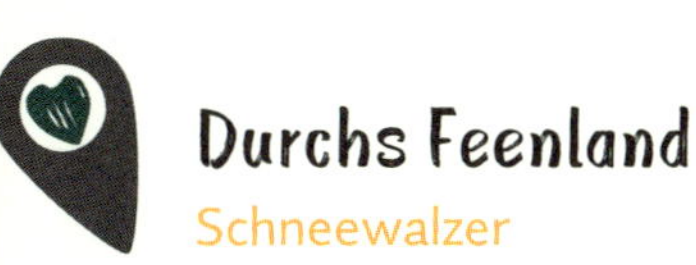

Durchs Feenland

Schneewalzer

74

Traufgänge
Stadt Albstadt 

5,2 km; 2:0 h 

97 Hm 

leicht 

79

Wanderparkplatz am Heersberg
Albstadt-Burgfelden
48.238089, 8.931439 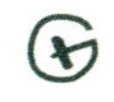

Bahn bis Ebingen, Buslinie 45 bis Burgfelden (teils Anrufsammeltaxi), 500 m Fußweg 

Kinder, Sonne, Botanik 

Wie wäre es mal mit Langlaufen? Albstadt bietet zehn verschiedene Loipen, eine davon startet ebenfalls am Heersberg-Parkplatz. 

out.ac/IBMVB 

Der Heersberg ist im Winter einfach zauberhaft: Die verschneiten alten Kiefern und die mit Schnee beladenen Wacholderbüsche nehmen dann oft die Gestalt von Fabelwesen an und erinnern an Gnome, Zwerge und sanfte Riesen. Es ist herrlich, zunächst am Albtrauf entlangzuspazieren, mit Blick hinab ins Eyachtal, und im Anschluss hinaufzugehen zur Gipfelkuppe, wo dem Wanderer Eisköniginnen, Waldkobolde und Winterfeen Spalier stehen.

Einmal, das war allerdings im Sommer, saß auf einer der Bänke auf dem Heersberg eine alte Frau, und sie sah so selig aus, dass ich sie unwillkürlich ansprach und von dem wundervollen Ort schwärmte. Ihre Antwort überraschte mich, denn sie meinte: »Wissen Sie was, hier würde ich gerne einmal begraben sein.« Verstehen kann ich das, denn der Heersberg ist in der Tat ein traumhafter Platz, um auf das Jüngste Gericht und die Auferstehung zu warten.

Aber das hat ja noch etwas Zeit, zunächst genießen wir den *Schneewalzer.* Er führt ohne große Höhenunterschiede über die Hochfläche bei Burgfelden. Auch Kinder haben ihre Freude daran, hier durch den Winter zu tanzen. Bitte prüfen Sie jedoch im Schneebericht auf der Homepage der *Traufgänge*, ob der Weg präpariert ist. Er verläuft teils quer über die Wiesen; ohne die Vorarbeit der Pistenraupe kann die Tour nur mit viel Mühe oder gar nicht unternommen werden.

Mitten im kleinen Ort Burgfelden befindet sich das Landhaus Post, das vor allem schwäbische Küche serviert.

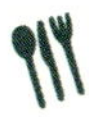

Landhaus Post
Im Gäßle 5
72459 Albstadt-Burgfelden
www.landhaus-post.de

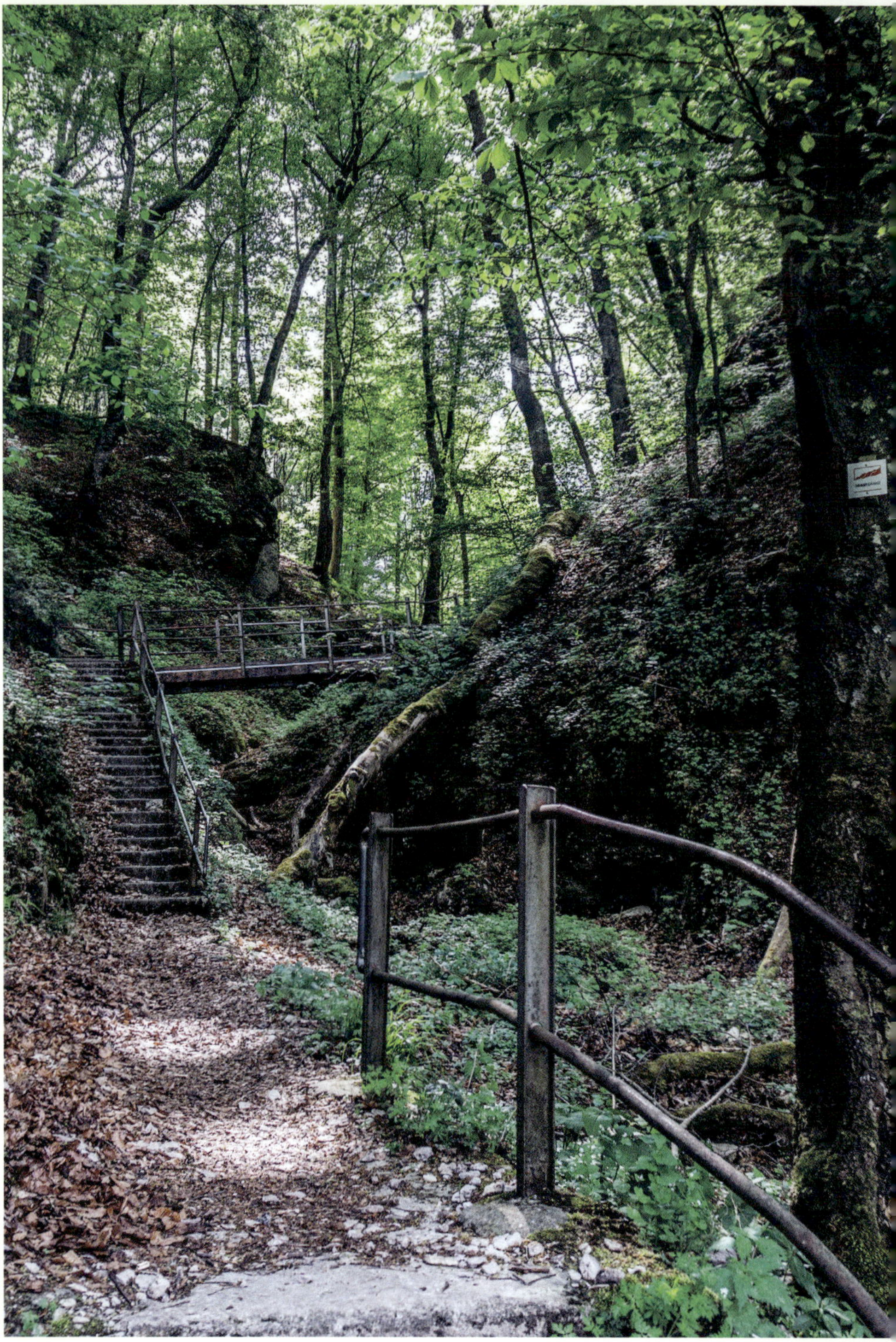

Kein richtiger Klettersteig, dennoch spannend zu gehen: die *Hossinger Leiter*

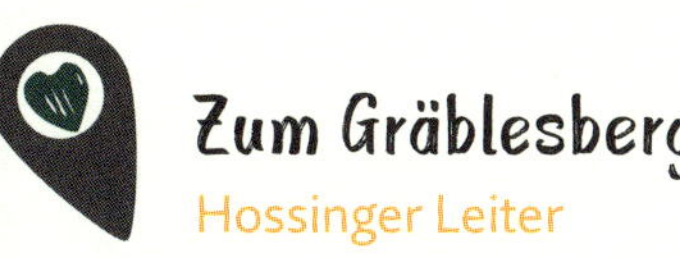

Zum Gräblesberg

Hossinger Leiter

75

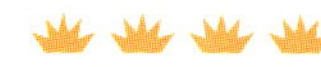

Die *Hossinger Leiter* dürfte einer der beliebtesten Premium- und Qualitätswege der Alb sein – an sommerlichen Tagen ist bereits morgens der große Parkplatz voll, unterwegs herrscht Getümmel wie an einem Volkswandertag, und in der *Traufganghütte* ist jeder Stuhl hart umkämpft. So etwas nennt man wohl den »Fluch der guten Tat«.

Aber eine bezaubernde Route bleibt die *Hossinger Leiter* trotzdem. Nach einem sanften Präludium durch Wald und Wiesen gelangen Sie zur eigentlichen »Leiter«, bei der eine Steilstufe am Albtrauf überwunden wird. Keine Sorge, das Klettergeschirr dürfen Sie zu Hause lassen – Sie steigen nicht über Sprossen hinauf, sondern auf Stufen. Danach gehen Sie am Abbruch entlang steil aufwärts; diese Passage mit ihren weiten Ausblicken gehört zu den schönsten der Alb. Beeindruckend ist zuletzt der Gräblesberg, ein wuchtiges, zu drei Seiten senkrecht abfallendes Bergplateau. Dort oben haben schon die Kelten gesiedelt, heute gehört es wieder der Natur.

Die *Hossinger Leiter* ist auch wegen der alpin anmutenden *Traufganghütte* attraktiv, die sich gleich am Start befindet. Bei hohem Andrang könnte der *Adler* in Hossingen eine Alternative sein, wozu ein kleiner Umweg notwendig wäre. Und wem der Trubel insgesamt zu groß ist: Der Premiumweg *Hossinger Hochalb* ist viel weniger begangen. Der Abschnitt von der *Hossinger Leiter* bis zum Gräblesberg ist bei beiden Touren identisch.

Traufgänge
Stadt Albstadt 

8,7 km; 3:30 h 

458 Hm 

mittel 

74

Parkplatz
Traufganghütte
Raiten 1
Albstadt-Laufen
48.213300, 8.933070 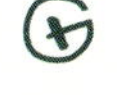

Bahn bis Albstadt-Laufen, 1,5 km Fußweg 

Aussicht 

Im nahen Lautlingen beherbergt das Stauffenberg-Schloss eine Gedenkstätte für den NS-Widerstandskämpfer Claus Schenk Graf von Stauffenberg 

out.ac/PLVT 

Die *Traufganghütte* mit Biergarten und Grillhütte hat sich zu einem sehr beliebten Gasthof weit über Albstadt hinaus entwickelt.

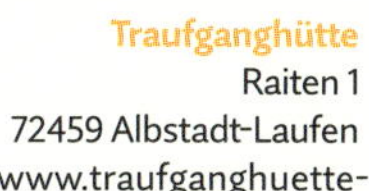

Traufganghütte
Raiten 1
72459 Albstadt-Laufen
www.traufganghuette-brunnental.de 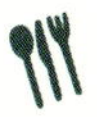

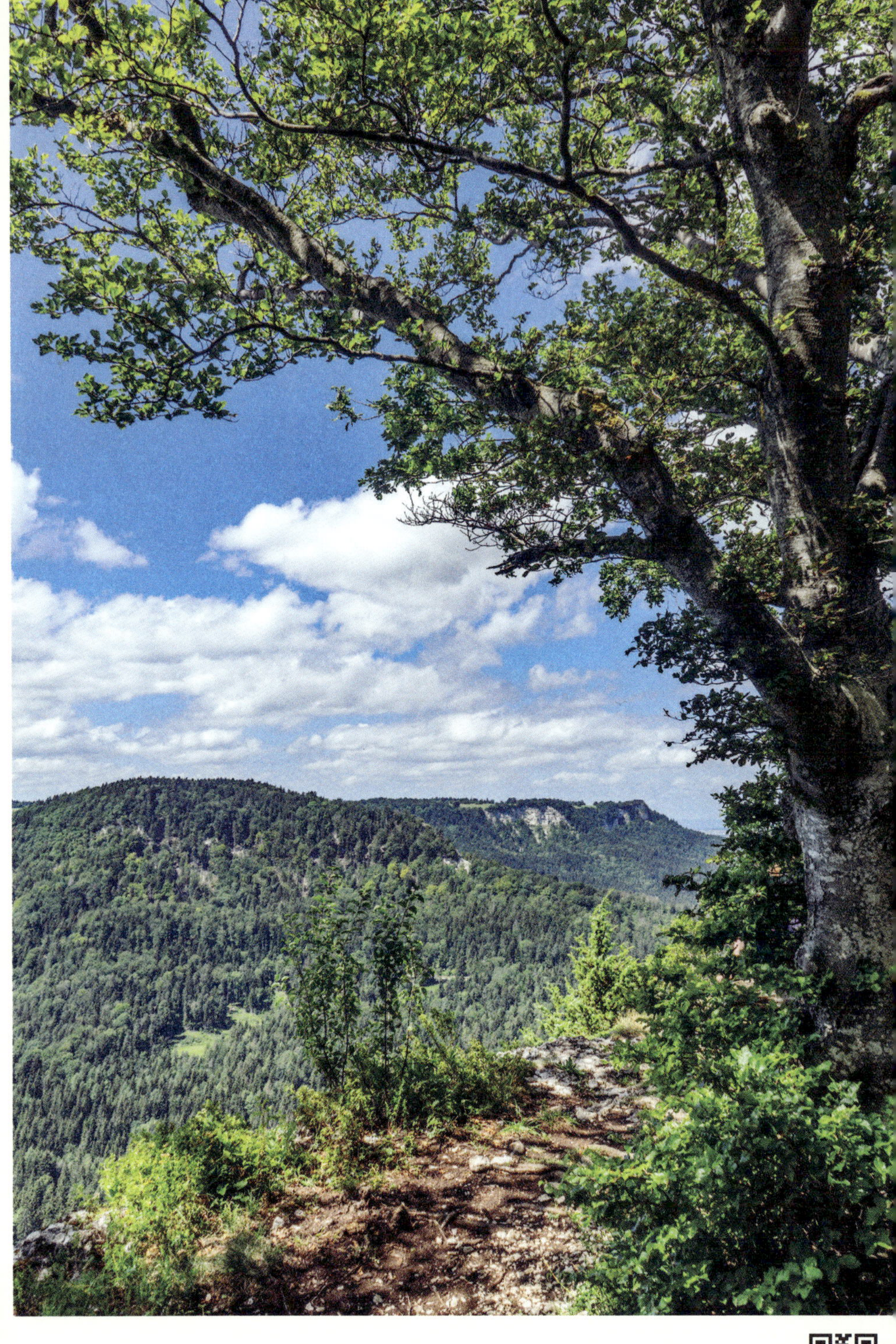

Am Gräblesberg öffnet sich ein fantastischer Rundumblick

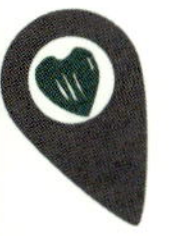

Um den Baienberg

Hossinger Hochalb

Der beschauliche Ort Hossingen liegt abseits der üblichen Routen der Touristen, die sich entweder rund um Albstadt tummeln oder gleich ins nahe Donautal weiterziehen. So kommt es, dass der Wanderweg *Hossinger Hochalb* so still und einsam ist wie nur wenige Touren auf der Schwäbischen Alb.

Rund um den Baienberg, auf dessen Kalkgipfel ein verwunschenes Bänkchen steht, trifft man kaum auf andere Menschen. Und da entlang der Strecke nur wenige Höhepunkte den Blick nach außen lenken, gerät man in der Einsamkeit leicht in einen wohltuend meditativen Zustand.

Allerdings stimmt diese Aussage nur teilweise, denn der Abschnitt von der *Hossinger Leiter* bis zum Gräblesberg verläuft parallel zum beliebten Albstädter Premiumweg *Hossinger Leiter,* und dort kann an schönen Tagen ein ordentlicher Rummel herrschen. Für die Baienberg-Bummler könnte das einerseits ein kleiner Kulturschock werden. Andererseits ist diese Passage direkt am Trauf, die über das Känzele, den Kübelhansfelsen und den Heimberg hinaufführt, tatsächlich außergewöhnlich schön.

Grillstellen finden sich an der *Hossinger Leiter* und am Parkplatz Heimberg.

Einheimische loben das bodenständige schwäbische Essen im *Adler* in Hossingen.

76

Hochalbpfade
Stadt Meßstetten 

15 km; 5:30 h 

435 Hm 

schwer 

65

Wanderparkplatz Heimberg bei Meßstetten-Hossingen 48.201664, 8.917511 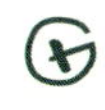

Bahn bis Albstadt-Ebingen, Buslinie 362 bis Hossingen, Haltestelle Rathaus 

Aussicht, Sonne 

Im nahen Wildgehege Meßstetten leben Hirsche, Mufflons und Wildschweine. Es gibt einen Kiosk, einen Spielplatz und eine Grillstelle. 

out.ac/ZfdYZ 

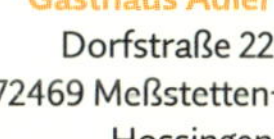

Gasthaus Adler
Dorfstraße 22
72469 Meßstetten-Hossingen 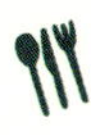

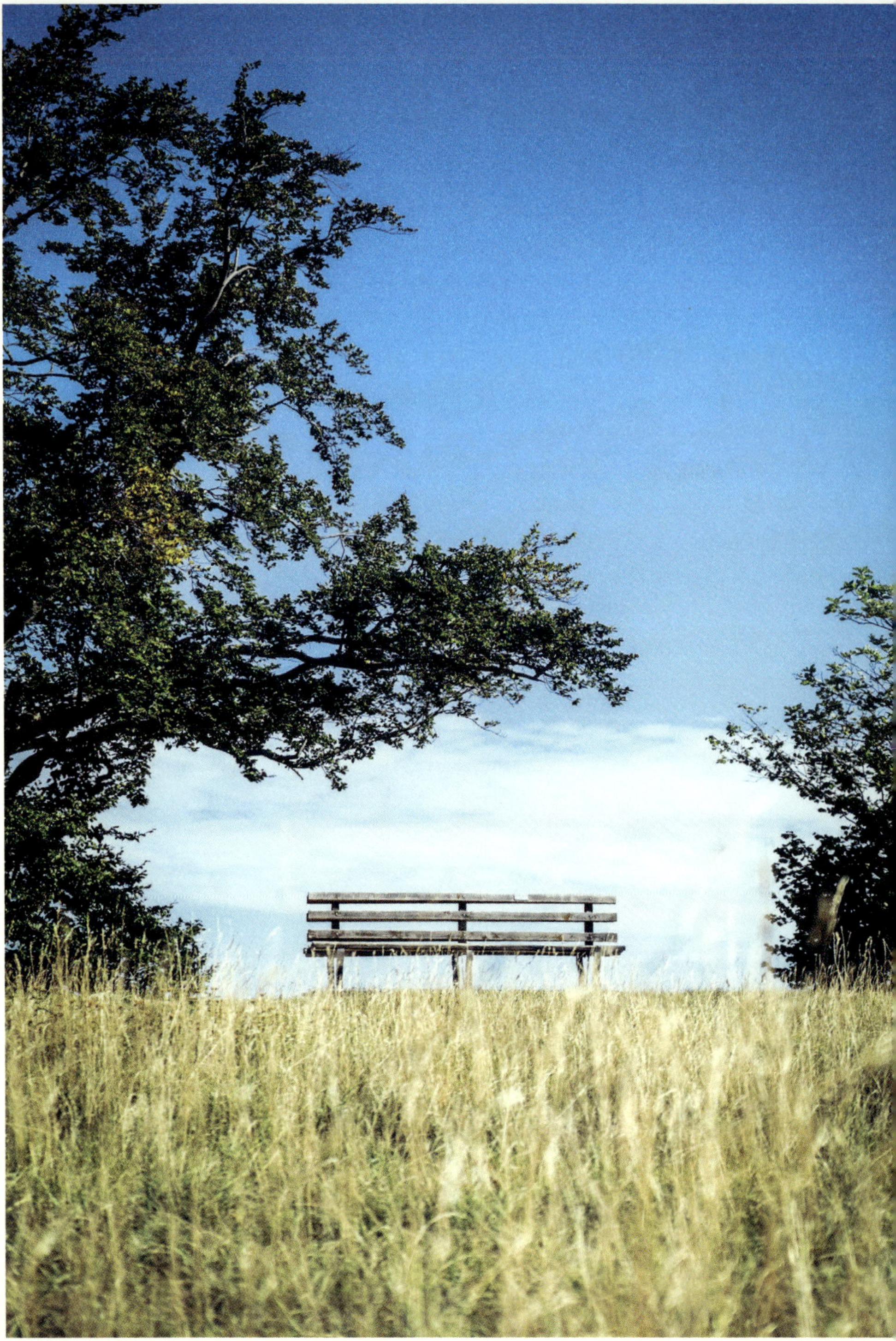

Im Naturschutzgebiet Hülenbuch lässt es sich gut ausruhen

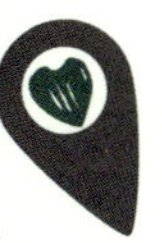

Durch wogende Wiesen

Tieringer Hörnle

Wenn im Sommer das hohe Gras sanft im Wind schaukelt, fühlt man sich oben am Hörnle fast wie im Himmel. Verzückt wandert man durch das abwechslungsreiche Naturschutzgebiet Hülenbuch, schaut über das Eyachtal hinweg weit hinaus ins Land und lässt sich gerne auf einem der Bänkchen nieder, um in den Tag hineinzuträumen. Mit 956 Höhenmetern schrammt das Hörnle knapp an der Tausendermarke vorbei – ganz weit oben auf meiner Favoritenliste ist dieser Ort dennoch.

Die nach diesem Platz benannte Tour *Tieringer Hörnle* zeichnet sich auch durch weitere Höhepunkte aus. Während man vom Hörnle aus am Albtrauf entlanggeht, liegt einem der Bannwald Untereck zu Füßen, der im Jahr 1924 entstanden ist und damit zu den ältesten Schutzgebieten im Südwesten zählt. Und die Schlichemquelle ist an heißen Tagen ein wahres Labsal; in deren Trog kühlen Arme und Beine schnell herunter.

Trotz ihrer Länge ist diese Wanderung mit Kindern zu empfehlen, da sie abwechslungsreich ist und nicht allzu viele Höhenmeter aufweist. Zudem locken am Startplatz ein Barfußpfad und an der Berghütte ein Minigolfplatz – und Eis und Pommes sowieso.

Wer eher sportlich motiviert ist und sechs zusätzliche Kilometer nicht scheut, dem sei ans Herz gelegt, die Route hinüber zu Lochen, Wenzelstein und Schafberg auszudehnen. Diese große Runde gehört zum Besten, was die Schwäbische Alb zu bieten hat.

77

Hochalbpfade
Stadt Meßstetten 

10,6 km; 3:30 h 

200 Hm 

mittel 

77

Parkplatz Schlichemhalle
Meßstetten-Tieringen
48.202952, 8.876894 

Bahn bis Balingen, Buslinie 317 bis Tieringen, Haltestelle Tieringen-Lochen, 500 m Fußweg 

Kinder, Aussicht, Sonne, Botanik 

Am nahen Stausee in Schömberg kann man nicht nur baden, sondern auch Tretbootfahren 

out.ac/ZqpgH 

Der Gasthof Berghütte liegt auf der Hochebene über Tieringen und wartet mit einer schönen Terrasse auf.

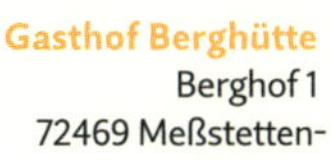

Gasthof Berghütte
Berghof 1
72469 Meßstetten-Tieringen 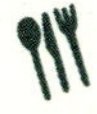

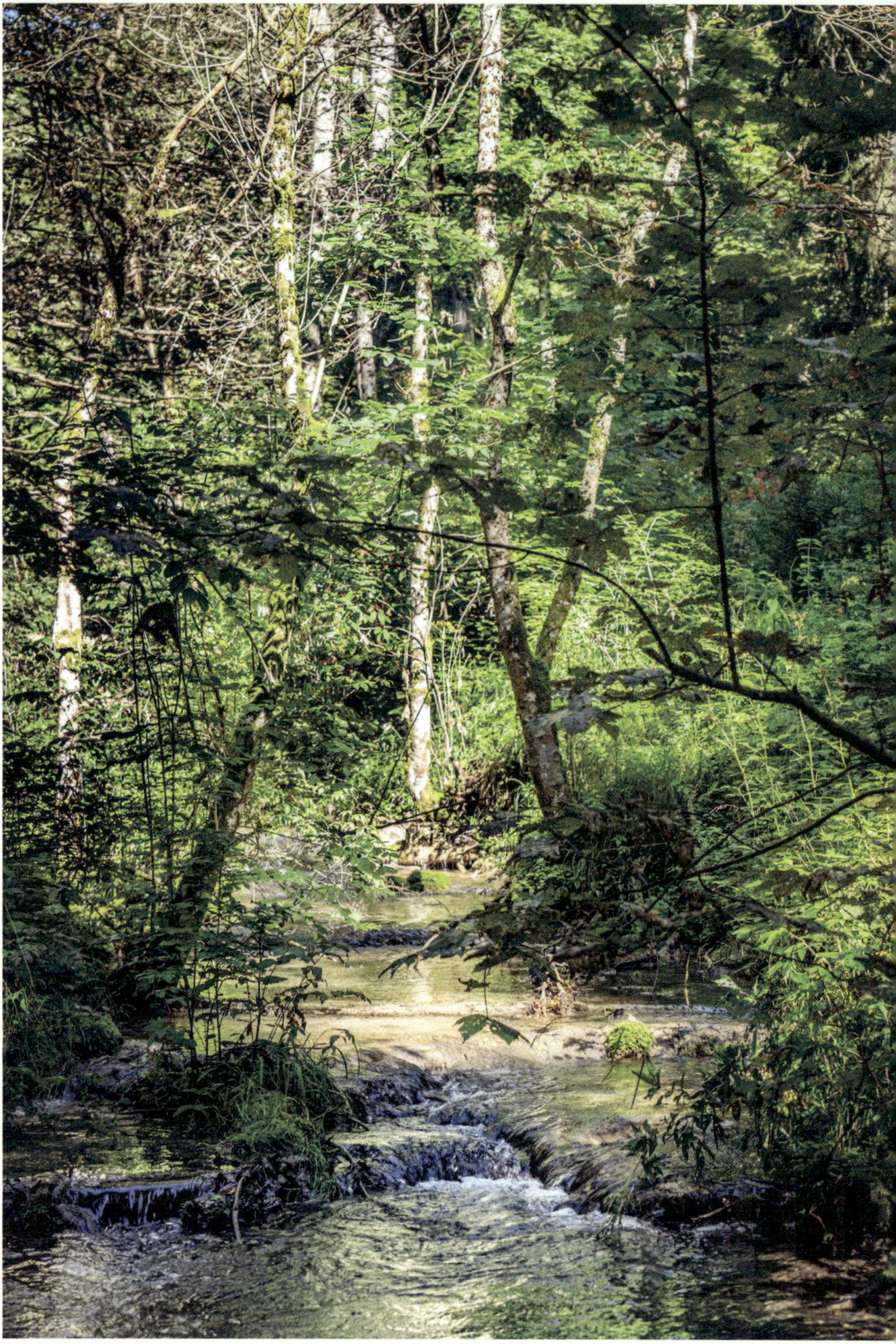

Der Kohlstattbrunnenbach springt munter über kleine Felsstufen

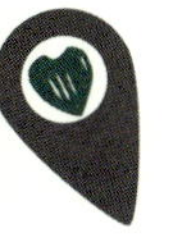

Badesee und Geyerbad

Felsquellweg

78

Der Felsquellweg ist keine schlechte Wanderstrecke – aber ihm fehlen trotz schöner Passagen durch Wald und über Wacholderheiden die prägnanten Höhepunkte. Dennoch bietet die Route einen unschätzbaren Vorteil: einen Badesee, der auf der Schwäbischen Alb eine absolute Rarität darstellt. Am Stausee Oberdigisheim jedenfalls, wo die Tour startet und endet, ist Baden offiziell erlaubt, und da die Wanderung mit einer Umrundung des Sees beginnt, kann man sich für später gleich den schönsten Platz auf einer der Liegewiesen aussuchen. Dort befinden sich zudem ein Spielplatz, eine Kneippanlage, Grillstellen und Stellplätze für Wohnmobile.

Seinen Namen verdankt dieser Premiumweg jedoch einem anderen Gewässer. In einer schattigen Schlucht tritt eine natürlich belassene, allerdings unscheinbare Karstquelle aus dem Hang und bildet einen Bach mit dem etwas sperrigen Namen Kohlstattbrunnenbach. Lange geht man durch dieses Tal aufwärts zur Quelle, wandert im Anschluss hinauf zum idyllischen Weiler Geyerbad und von dort auf der Höhe zurück. Dabei passiert man mehrmals Aussichtspunkte, doch der Blick auf Obernheim oder auf mehrere Stadtteile Meßstettens kann nicht vollends überzeugen. Doch wer es ruhig mag, ist hier richtig – und der Badesee entschädigt für vieles.

Das *Glöckle* in Geyerbad bietet Vesper sowie Kaffee und Kuchen – und überrascht mit viel Herzlichkeit.

Hochalbpfade
Stadt Meßstetten

9,7 km; 3:00 h

300 Hm 

mittel 

62 

Stauseeparkplatz bei Meßstetten-Oberdigisheim
48.170609, 8.875358 

Bahn bis Balingen, Buslinie 317 bis Oberdigisheim, Haltestelle Rathaus, Buslinie 362 bis Oberdigisheim, Haltestelle Abzweigung Geyerbad (Stausee) 

Kinder, Wasser 

Im nahen Egesheim liegt im Wald ein sehr eindrucksvolles Felsportal namens Heidentor, das früher eine keltische Kultstätte war 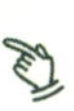

out.ac/ZwcrE 

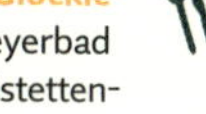

Vesperstube Glöckle
Geyerbad
72469 Meßstetten-Geyerbad

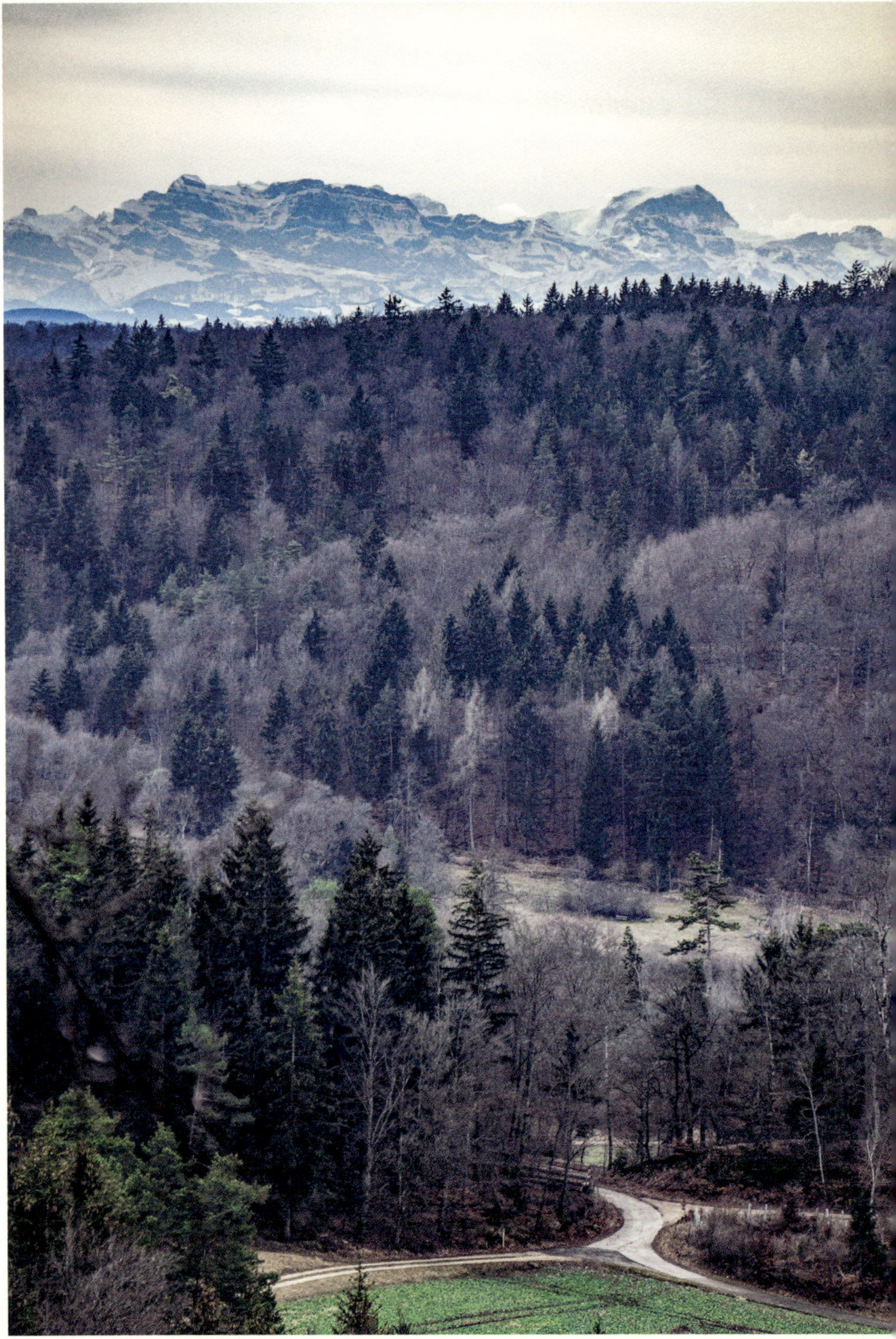

Am Irrleberg reicht der Blick oft bis zum Säntis in den Schweizer Alpen

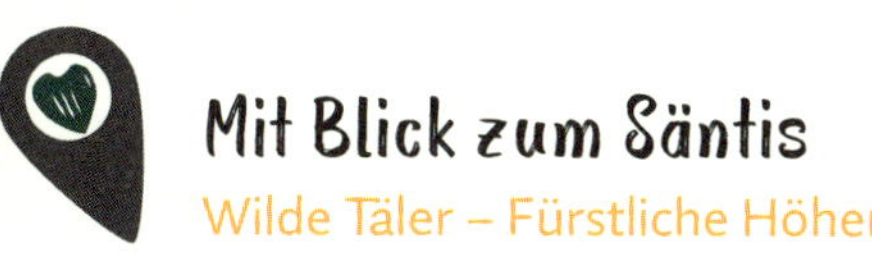

Mit Blick zum Säntis

Wilde Täler – Fürstliche Höhen

79

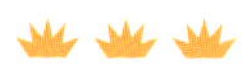

Die ganz großen »Ohs« und »Ahs« bleiben aus beim Premiumweg *Wilde Täler – Fürstliche Höhen*, und doch besitzt die Tour unstrittig ihre Reize. Ein Vorzug ist allein schon, dass diese Strecke wenig frequentiert ist und Wandernde meistens allein die Natur mit ihren dunklen Wäldern und hohen Felsen genießen können.

Herrlich zeigt sich die Partie entlang der Schmeie. Das Tal ist trotz Bahnstrecke und Straße natürlich geblieben, gemütlich windet sich der beschauliche Fluss der Donau entgegen. Besonders der Grillplatz *Unterm Weckenstein* lädt zur Pause ein; dort können die Füße zur Abkühlung ins Wasser gehalten werden. Mir ist diese Passage besonders in Erinnerung, weil ich die Tour nach einem Hochwasser unternommen habe, und unter dem Zupferfelsen hatte der Fluss unzählige Schneckenhäuser angespült, große und kleine, weiße und gelbe, gestreifte und marmorierte. Wie ein Kind fühlte ich mich, sammelte die schönsten und kehrte mit vollen Taschen zurück nach Hause.

Einsam und heroisch ist das Uschental mit seinen Felsenwänden zu beiden Seiten. Und wenn das Wetter den Wandernden wohlgesinnt ist, dann erleben sie an der Fürstenhöhe am Start sowie unterhalb des Irrlebergs beeindruckende Ausblicke auf die Alpen – vor allem der wuchtige Gebirgsstock des Säntis in den Schweizer Bergen bleibt im Gedächtnis. »Fürstliche Aussichten« sind das in der Tat.

Donaufelsenläufe
Stadt Sigmaringen 

12,7 km; 4:30 h 

488 Hm 

mittel 

63

Parkplatz Fürstenhöhe
Fürstenhöhe 4
Sigmaringen
48.122878, 9.159999 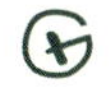

Bahn bis Storzingen,
700 m steiler Fußweg 

Aussicht, Wasser 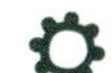

Im Zündapp-Museum in Sigmaringen sind rund 100 Exemplare der Kultmarke zu sehen 

out.ac/ZKZyK 

Der *Adler* in Oberschmeien darf als »ehrliche« Landgaststätte bezeichnet werden. Auf der Speisekarte stehen Schnitzel, Steaks und Schweinerücken.

Landgasthof Adler
Kirchbergstraße 1
72488 Sigmaringen-Oberschmeien
www.landgasthof-adler.net 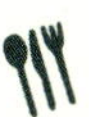

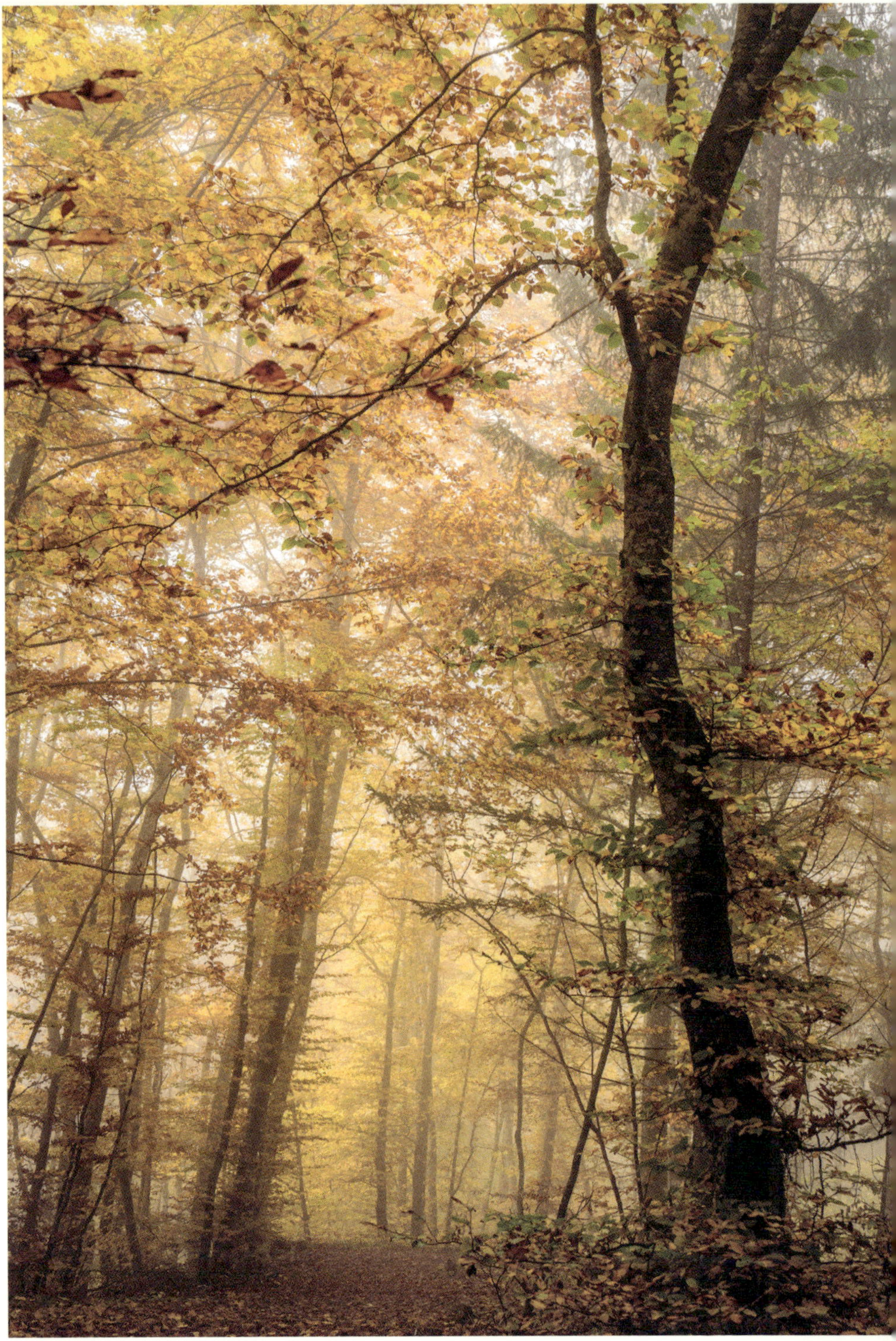

Die kleine Waldrunde ist fast bei jeder Wetterstimmung möglich

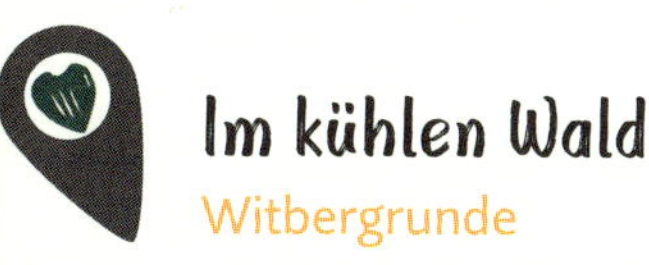

Im kühlen Wald

Witbergrunde

80

Dieser Spaziergang ist vor allem an heißen Tagen zu empfehlen, da die Route fast ausschließlich im Wald verläuft. Größere Sensationen sollten Sie aber nicht erwarten. Die Aussicht vom Nägelefelsen hinab ins Tal der Lauchert, die sich in engen Windungen schon der nahen Donau entgegenträumt, ist malerisch. Unten am Fluss säumen einige imposante Felsen den Weg. Und zur einstigen Burg Hertenstein führt ein pittoreskes Brückchen hinüber. Zu sehen ist von der Ruine jedoch nichts mehr. Ansonsten geht man überwiegend auf Schotterboden durch den Wald am Witberg. Aufpassen sollten Sie beim Abstieg vom Nägelefelsen ins Lauchertal, denn nach Regen kann der Pfad sehr schmierig sein.

Deutlich mehr Pfiff bekäme diese Tour, wenn Sie das Bittelschießer Tal und die Burg Hornstein einbezögen. Das käme zwar einer Verdoppelung der Kilometerzahl, aber auch mindestens einer Verdreifachung der Glücksmomente gleich. Zum Bittelschießer Tal gelangen Sie auf dem *Südrandweg HW 2*. Trotz der geringen Länge ist dieses kurze Durchbruchstal der Lauchert grandios und gleicht einer Urwaldlandschaft, einem Canyon en miniature. Eine Höhle und eine Bergkapelle sind darüber hinaus zu besichtigen. Die Ruine Hornstein liegt hoch über dem Fluss. Von der weitläufigen Anlage stehen noch große Teile.

Donaufelsenläufe
Stadt Sigmaringen 

6,4 km; 2:30 h 

230 Hm 

leicht 

54

Parkplatz *Sieben Kirschbäume*, nahe dem Krankenhaus Sigmaringen
48.102211, 9.224282 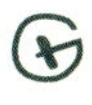

Bahn bis Sigmaringen, Buslinie 600 bis Haltestelle DJH/Krankenhaus, 1 km Fußweg 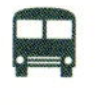

Schatten 

Falls Sie das monumentale Hohenzollernschloss in Sigmaringen noch nicht kennen, dann wäre jetzt die ideale Gelegenheit für einen Besuch 

out.ac/ZKZme 

Das *Bootshaus* mit großem Außenbereich und Blick auf das Schloss befindet sich direkt an der Donau.

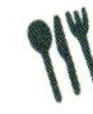

Café-Restaurant Bootshaus
In den Burgwiesen 9
72488 Sigmaringen
www.bootshaus-sig.de

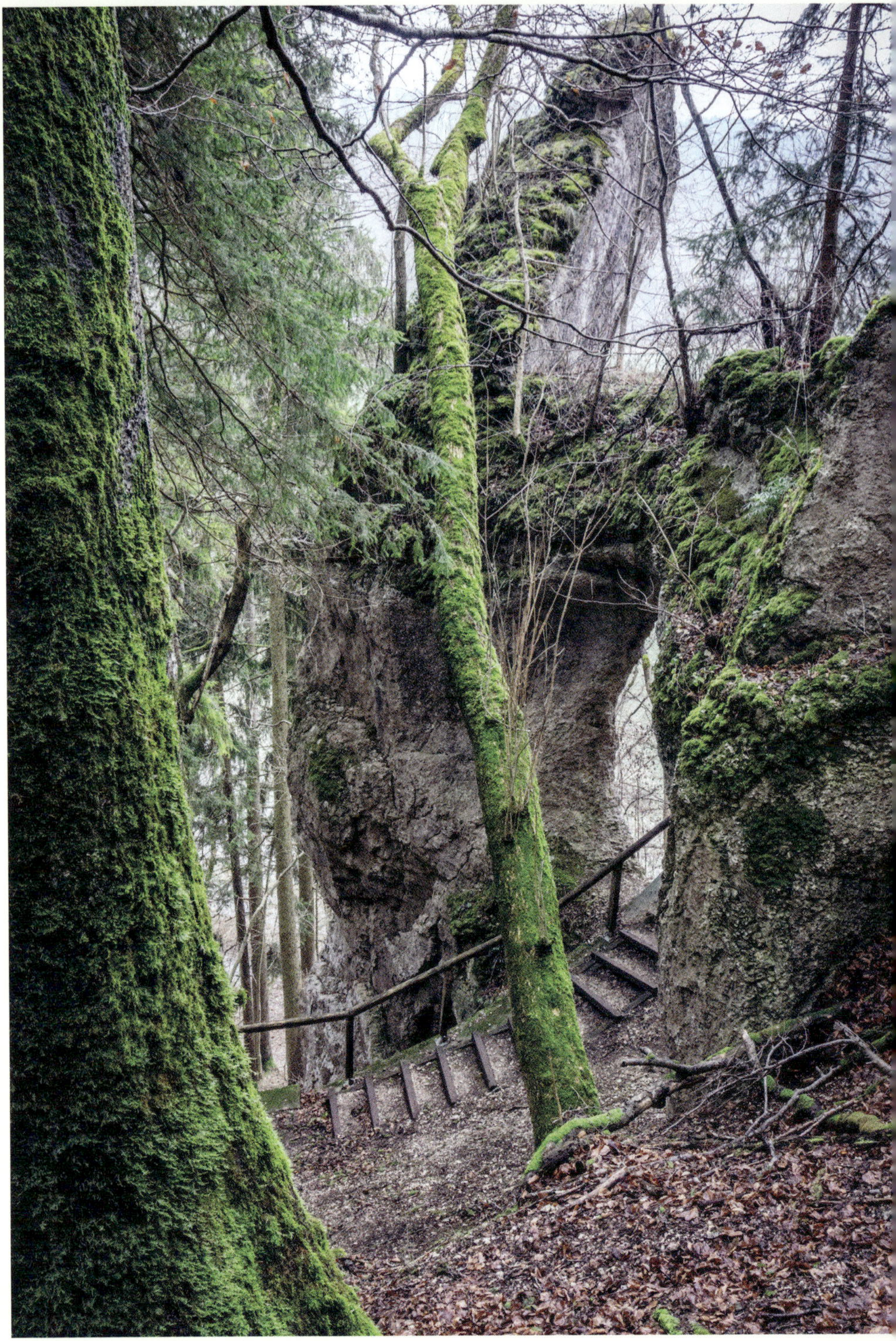

Wildromantisch sind im fürstlichen Park nicht nur die Wege durch die Felsenhänge

Fürstliche Träume

Kloster-Felsenweg

81

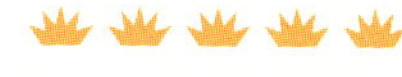

Die Reste einer Burg, die kühner nicht hätte gebaut werden können, und ein Park, der aus fürstlichen Träumen geboren und wahr geworden ist, machen diese Wanderung zu einer der schönsten auf der Schwäbischen Alb. Ein Rat aber vorab: Gehen Sie den *Kloster-Felsenweg* nicht, wie angegeben, im Uhrzeigersinn, sondern in die andere Richtung, dann streifen Sie zunächst lange durch die Wälder am Himmelsberg, stimmen sich auf diese Landschaft ein und gelangen so am Ende zu den Höhepunkten. Wie bei einer Sinfonie mit dramatischem Finale.

Die Ruine *Gebrochen Gutenstein* ist hoch über der Donau auf einem frei stehenden Felsen errichtet worden, und schon der Gedanke daran, wie die Ritter einst über den Abgrund balancieren mussten, löst Schwindelanfälle aus. Vom Tal aus gelangen Sie später in den unvergleichlichen Inzigkofer Park, den Amalie Zephyrine von Salm-Kyrburg, die Gattin des Erbprinzen Anton Aloys von Hohenzollern-Sigmaringen, zu Beginn des 19. Jahrhunderts anlegen ließ. Der Park ist ein Kind der Romantik, wie Sie an den Felsengrotten, einer Eremitage und der Teufelsbrücke, die über ein kleines Seitental hinwegführt, unschwer erkennen können. Unten an der Donau, neben dem Felsen, auf dem in großen Lettern Amalies Name steht, könnten Sie an heißen Tagen sogar ein Bad wagen. Und streunen Sie ein wenig durch das Kloster, von dessen 500-jähriger Geschichte noch viele Gebäude Zeugnis geben.

Donaufelsenläufe
Stadt Sigmaringen 

12,6 km; 4:20 h 

555 Hm 

mittel 

72

Parkplatz an der Donau, Ortsmitte Sigmaringen-Laiz
48.076578, 9.194353 

Bahn bis Sigmaringen, Buslinie 600 bis Laiz, Haltestelle Landesbank 

Aussicht, Kultur/Sehenswürdigkeiten, Wasser 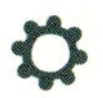

Verpassen Sie die Hängebrücke über die Donau nicht! Sie befindet sich wenige Meter abseits des Wanderwegs im Inzigkofer Park. 

out.ac/ZK37G 

Das Gebäude des *Parkstübles*, das direkt am Kloster Inzigkofen liegt, ist mini. Maximal schön ist der Biergarten im Grünen.

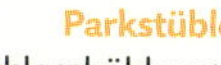
Parkstüble
Schlossbühlweg 1
72514 Sigmaringen-Inzigkofen
www.parkstueble-inzigkofen.de 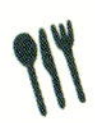

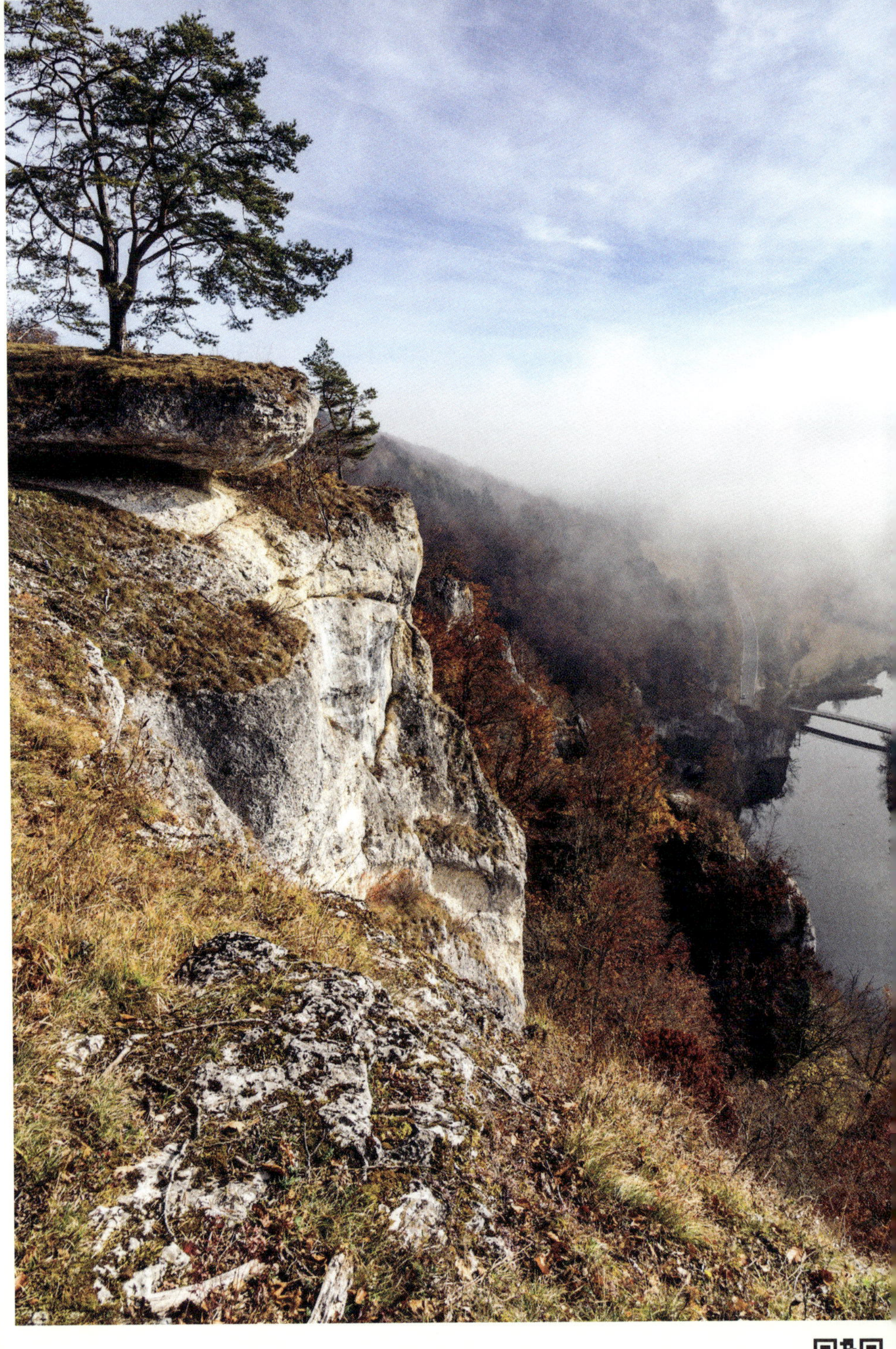

Der Teufelslochfelsen schenkt eine himmlisch schöne Aussicht

Mächtiger Rabenfelsen

Donaufelsengarten

82

Donaufelsenläufe
Stadt Sigmaringen 

8,5 km; 3:30 h 

508 Hm 

mittel 

77

Wanderparkplatz Hofstättle
Bei der Brücke
Sigmaringen-Gutenstein
48.080171, 9.121342 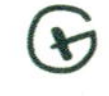

Bahn bis Sigmaringen, Buslinie 450 bis Gutenstein, Haltestelle Abzweigung Sigmaringen 

Aussicht, Geologie 

Direkt neben dem Parkplatz können Kanus für eine Bootsfahrt auf der Donau ausgeliehen werden 

out.ac/ZK7wp 

»Über den Wolken«, könnte man bei dieser Wanderung mit Reinhard Mey singen: Denn im Herbst liegt das Donautal oft im Nebel verborgen, während man oben auf den Aussichtsfelsen über die Gipfel hinweg in die Ferne schauen kann. Meist löst sich der Nebel gegen Mittag auf; wenn die letzten Wolkenschwaden durch die Baumwipfel gleiten und man selbst auf den Pfaden in einem Meer goldener Ahornblätter badet, ist diese Tour besonders malerisch.

Aber der *Donaufelsengarten* lohnt sich zu jeder Jahreszeit, denn das Obere Donautal zwischen Sigmaringen und Tuttlingen ist für mich mit seinen grünen Auen und weiß schimmernden Felszinnen die romantischste Ecke Baden-Württembergs. Der Teufelslochfelsen, der größtenteils unterhöhlt ist und auf dem eine alte Bergkiefer thront, bietet eine idyllische Kulisse. Aus all den Zinnen und Zacken des Donautals sticht jedoch der Rabenfelsen besonders hervor. Dieses Minibergmassiv, 60 Meter hoch und 100 Meter lang, ist nur an einer Stelle mit dem Hang verbunden. Genau dort kann man – Schwindelfreiheit vorausgesetzt – über die Steinbrüstung in die Tiefe schauen.

Die Tour zeichnet sich zudem durch lange Passagen auf schmalen Hangpfaden aus, verfügt aber im nördlichen Teil über einige schwächere Abschnitte. Übrigens: Die vielen Höhenmeter brauchen nicht abzuschrecken; sie verteilen sich auf mehrere kürzere Anstiege.

Der Donaufelsengarten lässt sich mit der *Bettelküchenfährte* zu einer 21 Kilometer langen Tour verbinden.

Das Restaurant Donauperle liegt in der Ortsmitte von Gutenstein und besitzt eine schöne Gartenterrasse.

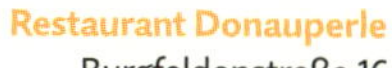

Restaurant Donauperle
Burgfeldenstraße 16
72488 Sigmaringen-Gutenstein
www.donauperle.com 

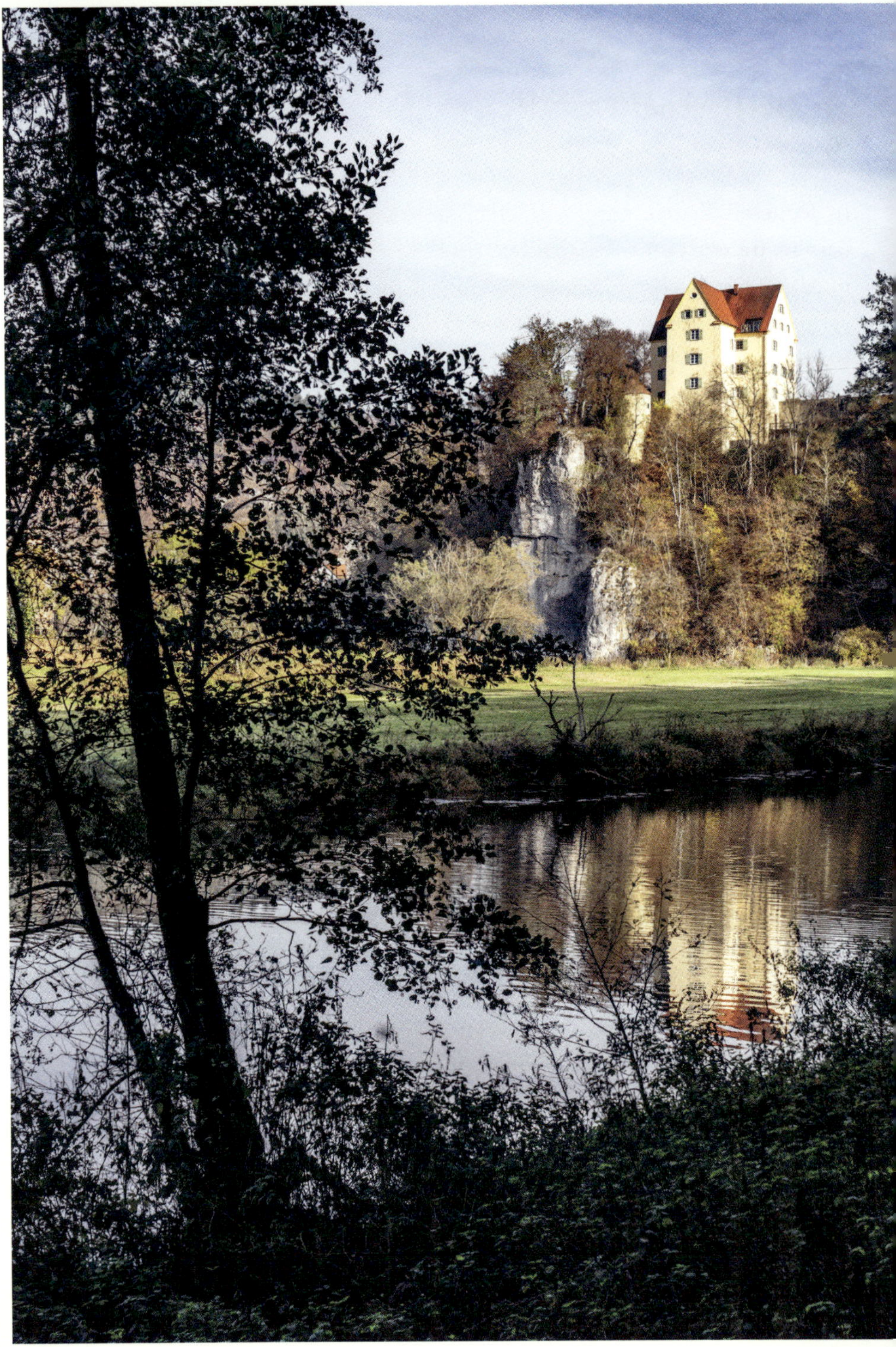

Das Schloss Gutenstein thront über der Donau auf einem Felssporn

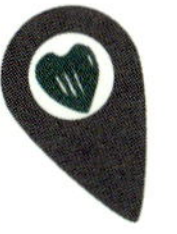

Durch schattige Täler

Bettelküchenfährte

83

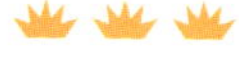

In früheren Zeiten waren manche Menschen so arm, dass sie unter Felsüberhängen oder in Höhlen wohnen mussten. Die *Kätheren Küche* bei Ehingen-Briel ist das vermutlich bekannteste Beispiel für solch ein Felsloch auf der Alb. Um 1800 hat in jener kleinen Halbhöhle nachweislich viele Jahre lang das Kräuterweib Käthe Schunter gelebt. Auch die *Bettelküche* bei Thiergarten, die diesem Premiumweg seinen Namen gegeben hat, ist ein solcher Überhang an der Donau, unter dem umherziehende Händler oder bettelnde Leute Schutz vor Kälte und Dunkelheit gesucht haben sollen.

Bettelarm ist diese Tour ebenfalls, und zwar an Sonne. Sie verläuft fast vollständig im Wald und könnte deshalb für heiße Sommertage eine Option sein. Allerdings sind die ersten rund vier Kilometer eher ein »Hatsch«, wie man im Alpenraum für eine wenig interessante Strecke sagt, die man irgendwie hinter sich bringen muss. Zumindest der Aussichtspunkt Känzele, an dem sich ein Fernblick hinüber zur wuchtigen Burgruine Falkenstein öffnet, sorgt auf dieser Passage für etwas Abwechslung.

Der zweite Abschnitt ist deutlich pittoresker. Zuerst wandert man abwärts durch das Raintal, das links und rechts von vielen Felsen gesäumt ist, die den Weg manchmal wie eine Pforte verengen. Zurück führt die Strecke mehr oder weniger direkt an der Donau entlang, vorbei eben an der Bettelküche und zuletzt mit schönem Blick auf das Schloss Gutenstein.

Donaufelsenläufe
Stadt Sigmaringen

10,5 km; 3:30 h

448 Hm

mittel

56

Parkplatz
Grimmerriedweg
Sigmaringen-Gutenstein
48.077384, 9.110989

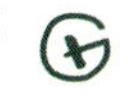

Bahn bis Sigmaringen, Buslinie 450 bis Gutenstein, 1 km Fußweg

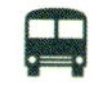

Schatten, Wasser

Der *Campus Galli* bei Meßkirch, wo eine mittelalterliche Klosterstadt entsteht, liegt keine zehn Autominuten entfernt

out.ac/ZKBEP

Ein kurzer Abstecher führt zum Gutshof Käppeler in Thiergarten, einer beliebten Ausflugsgaststätte.

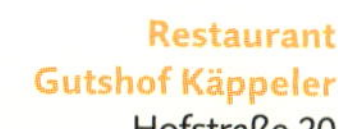

Restaurant Gutshof Käppeler
Hofstraße 20
88631 Beuron-Thiergarten
www.restaurant-gutshof-kaeppeler.de

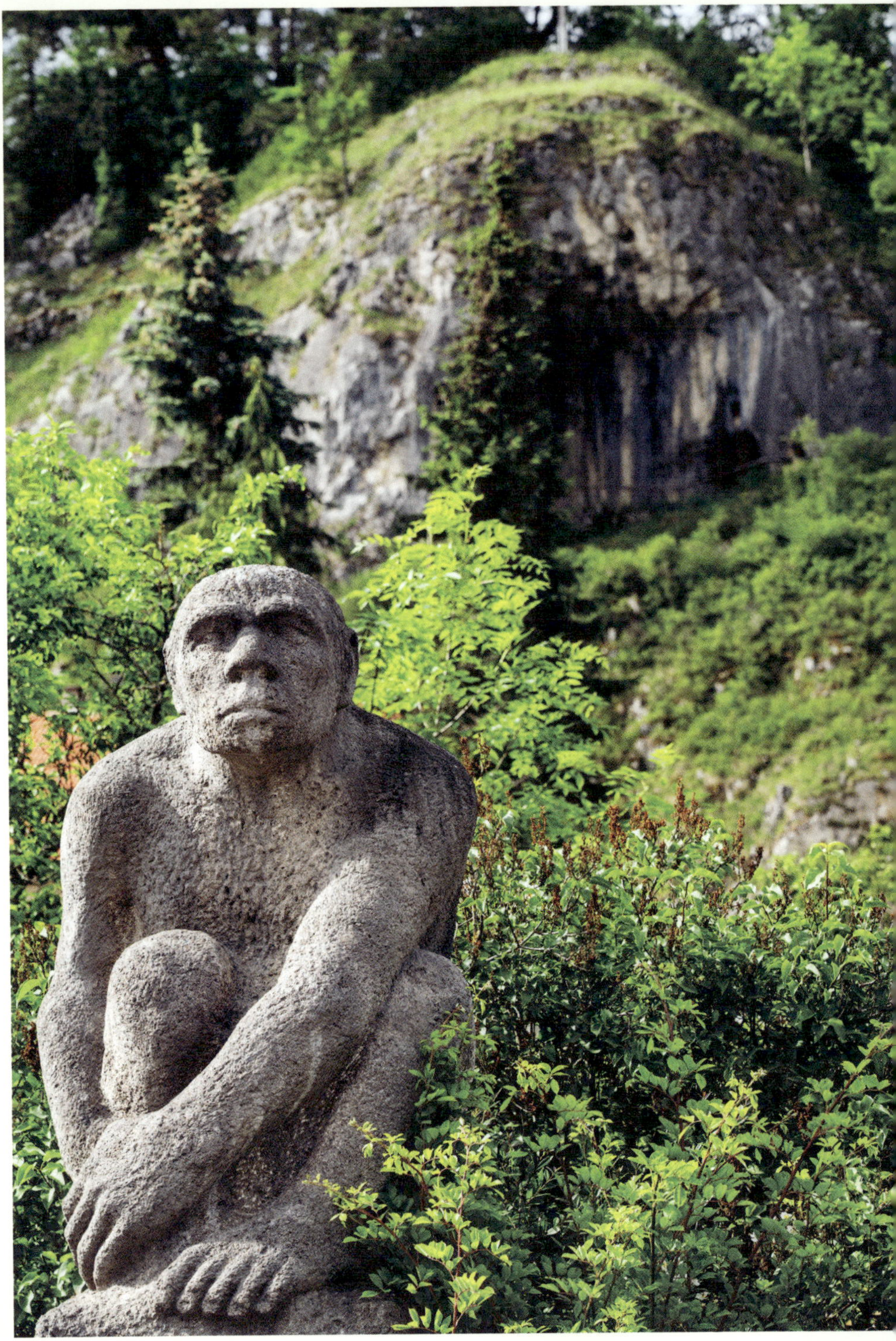

Veringenstadt ist für seine Höhlen mit Neandertaler-Funden bekannt

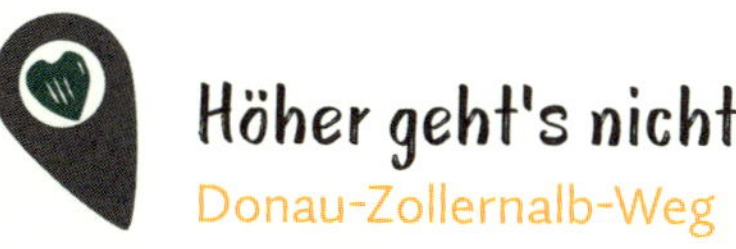

Höher geht's nicht

Donau-Zollernalb-Weg

84

Der *Donau-Zollernalb-Weg* ist eindeutig die Königstour der westlichen Alb, führt er doch zu zahlreichen Sehenswürdigkeiten des Donautals und zu den höchsten Gipfeln des Mittelgebirges. En passant legt man mehr als ein halbes Dutzend Premiumwege zurück, etwa den *Kloster-Felsenweg* bei Sigmaringen oder die *Hossinger Leiter* bei Albstadt. Aber klar, das hat seinen Preis: Selbst sportliche Wanderer werden für die rund 160 Kilometer sechs oder sieben Tage benötigen – zehn Tage sollte man sich eigentlich gönnen, um ausreichend Zeit für die vielen Höhepunkte unterwegs zu haben.

Das Schöne an dieser Tour: Sie führt auch in Gebiete, in denen es bisher keine Premiumwege gibt. So wählt die Strecke teils die ruhige südliche Seite des Donautals mit Band- und Bischofsfelsen. In Veringenstadt lohnt sich ein Abstecher zu den Neandertalerhöhlen mit ihren bedeutenden Funden. Oberhalb von Balingen wird der wuchtige Lochen und der idyllische Wenzelstein bestiegen. Und am letzten Wandertag werden gleich drei Tausender der Alb erklommen, darunter der Oberhohenberg mit Hängebrücke und der Lemberg als höchster Alb-Berg samt Aussichtsturm. Natürlich gehören zur Route ebenfalls zähe Abschnitte, etwa an der Lauchert oder auf der Albhochfläche. Doch das Hochgefühl überwiegt, hier im höchsten Teil der Alb.

Der *Donau-Zollernalb-Weg* kann mit dem *Donauberglandweg* kombiniert werden und bildet dann eine Rundwanderung.

WfG Zollernalb

157,6 km
6–10 Tagesetappen

4235 Hm

schwer

–

Startpunkt:
Parkplatz am Kloster Beuron (kostenpflichtig)
48.052460, 8.967530
Endpunkt:
Gipfel des Lembergs
48.150901, 8.749118

Bahn bis Beuron

Aussicht, Kultur/ Sehenswürdigkeiten, Geologie, Botanik

Auf dem Lochen liegt die kleinste Hütte des Albvereins: In dem Selbstversorgerhaus für sechs Personen gibt es weder Wasser noch Strom.

out.ac/NBSX

Die urige Plettenberghütte erfreut mit Kiosk, Biergarten, Spielplatz, Grillstelle – und manchmal mit Livemusik.

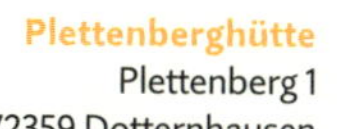

Plettenberghütte
Plettenberg 1
72359 Dotternhausen

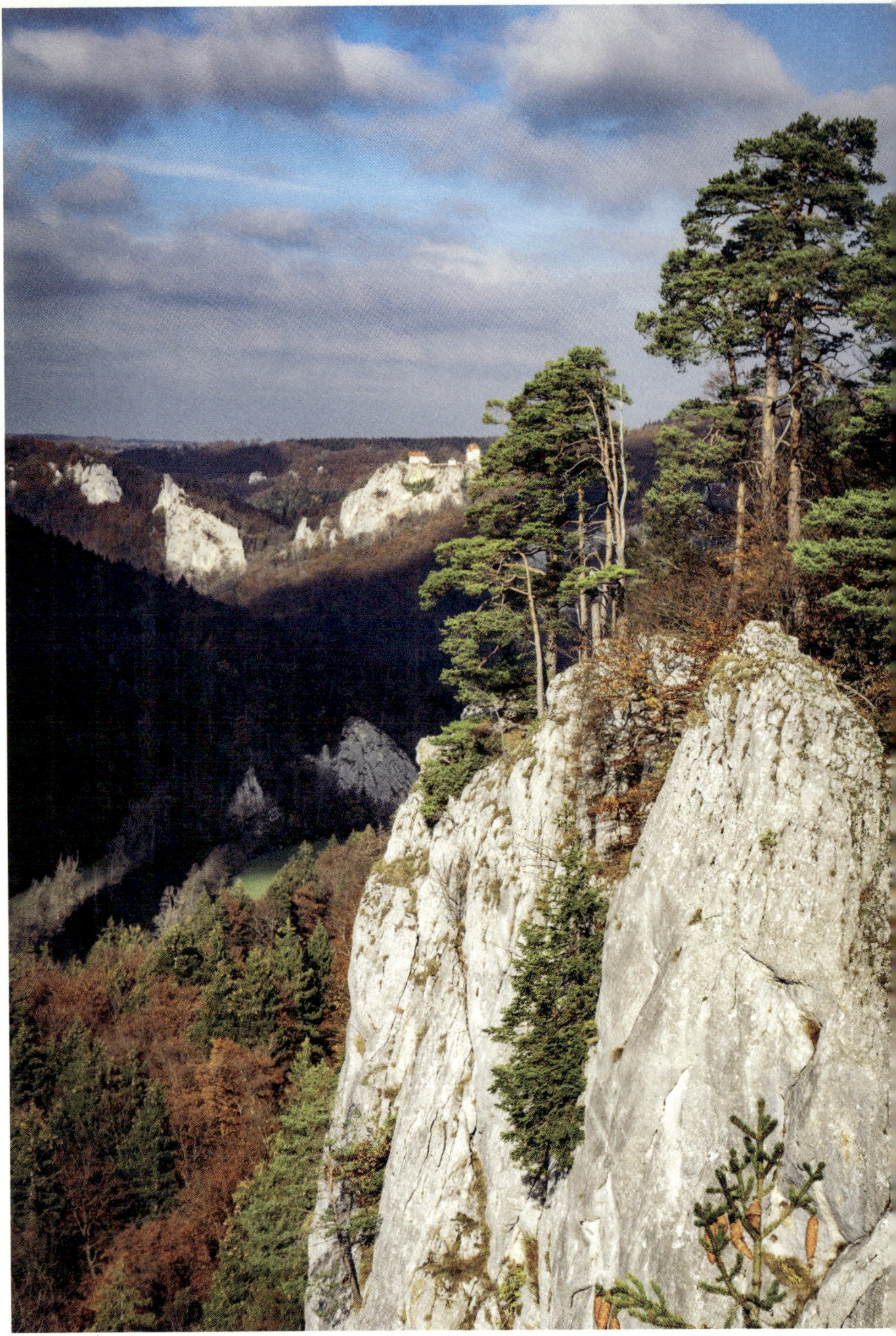

Der Blick vom Kaiserstand ins Donautal ist einzigartig

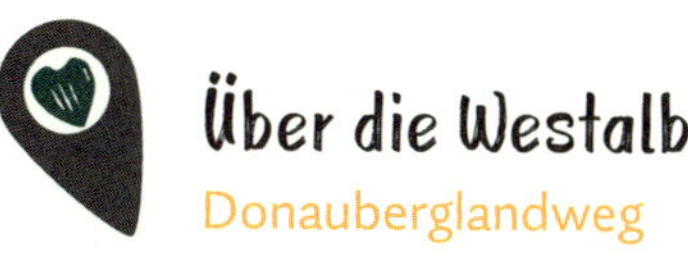

Über die Westalb

Donauberglandweg

85

Vom höchsten Berg zum schönsten Tal – mit diesen Superlativen lässt sich der *Donauberglandweg* zusammenfassen, führt er doch vom Lemberg (1.014 Meter) zum Durchbruchstal der Oberen Donau bis nach Beuron. Im Grunde bildet diese Fernwanderung die Verknüpfung von drei Premiumrundwegen, nämlich dem *Klippeneck-Steig* mit dem Dreifaltigkeitsberg, dem *Alten Schäferweg* mit dem Alten Berg und seiner Kapelle sowie der *Donaufelsen-Tour* mit den grandiosen Aussichten von Knopfmacherfelsen und Kaiserstand.

Die vielen Höhepunkte sind in den Kapiteln zu den drei Rundtouren schon genannt, und tatsächlich kommen auf dieser Wanderung gar nicht so viele hinzu. Einer davon ist der Lemberg samt Aussichtsturm. Mit dem Kehlen (1.001 Meter) und dem Hummelsberg (1.002 Meter) werden übrigens am selben Tag noch zwei weitere der insgesamt zehn Tausender der Schwäbischen Alb bestiegen – wobei »besteigen« vielleicht der falsche Begriff ist. Beide Erhöhungen bilden Kuppen entlang des Albtraufs. Außerdem lohnt die Kolbinger Höhle einen Besuch, denn sie ist die einzige Schauhöhle der westlichen Alb. Der begehbare Teil ist allerdings nur 90 Meter lang.

Und wer Lust auf mehr bekommen hat: Der *Donauberglandweg* kann mit dem *Donau-Zollernalb-Weg* zu einer Rundwanderung kombiniert werden. Dafür müsste man sich aber acht bis 14 Tage Zeit nehmen.

Donaubergland Tourismus  

60,6 km
2–4 Tagesetappen 

1554 Hm 

schwer 

– 

Startpunkt:
Wanderparkplatz am Lemberg, Gosheim
48.144180, 8.747463
Endpunkt:
Beuron
48.052460, 8.967530 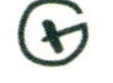

Bahn bis Aldingen bei Spaichingen, Buslinie 220 bis Gosheim, Haltestelle Rathaus, 1 km Fußweg  

Aussicht, Kultur, Botanik, Geologie 

In Beuron informiert das *Haus der Natur* im alten Bahnhof über Flora und Fauna des Donautals. Im Laden werden regionale Produkte verkauft. 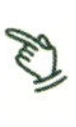

out.ac/MqVP 

Das *Jägerhaus* liegt wunderschön im autofreien Teil des Donautals. Man kann dort auch übernachten.

Jägerhaus Fridingen
Bronnen 7
78567 Fridingen
www.jaegerhaus.de 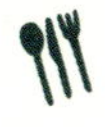

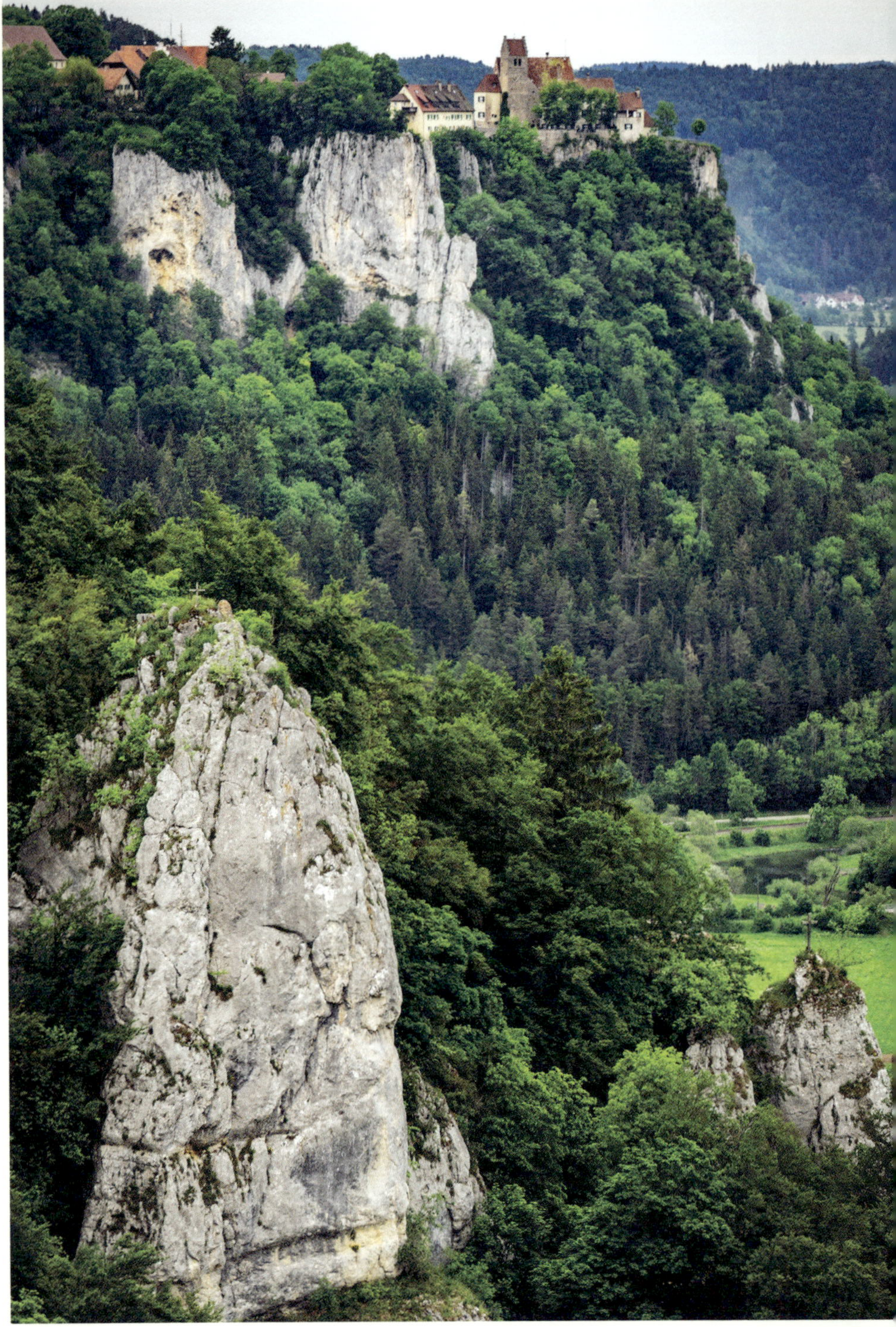

Ein Postkartenmotiv: der Blick vom Eichfelsen auf das Schloss Werenwag

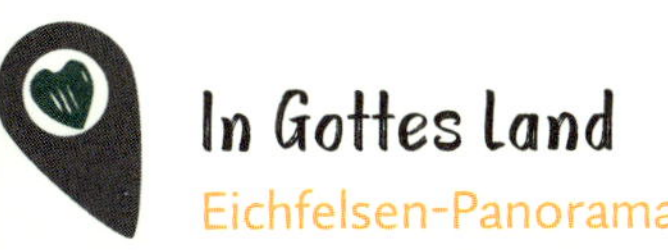

In Gottes Land

Eichfelsen-Panorama

86

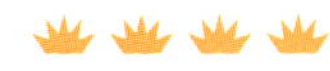

Donauwellen
Donaubergland Marketing und Tourismus

14,2 km; 4:15 h

561 Hm

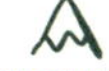

schwer

73

Parkplatz am Kloster Beuron (kostenpflichtig) 48.052402, 8.967658

Bahn bis Beuron

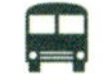

Aussicht, Kultur/ Sehenswürdigkeiten, Geologie, Botanik

Ein besonderes Erlebnis ist eine Übernachtung im Kloster. Die Benediktiner nehmen Gäste gegen einen Obolus auf.

out.ac/ZnxyB

»Per aspera ad astra« – »durch den Staub zu den Sternen«, sagten die Römer, wenn jemand nach großen Mühen zum Glück gelangt. Diese Redewendung trifft auch auf den Premiumweg *Eichfelsen-Panorama* zu: Man muss zwei anstrengende Aufstiege aus dem Donautal auf sich nehmen, wird jedoch mit Aussichten und Höhepunkten fast im Dutzend belohnt. Dreh- und Angelpunkt der Runde ist das Kloster Beuron – offiziell Erzabtei St. Martin genannt – mit seiner immensen Anziehungs- und Strahlkraft. Zudem ist die Landschaft dieses Talabschnitts himmlisch. Man könnte fast meinen, man verbringe einen Tag in Gottes Land.

Zu beiden Seiten des Donautals erreicht man immer wieder Aussichtspunkte wie den Spaltfelsen oder den Rauhen Stein. Der Eichfelsen ist der berühmteste unter ihnen aufgrund des grandiosen Blicks auf das private Schloss Werenwag und auf die Burg Wildenstein. Letztere beheimatet heute eine Jugendherberge, die man bei dieser Wanderung besucht. Interessant am Eichfelsen ist übrigens der Felsengarten mit vielen seltenen Pflanzen, die auf kargem Felsenboden wachsen und dennoch zu voller Schönheit erblühen. Spannend ist ebenfalls die Petershöhle, die im Mittelalter zur Burg ausgebaut worden war.

Wenn man zum Schluss voller Dankbarkeit wieder in Beuron ankommt, sollte man die Vesper oder Komplet in der Klosterkirche besuchen. Die gregorianischen Gesänge der Benediktinermönche bilden einen stimmigen Abschluss und sind Balsam für die Seele.

Das Café Drahtesel direkt gegenüber dem Kloster ist auf Radfahrer und Wanderer gleichermaßen eingestellt und bietet auch herzhafte Snacks.

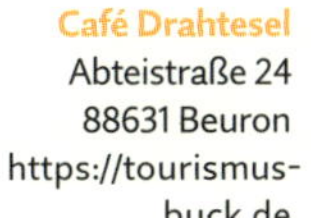

Café Drahtesel
Abteistraße 24
88631 Beuron
https://tourismus-buck.de

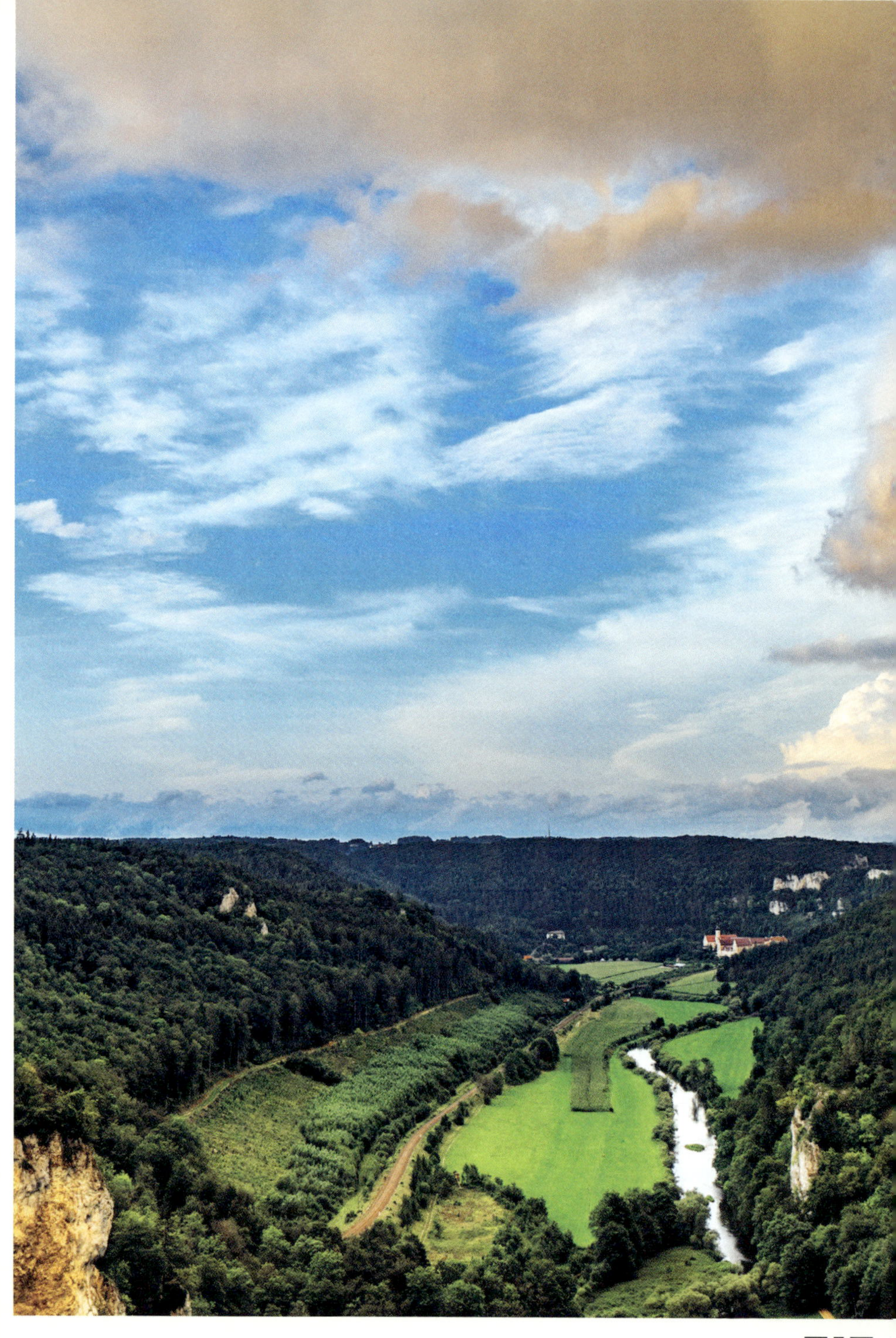

Vom Knopfmacherfelsen schweift der Blick bis zum Kloster Beuron

Fern des Autolärms

Donaufelsen-Tour

87

Es ist schwer zu entscheiden, ob nun die *Donaufelsen-Tour* oder doch das *Eichfelsen-Panorama* der schönste Premiumweg im Donautal ist und in die Liste der zehn besten Touren gehört. Ich habe mich für erstgenannte Route entschieden, weil sie durch den autofreien Teil des Tals und durch die ursprünglichere Landschaft führt. Aber unternehmen Sie am besten beide Wanderungen und entscheiden Sie selbst!

Mir haben es gleich mehrere Plätze bei dieser Tour angetan: der wuchtige Stiegelesfelsen, der wie ein kleines Bergmassiv aus dem Tal emporwächst. Die Ruine Kallenberg, deren Turm gut erhalten ist. Das Schloss Bronnen, das verwegen auf einem Bergsporn sitzt. Die Jägerhöhle, nach deren steinzeitlichen Funden sogar eine Epoche benannt wurde, das Beuronien. Und natürlich die Donau, die man einmal auf großen Trittsteinen überquert.

Nicht zu vergessen sind, abgesehen vom Berghaus Knopfmacher, zwei weitere idyllische Einkehrmöglichkeiten: die beschauliche Ziegelhütte und das immer quirlige Jägerhaus, das direkt an der Donau liegt, sodass man im Sommer beim Weizenbiertrinken die Füße ins Wasser hängen könnte. Und zuletzt kommen Sie an vielen Aussichtspunkten vorbei, die schnell einen Favoritenplatz in Ihrem Herzen einnehmen werden: unten die Donau, an den Hängen der Bergwald und hineingetupft eine Kette an weißen Felsen – ein Traum.

Die *Donaufelsen-Tour* ist fast identisch mit einer Etappe des Donauberglandweges.

Das Berghaus Knopfmacher liegt an einem der schönsten Aussichtspunkte des Donautals, dem Knopfmacherfelsen.

Donauwellen
Donaubergland
Marketing und Tourismus 

15,6 km; 5:00 h 

581 Hm 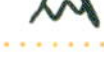

schwer 

77 

Parkplatz am Berghaus
Knopfmacher, Fridingen
48.029760, 8.950660 

Bahn bis Fridingen,
knapp 2 km Fußweg auf
dem Donauberglandweg
hinauf zum Berghaus
Knopfmacher 

Aussicht, Kultur/
Sehenswürdigkeiten,
Wasser, Geologie 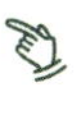

Warm und harmonisch
ist die Architektur der
modernen Wallfahrts-
kirche *Maria, Mutter
Europas* im nahen
Gnadenweiler

out.ac/ZnyMc 

Berghaus Knopfmacher
Knopfmacherfelsen 1
78567 Fridingen
www.berghaus-
knopfmacher.de 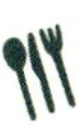

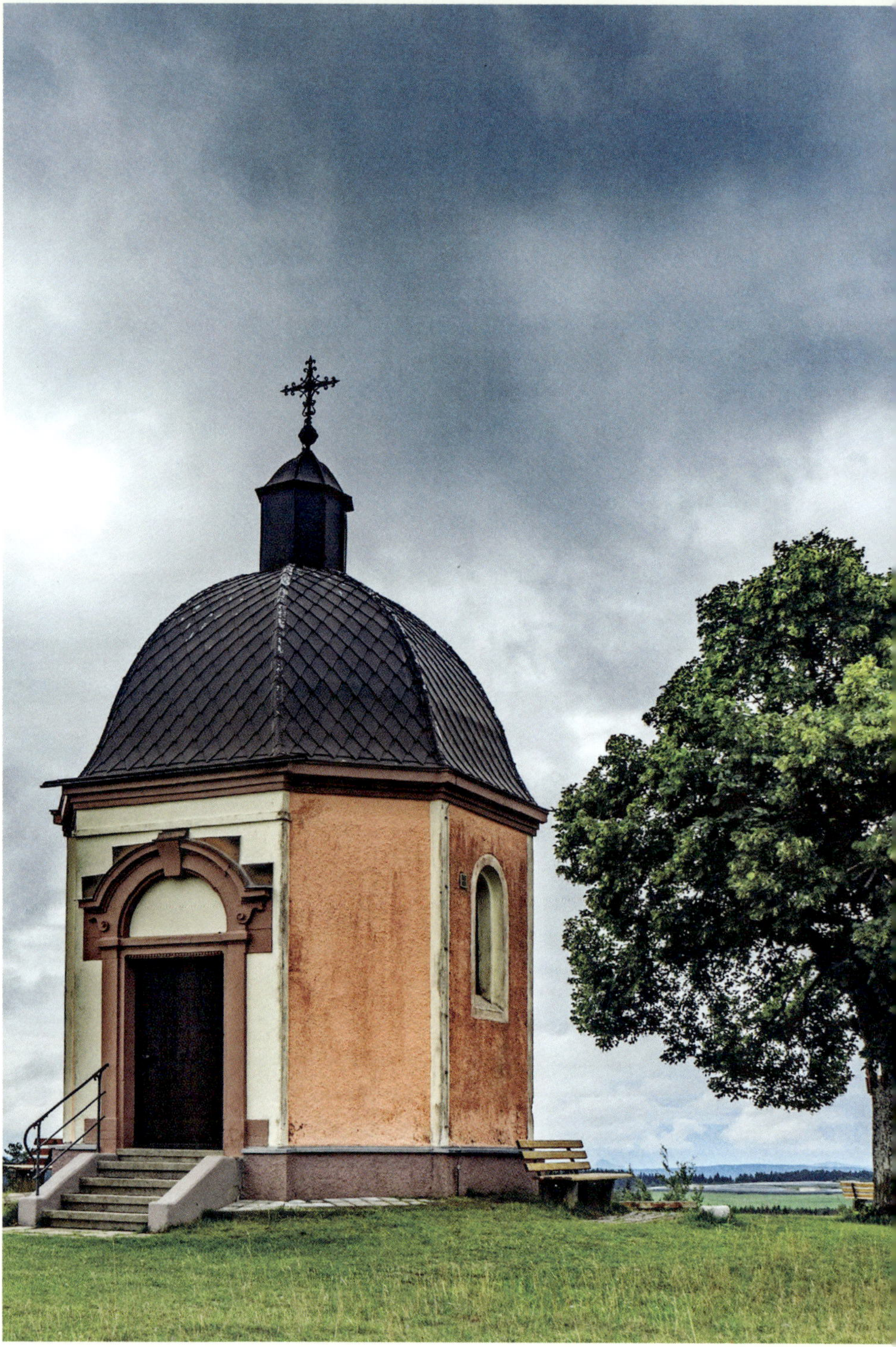

Die Kapelle auf dem Alten Berg bei Böttingen ist weithin ein Blickfang

Kraftort mit Kapelle

Alter Schäferweg

88

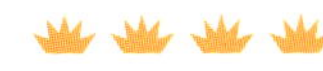

Der Alte Berg ist keine herausragende Erhebung der westlichen Alb – und doch strahlt diese Kuppe bei Böttingen eine Aura aus, die sie für viele zu einem Kraftort ersten Ranges macht. Das liegt vor allem an der Rundkapelle, die harmonisch auf den Gipfel platziert worden ist. Im Innern der kleinen Kirche aus dem Jahr 1919 steht eine fast lebensgroße Figur Christus', der die Eintretenden segnet und ihnen dies verheißt: »Auch ihr werdet leben.« Die Wacholderheiden und die eingestreuten Kiefern tragen ebenfalls viel zum Charme des Ortes bei. Das gesamte Gebiet steht unter Naturschutz. Bei gutem Wetter sind die Alpen zu sehen.

Der restliche Weg präsentiert sich etwas bescheidener. Er führt über und im Schäfertal von Mahlstetten nach Böttingen und zurück; teils bieten sich schöne Aussichten, wie etwa vom Glatten Fels. Unten im Tal kann man sich gleich an zwei gefassten Quellen erfrischen, der Grauentalquelle und dem Schäferbrunnen. Eine Grillstelle ist zudem vorhanden. Am Allenspacher Hof kommt man am ältesten Baum des Landkreises Tuttlingen vorbei. Kurios ist ein ausladender Ast der um 1450 gepflanzten Linde, der von einer Backsteinsäule gestützt werden muss.

Ein insgesamt vier Kilometer langer Abstecher könnte zum Götzenaltar führen: Dieser gespaltene Felsblock im Wald bei Königsheim regt die Fantasie an. Es ist aber unklar, ob er in keltischer Zeit als Kultstätte verwendet worden ist.

Donauwellen
Donaubergland Marketing und Tourismus 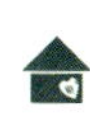

12,9 km; 4:00 h 

339 Hm 

mittel 

67

Parkplatz an der Mehrzweckhalle in Mahlstetten 48.076722, 8.841530 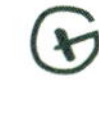

Bahn bis Mühlheim, Buslinie 240 bis Mahlstetten, Haltestelle Rathaus, 500 m Fußweg 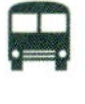

Aussicht, Botanik 

Im Erlebniswald Mahlstetten nahe dem Startpunkt gibt es einen Kletterpark, eine Märchen-Minigolfanlage und eine Hütte zum Einkehren 

out.ac/9hhSB 

Bis 1936 hat die Lippachmühle noch Mehl gemahlen. Heute ist sie ein beliebtes Ausflugslokal.

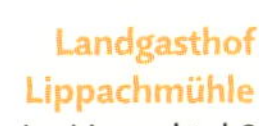
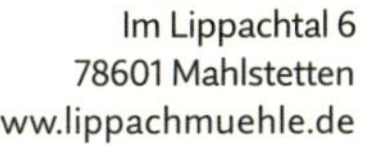
Landgasthof Lippachmühle
Im Lippachtal 6
78601 Mahlstetten
www.lippachmuehle.de 

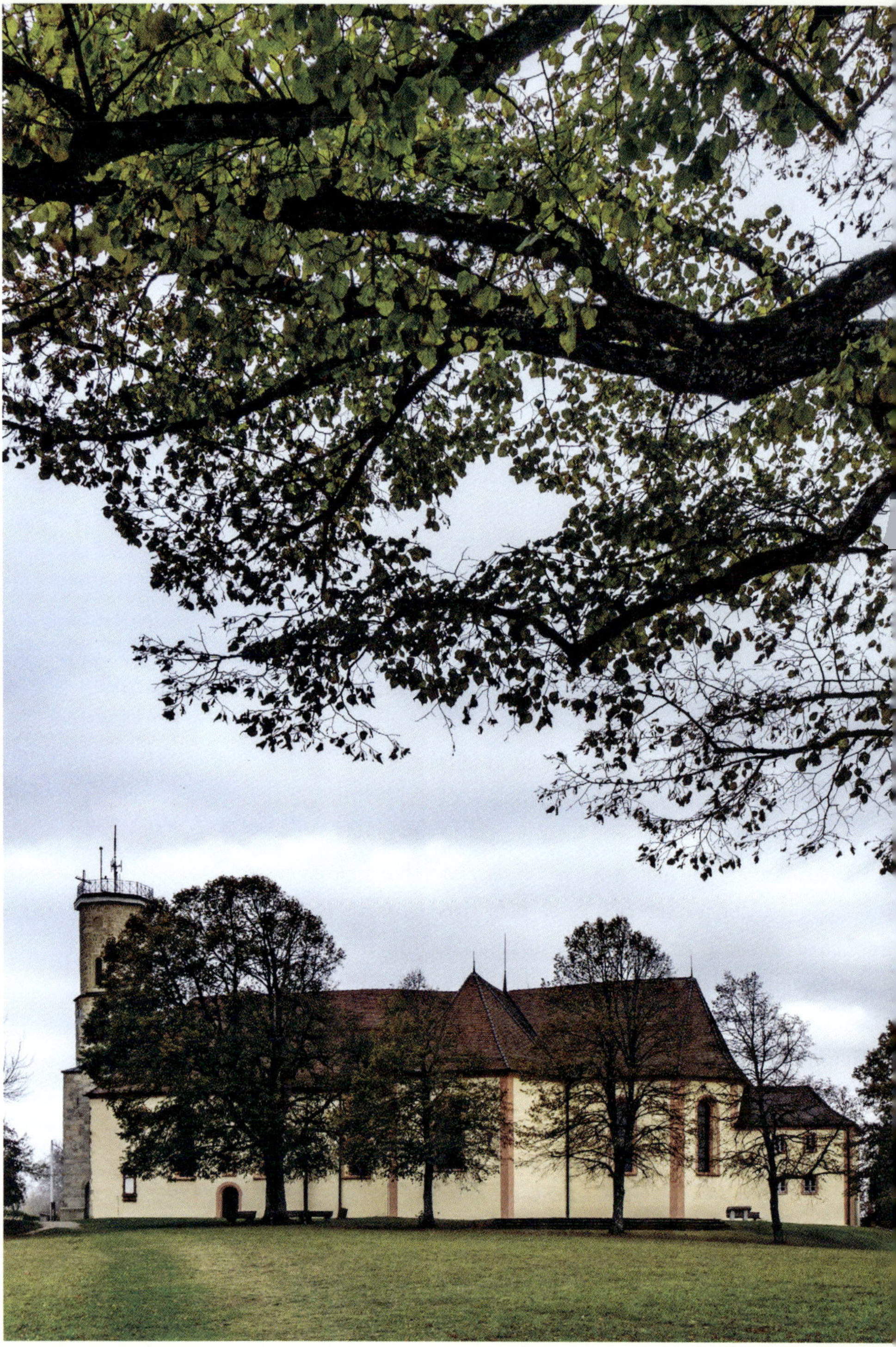

Seit Jahrhunderten pilgern Menschen hinauf auf den Dreifaltigkeitsberg

Wandern und Wallfahrt

Klippeneck-Steig

89

Ein Hirte soll den Anfang gemacht haben: Der Schäfer habe 1320 seine Herde verloren und bei der Suche nicht nur seine Tiere, sondern in einem Gebüsch auch einen Bildstock der Heiligen Dreifaltigkeit entdeckt, erzählt die Legende. Zum Dank entstand eine erste Kapelle auf dem Berggipfel, der damals noch Baldenberg hieß.

Die großen Wallfahrten begannen im Jahr 1415, mit der Weihe der Kirche 1673 wurde der Ort in Dreifaltigkeitsberg umgetauft, und 1924 zogen Mönche des Claretinerordens in ein neu gegründetes Kloster ein. Seit Jahrhunderten also ist dieser Ort mit Gebeten und Hoffnungen aufgeladen worden, und das werden Sie überall spüren. Gehen Sie unbedingt in das Brunnenhaus: In dem schlichten Gebäude können Sie bei himmlischer Musik wunderbar zur Ruhe kommen.

Für den Wanderer haben die Götter aber vor den Erfolg den Schweiß gesetzt – der *Klippeneck-Steig* führt über fast 300 Höhenmeter steil hinauf zum Dreifaltigkeitsberg. Beim Aufstieg begleitet Sie ein Kreuzweg, wo in kleinen Kapellen der letzten Stationen Christus' gedacht wird – selbst wer nur des Wanderns wegen gekommen ist, wird sich plötzlich in der Rolle eines Pilgers wiederfinden.

Die weitere Strecke führt oben an der Traufkante entlang, wo sich herrliche Ausblicke auf das Albvorland eröffnen, etwa an der Kreuzsteighütte mit Grillplatz. Am Ende laden das Schützenhaus Denkingen und eine Kneippanlage zu Erfrischungen ein.

Donauwellen
Donaubergland Marketing und Tourismus 

9,3 km; 3:30 h 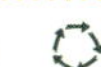

344 Hm 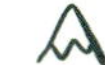

mittel 

70

Parkplatz Wassertretanlage bei Denkingen, Klippeneckstraße, etwa 100 m nach Ortsende rechts 48.101925, 8.740477 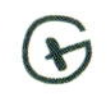

Bahn bis Aldingen bei Spaichingen, Buslinie 220 bis Denkingen, Haltestelle Bahnhofstraße, 800 m Fußweg 

Aussicht, Kultur/Sehenswürdigkeiten 

Das Krippenmuseum im Kloster beeindruckt mit einem fantastischen Sternenhimmel 

out.ac/ZgFdT 

Die Gaststätte Dreifaltigkeitsberg gehört zum Kloster und bietet ein prächtiges Panorama des Albvorlands.

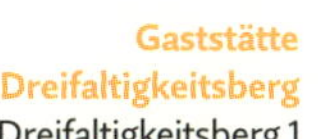
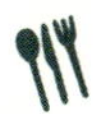

Gaststätte Dreifaltigkeitsberg
Dreifaltigkeitsberg 1
78549 Spaichingen
www.spaichingen-claretiner.de/gaststätte

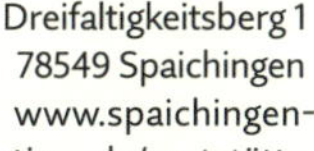

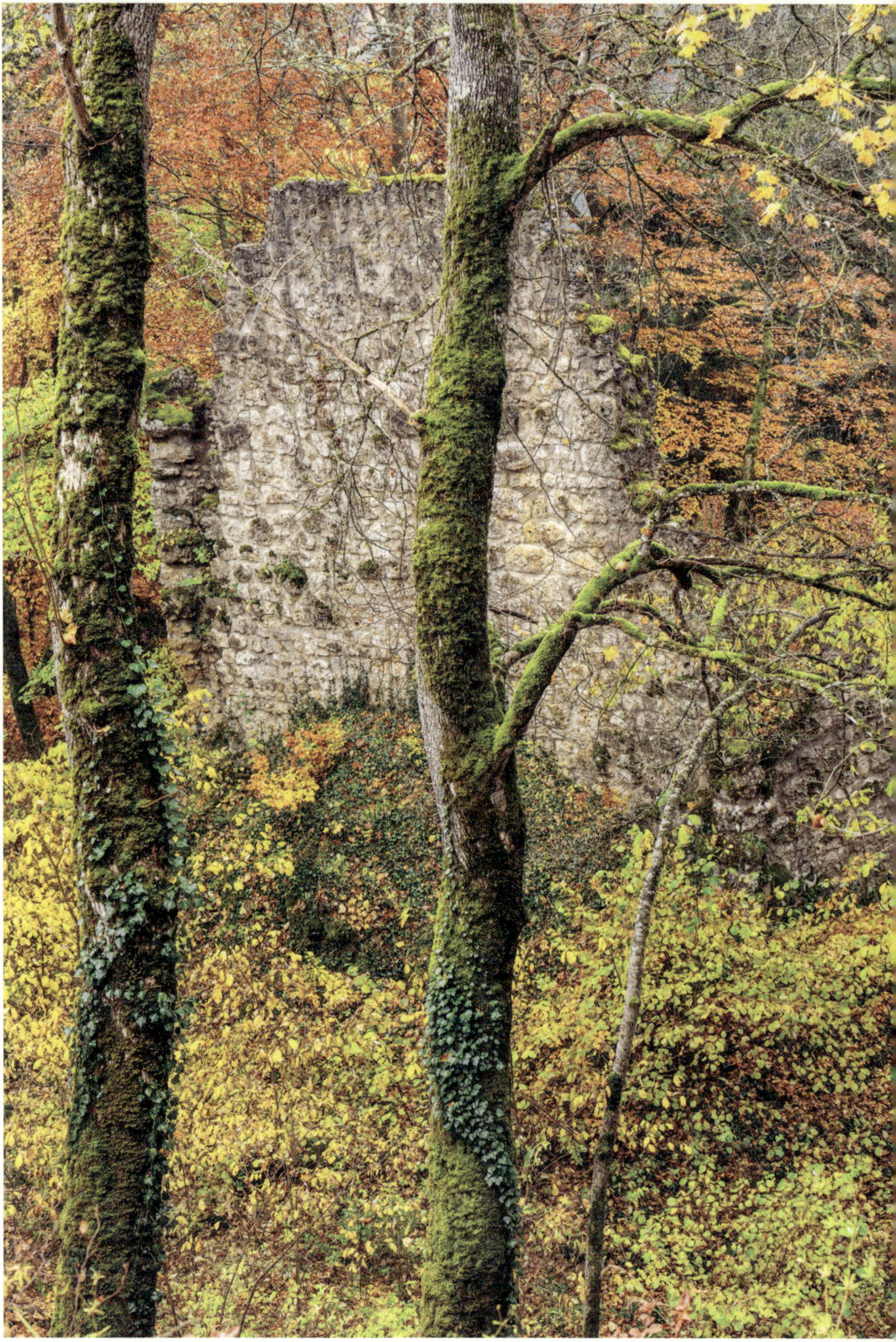

Von der Ruine Kraftstein steht noch der Stumpf des Turmes

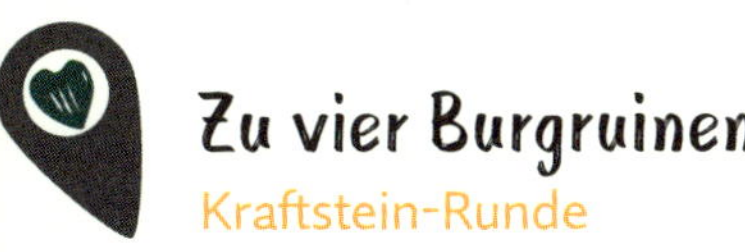

Zu vier Burgruinen

Kraftstein-Runde

90

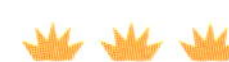

Man muss nicht gleich melancholisch werden, doch auf dieser Wanderung kann man der Vergänglichkeit aller Zeiten und der Vergänglichkeit allen menschlichen Tuns nachspüren. Gleich vier Burgruinen besucht man auf der *Kraftstein-Runde,* und alle hat die Natur längst zurückerobert.

Von der Bräunisburg auf ihrer stolzen Aussichtskanzel sind gar keine Überreste mehr zu sehen. An der Ruine Altrietheim lassen sich noch zumindest Gräben und der Burgberg erahnen. Die Wallenburg ist ebenfalls verschwunden, aber der Ort könnte romantischer nicht sein: Große vermooste Felsen stehen wie versteinerte Krieger verstreut um den Burghügel herum, und alte Buchen haben lange Wurzelgeflechte wachsen lassen, die mit einiger Fantasie an Bärte schlafender Riesen erinnern. Eine Grillstelle lädt zum Rasten und Sinnieren ein. Von der Burg Kraftstein zuletzt ist immerhin der Stumpf des Turmes erhalten.

Die Route führt an den Naturschutzgebieten Grasmutter und Kraftstein vorbei, und es öffnen sich Aussichten ins schön geschwungene Ursental. Die Runde verläuft meist auf der Hochfläche, doch egal in welcher Richtung Sie diesen Premiumweg begehen, um einen sehr steilen Abstieg ins Ursental und um einen anstrengenden Wiederaufstieg werden Sie nicht herumkommen. Zum Glück lockt am Ende in Risiberg der Landgasthof Waldeck: Dort können Sie sich von den Mühen erholen und das Hier und Heute genießen, aller Vergänglichkeit des Seins zum Trotz.

Donauwellen
Donaubergland Marketing und Tourismus 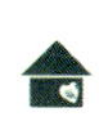

10,7 km; 3:00 h 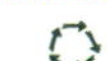

265 Hm 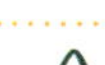

mittel 

61

Wanderparkplatz bei Dürbheim-Risiberg 48.046550, 8.805416 

Bahn bis Spaichingen, Buslinie 230 bis Dürbheim, 3 km Fußweg 

Kultur/Sehenswürdigkeiten, Botanik 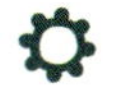

Das *TuWass* in Tuttlingen vereint Thermalbad, Spaßbad und Saunalandschaft 

out.ac/ZnyhZ 

Der Landgasthof Waldeck liegt im Minidorf Risiberg. Auf Kinder wartet ein großer Garten mit Spielplatz und Hoftieren.

Landgasthof Waldeck
Risiberg 8
78589 Dürbheim
www.waldeck-risiberg.de 

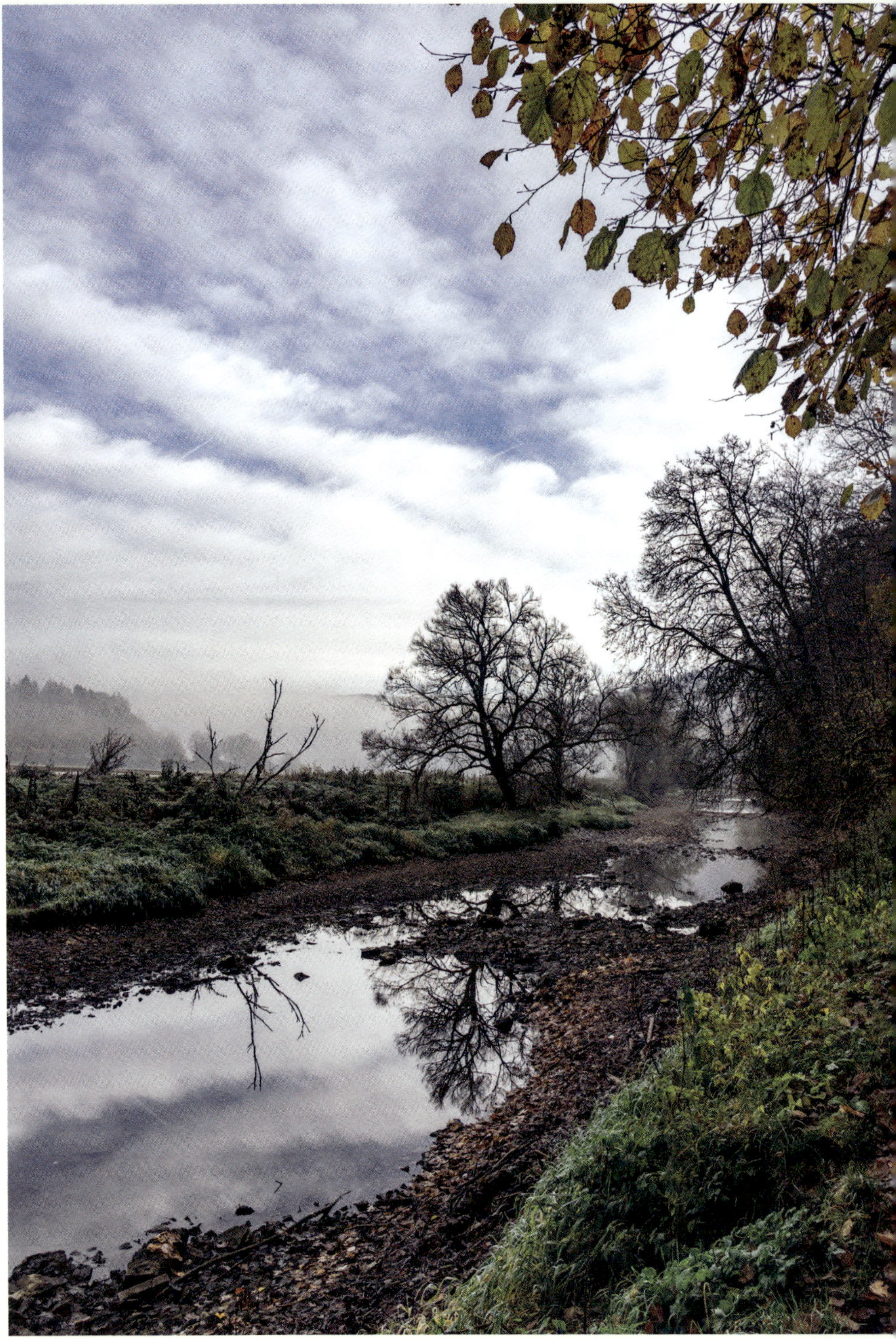

Haltet den Dieb! Bei Immendingen wird der Donau das Wasser zur Gänze geklaut.

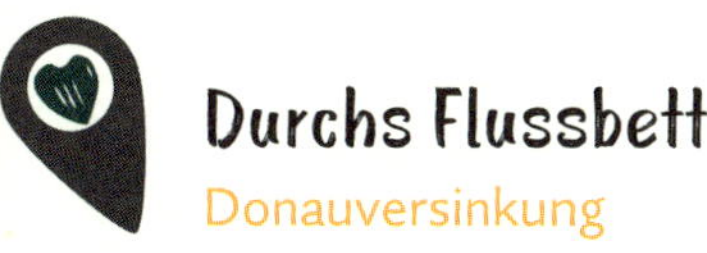

Durchs Flussbett

Donauversinkung

91

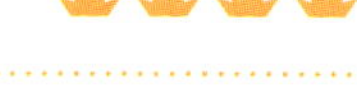

Niemand kann sich der Faszination dieses geologischen Phänomens entziehen: Bei Immendingen wird der stolzen Donau, die immerhin nach der Wolga der zweitlängste Strom Europas ist und als unantastbar gelten sollte, das gesamte Wasser gestohlen. Mehr als die Hälfte des Jahres liegt der Fluss auf mehreren Kilometern trocken. Schuld ist die »Immendinger Flexur«, bei der eine starke Verbiegung des Kalksteins zu einem löchrigen Untergrund geführt hat. Das Donauwasser tritt zwölf Kilometer entfernt an der Aachquelle wieder aus.

Sie sollten sich Zeit nehmen, um diesen einzigartigen Gang durch ein Flussbett zu genießen und um die vielen Schlucklöcher zu erkunden. Ich drücke Ihnen die Daumen, dass Sie die Wanderung nicht gerade dann machen, wenn die Donau im normalen Lauf dahinplätschert. Für diesen Fall hält der Premiumweg *Donauversinkung* dennoch einen zweiten Höhepunkt parat: den Höwenegg als nördlichsten Hegauvulkan. Früher wurde dort Basalt abgebaut, sodass eine 85 Meter tiefe Grube entstanden ist, die sich mit Wasser gefüllt hat – wie ein natürlicher Maarsee sieht der Krater aus, auch wenn mal wieder der Mensch seine Finger im Spiel hatte. Vom höchsten Punkt eröffnet sich ein Fernblick, der bis zu den Schweizer Alpen mit dem Säntis reicht. Der Vulkan ist heute ein Naturschutzgebiet.

Am Ausgangs- und Endpunkt gibt es einen Spielplatz mit Piratenschiff, eine Grillstelle und im Sommerhalbjahr einen Kiosk mit Außenbereich.

Donauwellen
Donaubergland Marketing und Tourismus 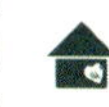

12,9 km; 4:00 h

225 Hm

mittel

54

Parkplatz am Ende der Straße Unterer Ösch Immendingen 47.931390, 8.749470 

Bahn bis Immendingen, Haltestelle Mitte, gut 1 km Fußweg 

Wasser, Botanik, Geologie 

Im nahen Naturschutzgebiet Rehletal wurde ein Lehrpfad für Orchideen eingerichtet

out.ac/33NZg

Im Landgasthof Hauser wird vegetarisch, vegan und glutenfrei gekocht. Fleischliebhaber kommen ebenso auf ihre Kosten.

Landgasthof Hauser
Haubergstraße 3
78194 Immendingen-Hattingen
www.landgasthof-hauser.de

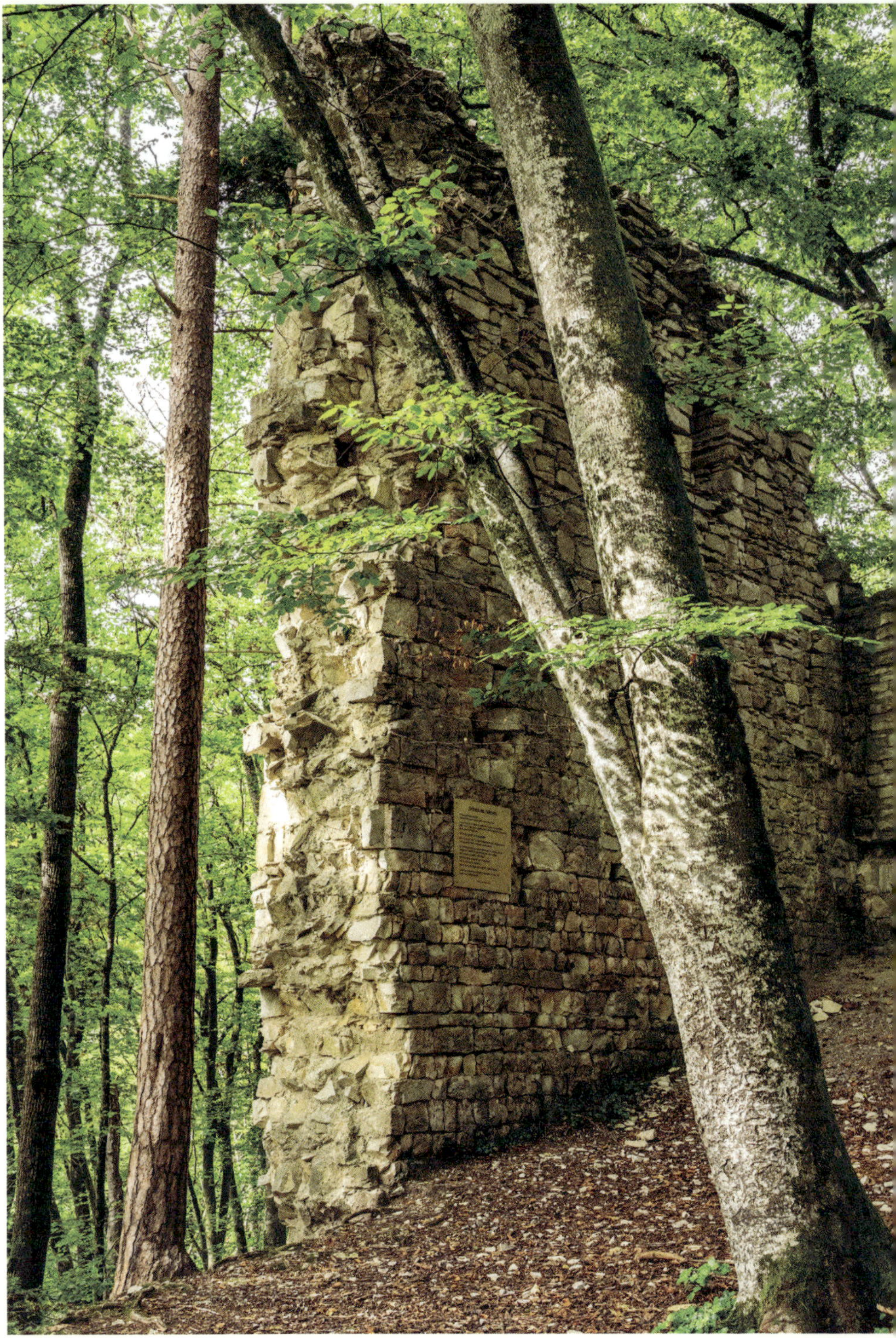

Die eindrucksvolle Größe der Ruine Tudoburg ist noch gut erkennbar

Hinauf zur Tudoburg

Krebsbachputzer

92

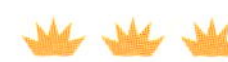

Um die Hauptattraktion dieses Premiumweges zu erleben, muss kein einziger Kilometer zurücklegt werden: Die Lochmühle, auf deren Parkplatz die *Krebsbachputzer*-Tour startet und endet, ist ein Erlebnisbauernhof mit Ponyreiten, Streichelzoo und Minitraktorfahren – vor allem jüngere Kinder werden sich dort wohlfühlen. Ein Restaurant gehört ebenfalls zum Freizeitpark, das sich vor oder nach der Tour zur Einkehr eignet.

Größer könnte der Kontrast dann kaum sein, wenn man in die Wanderung einsteigt. Schnell lässt man den Rummel hinter sich und taucht ein in eine einsame und vor allem naturnahe Landschaft. Trotz ihrer Länge führt die Tour an keiner Siedlung mehr vorbei. Sie verläuft zu großen Teilen durch schattigen Wald und lange am beschaulichen Krebsbach entlang, der sich tief in den Jurakalk eingegraben hat.

Weitere nennenswerte Höhepunkte darf man jedoch nicht erwarten. Selbst die Ausblicke zum Bodensee zu Beginn der Tour bewegen sich im Mittelfeld. Zudem geht man meist auf Schotterwegen. Für Abwechslung sorgt der kurze Abstecher zur Ruine der Tudoburg: Zwei eindrucksvoll hohe Mauern der einst weitläufigen Anlage stehen noch. Ganz in der Nähe befindet sich eine Grillstelle.

Mit Kindern wäre die gesamte Tour vermutlich zu lang. Aufgrund der Nähe von Hin- und Rückweg sind aber mehrfach Abkürzungen möglich.

Hegauer Kegelspiele
Regio Konstanz-Bodensee-Hegau e.V. 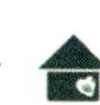

12,9 km; 3:30 h 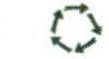

306 Hm 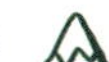

mittel 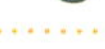

53

Parkplatz an der Lochmühle, Eigeltingen 47.863628, 8.892992 

Bahn bis Singen, Buslinie 400 bis Eigeltingen, Haltestelle Schule, 500 Meter Fußweg 

Kinder, Schatten 

Die ungewöhnlichen Heidenhöhlen bei Stockach sind vor langer Zeit von Menschen ins Molassegestein gegraben worden 

out.ac/3ShdB 

Ein kurzer Abstecher führt ins traditionsreiche Landgasthaus Schwanen in Reute, das gutbürgerliche Küche bietet.

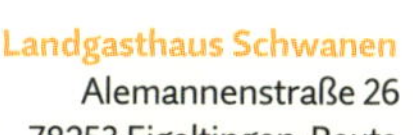

Alemannenstraße 26
78253 Eigeltingen-Reute
www.das-landgasthaus-schwanen.de 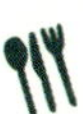

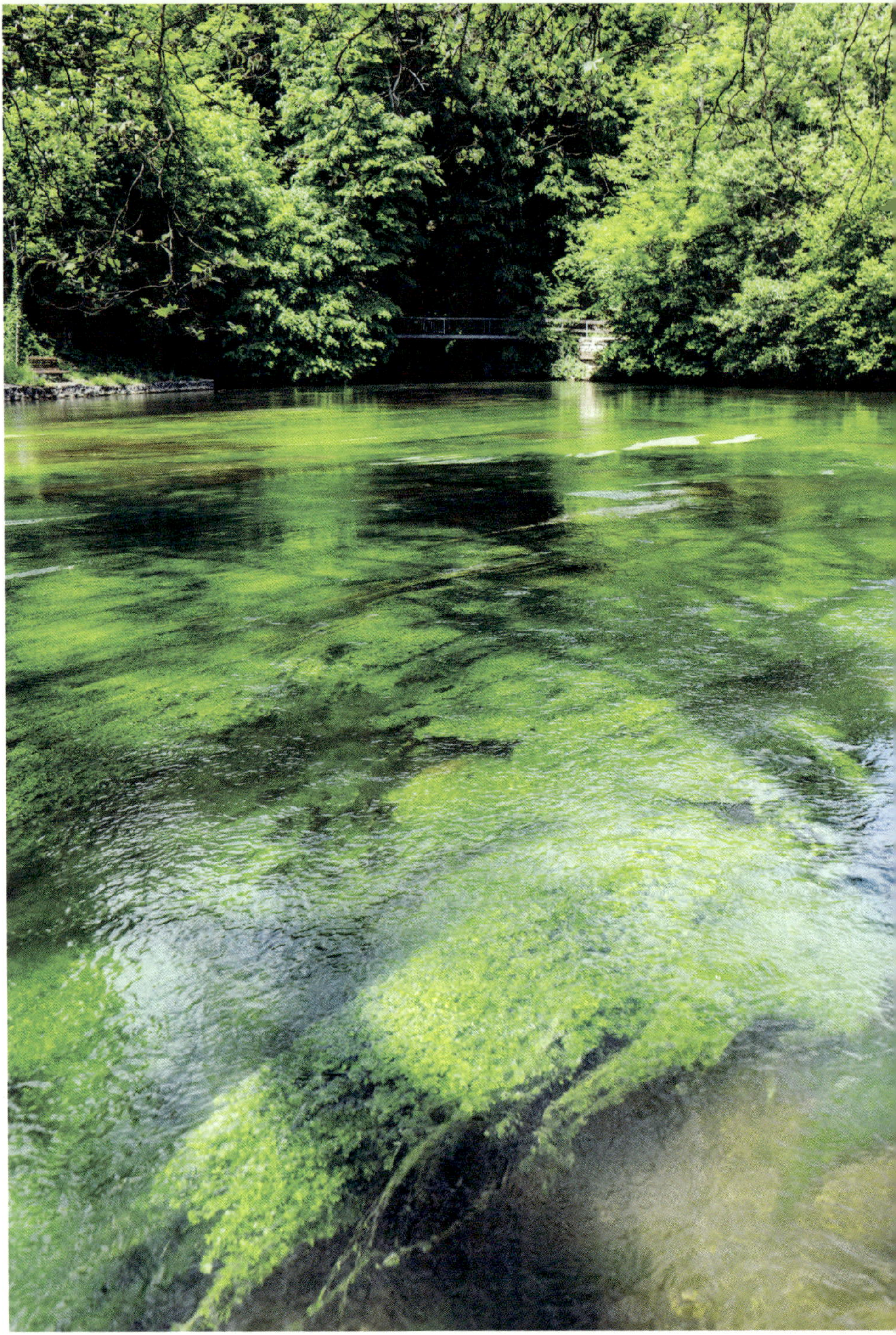

Die größte Quelle Deutschlands sprudelt in Aach

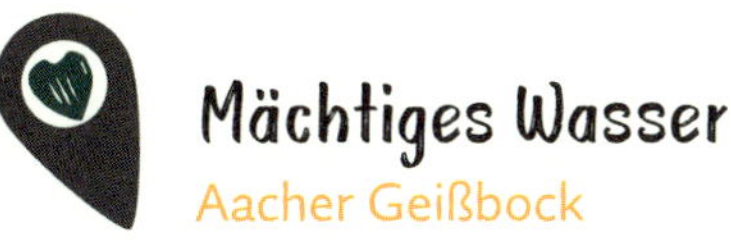

Mächtiges Wasser

Aacher Geißbock

93

Die Aachquelle lässt staunen: Ihre Schüttung ist so stark, dass sich gleich ein See bildet, kaum dass das Wasser unter den Felsen hervorgedrungen ist. Zudem stammt dieses Wasser aus der weit entfernten Donau, genauer gesagt aus den Versickerungsstellen bei Immendingen und Fridingen. Es wechselt so auf seiner rund 18 Kilometer langen unterirdischen Reise das europäische Flusssystem von Donau zu Rhein.

Auf dem Premiumweg *Aacher Geißbock* sollte man ebenfalls die Augen offenhalten: Dann fällt einem auf, wie geologisch aktiv dieses Gebiet weiterhin ist. Kurz vor Ende der Wanderung kommt man an riesigen Dolinen vorbei, die vermutlich wegen des wassergefüllten Höhlensystems unter der Erde eingestürzt sind.

Auch auf den anderen Passagen ist der *Aacher Geißbock* äußerst reizvoll. Zu Beginn, auf den Anhöhen über Aach, öffnet sich ein prächtiger Blick auf Hohentwiel und Hohenkrähen. Und gegen Schluss führt die Route zum Alten Turm, einer romantischen Burgruine mitten im Wald. Auch die Altstadt Aachs lohnt einen Abstecher.

Wem die Tour zu lang ist, der kann sie leicht abkürzen, indem er den langen nördlichen Schlenker auslässt. Dann sind es noch rund acht Kilometer zu wandern.

Hegauer Kegelspiele
Regio Konstanz-Bodensee-Hegau e.V. 

13,4 km; 4:00 h 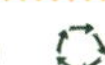

222 Hm 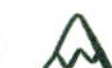

mittel 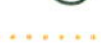

59

Parkplatz an der Aachquelle, Aach 47.845920, 8.858318 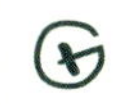

Bahn bis Singen, Buslinie 400 bis Aach, Haltestelle Aachquelle 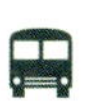

Aussicht, Schatten, Geologie 

Das Strandbad in Bodman am Bodensee ist nur 20 Autominuten entfernt 

out.ac/3o9xA 

Der Kiosk *Jägermühle* wird gerne als Kuchenparadies bezeichnet. Es überzeugt aber auch die Lage direkt an der Aachquelle.

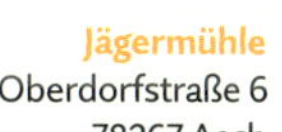

Jägermühle
Oberdorfstraße 6
78267 Aach 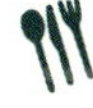

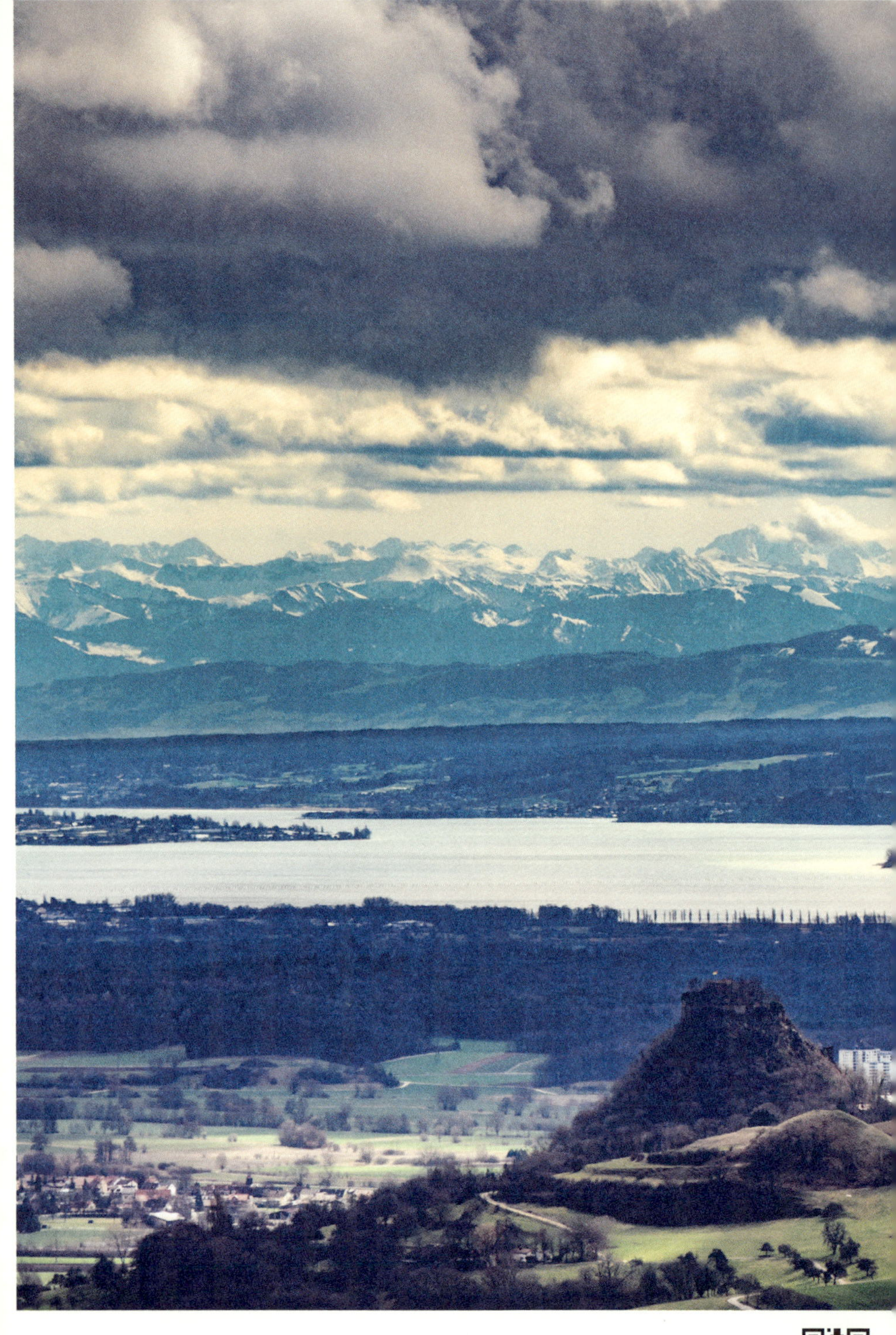

Auf dem Hohenhewen sind Bodensee und Alpen ganz nah

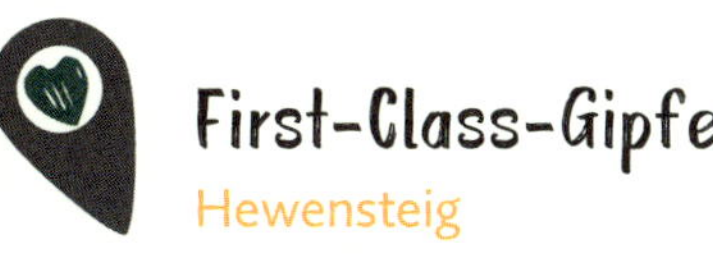

First-Class-Gipfel

Hewensteig

94

Hegauer Kegelspiele
Regio Konstanz-
Bodensee-Hegau e.V.

6,2 km; 2:15 h

350 Hm

mittel

72

Wanderparkplatz
Almenhütte bei
Engen-Anselfingen
47.844566, 8.758006

Bahn bis Welschingen/
Neuhausen,
knapp 2 km Fußweg

Kinder, Aussicht, Kultur/
Sehenswürdigkeiten,
Botanik, Geologie

Die mittelalterliche Altstadt von Engen gilt als eine der besterhaltenen in Süddeutschland

out.ac/ZjOWn

Unbeschreiblich schön ist die Aussicht vom Hohenhewen bei Engen. Vor dem Wanderer liegen viele der markanten Hegauvulkane, die dieser Landschaft am Bodensee ihren wunderbar urzeitlichen Charakter geben: Wannenberg, Hohenstoffeln, Hohenkrähen und natürlich der wuchtige Hohentwiel reihen sich auf. Dahinter träumt der Bodensee mit der Insel Reichenau in der Sonne. Und an klaren Tagen erhebt sich im Hintergrund mächtig und beinahe irreal die schneebedeckte Bergkette der Schweizer Alpen. Das Herz schlägt höher bei diesem Anblick, garantiert.

Der 845 Meter hohe Hohenhewen ist ein Juwel unter den Hegauvulkanen, die vor 15 Millionen Jahren entstanden sind. Vermutlich haben schon die Kelten ihn zu einem Kultplatz erkoren. Und seit dem Hochmittelalter stand dort oben eine Burg, von der bedeutende Reste erhalten sind. Über eine eiserne Wendeltreppe lässt sich die Turmruine besteigen.

Ein steiler Anstieg über 300 Meter ist aber Voraussetzung, um diesen herrlichen Ort zu erleben. Der Berg und seine Hänge stehen unter Naturschutz, weil der Hohenhewen, wie es in der offiziellen Bewertung heißt, »von besonderer Vielfalt, Eigenart und Schönheit« sei. Dem kann man nur zustimmen.

Grillstellen befinden sich an der Almenhütte zu Beginn der Route und auf dem Hohenhewen. Wegen der Kürze der Tour, der Burgruine und der besonderen Aussicht ist die Wanderung für Kinder geeignet.

Die *Stadtkrone* in der Altstadt von Engen wird vor allem für ihre Steaks gelobt.

Restaurant Stadtkrone
Klostergasse 1
78234 Engen
www.stadtkrone-restaurant-engen.de

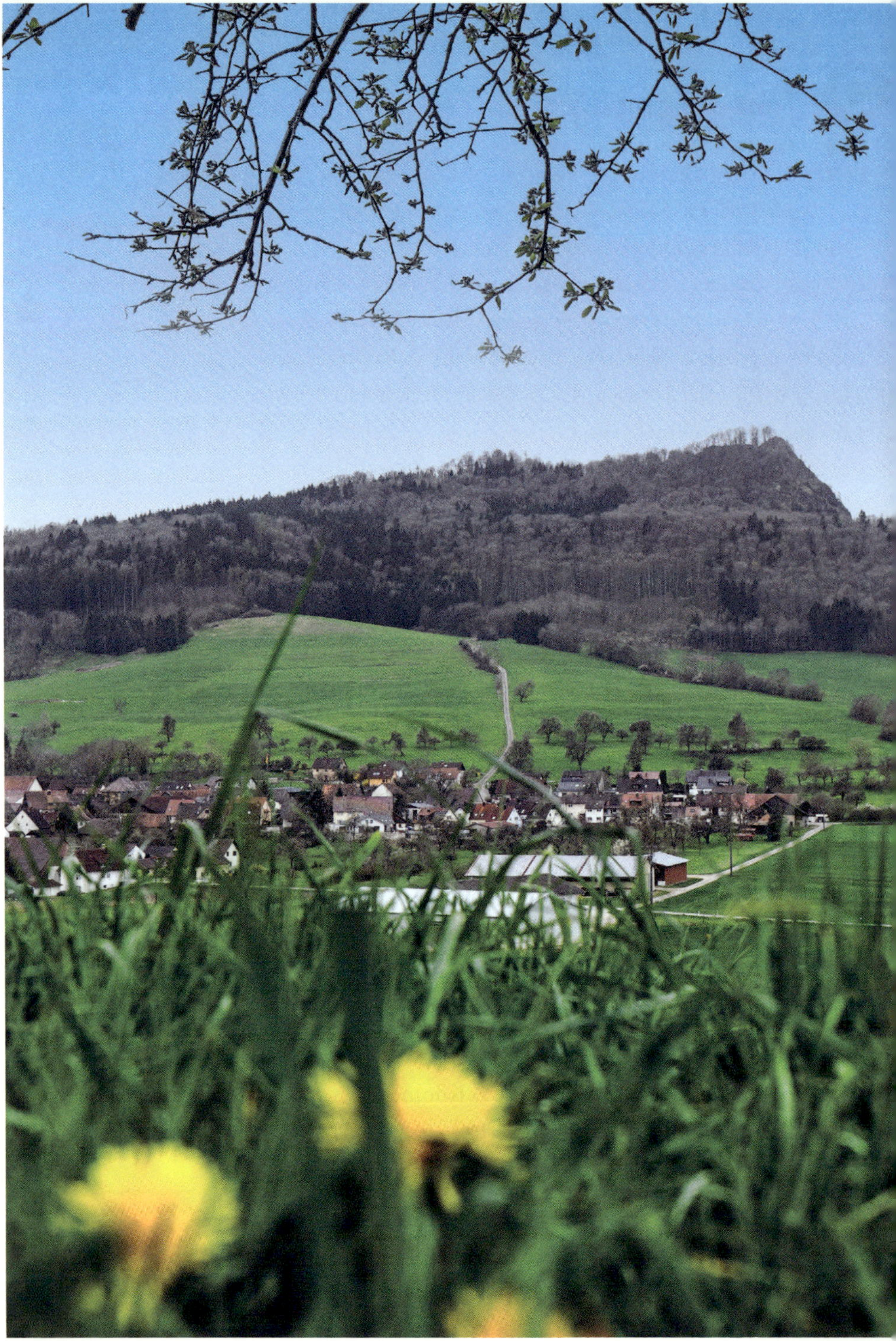

Auch am Hohenstoffeln kommt man auf der Vulkan-Tour vorbei

Fünf auf einen Streich

Hegauer Vulkan-Tour

95

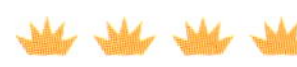

Hegauer Kegelspiele
Regio Konstanz-Bodensee-Hegau e.V.

29,1 km; 8:40 h

877 Hm

schwer

57

Startpunkt:
Bahnhof Engen
47.856087, 8.773093
Endpunkt:
Landesgartenschaugelände Singen
47.760919, 8.829125

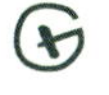

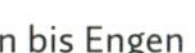

Bahn bis Engen

Aussicht, Sonne, Kultur/Sehenswürdigkeiten, Geologie

Die Burgruine Hohentwiel gehörte zu den sieben Landesfestungen Württembergs. Auch wenn am Ende die Füße brennen: unbedingt anschauen!

out.ac/CZsmX

Das Höchste im Hegau – das bietet diese Herausforderung. Gleich fünf der bekannten Vulkane werden bei der *Hegauer Vulkan-Tour* besucht. Zu Beginn deckt sich der Verlauf mit dem des *Hewensteigs* – die dort gerühmte Aussicht wird dem Wanderer also auch bei dieser Route zuteil. Doch dann folgen neben der Anhöhe Hohenhewen der doppelgipflige Hohenstoffeln, der kantige Mägdeberg, der Hohenkrähen und zuletzt der wuchtige Bergstock des Hohentwiels – einfach nur zum Zungenschnalzen.

Sportliche Wanderer dürfte es reizen, diese fast 30 Kilometer lange Tour an einem Tag zu absolvieren. Doch Achtung: Der Aufstieg zur Bergspitze ist nur beim Hohenhewen inklusive – will man fünfmaliges Gipfelglück erleben, summiert sich die Strecke auf 35 Kilometer und 1.200 Höhenmeter – damit wäre diese Wanderung mit Abstand die schwerste in diesem Band. Eine Aufteilung in eine Zweitagestour ist möglich, allerdings sind die Übernachtungsangebote etwa in Weiterdingen oder Mühlhausen rar gesät. Dennoch: Die Wanderung ist zwar extrem anstrengend, aber auch extrem schön. Auf jedem Gipfel steht eine mehr oder minder gut erhaltene Burgruine, und immer eröffnet sich ein fantastisches See-und-Berge-Panorama. Die Abschnitte dazwischen sind erstaunlich einsam und still – vom Rummel am Bodensee ist man gefühlt nicht 30, sondern 300 Kilometer entfernt.

Da ohne Abstecher keine Ortschaft passiert wird, ist die Versorgung mit Flüssigkeit und Kohlenhydraten vorher gut zu planen.

Das Hegauhaus bei Singen bietet neben schöner Lage auch eine exquisite Küche und liegt nicht mehr allzu weit vom Ziel entfernt.

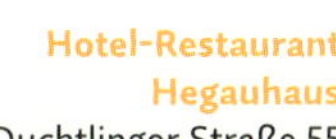

Hotel-Restaurant Hegauhaus
Duchtlinger Straße 55
78224 Singen
www.hotel-hegauhaus.de

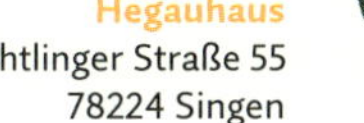

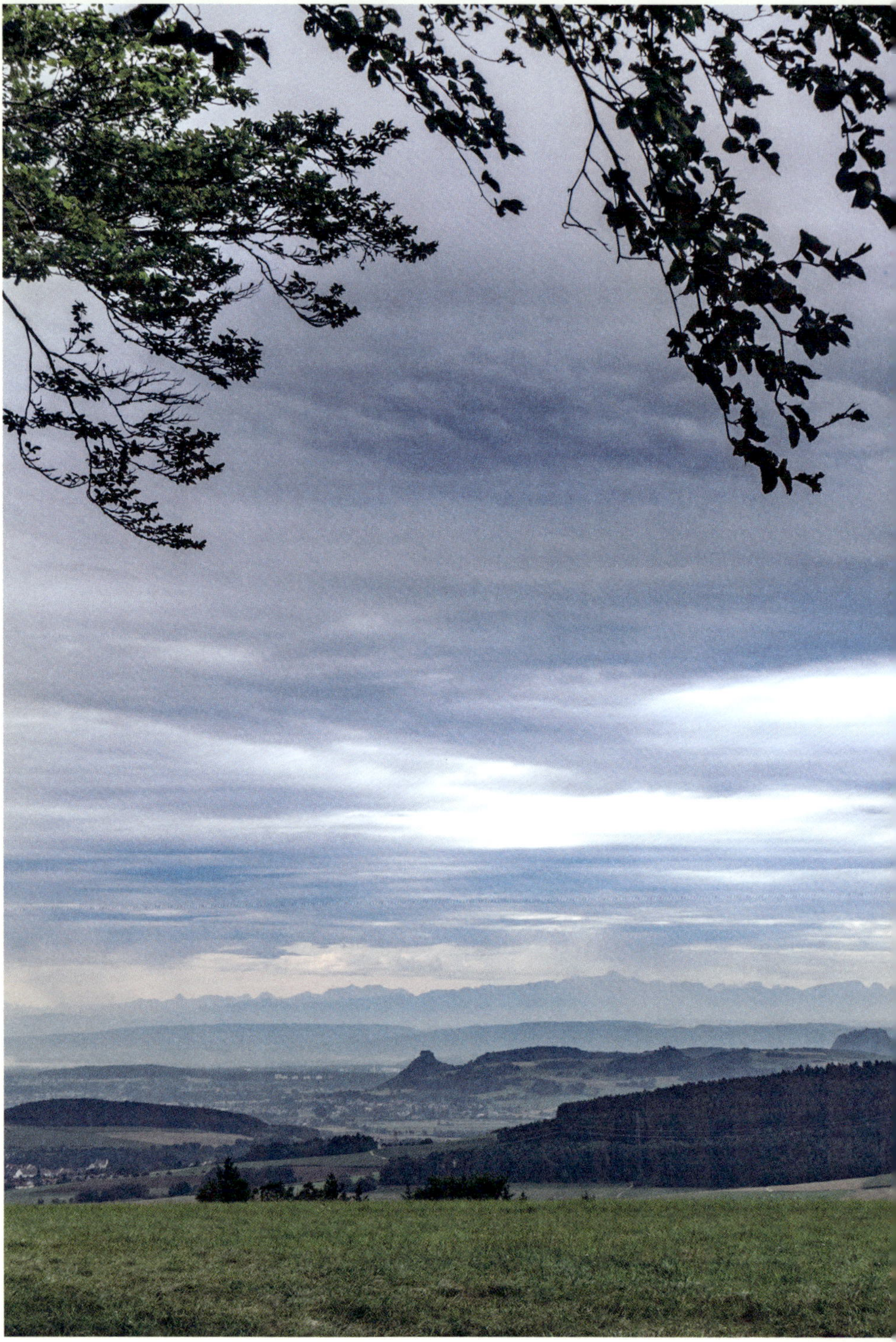

Vom Hegaublick liegt einem eine gesegnete Landschaft zu Füßen

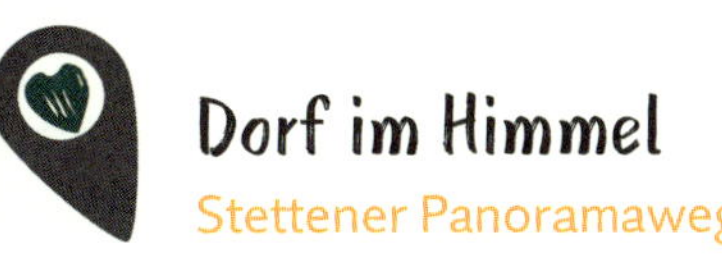

Dorf im Himmel

Stettener Panoramaweg

96

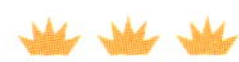

Es ist eher eine beschauliche Tour, die den Wanderer beim *Stettener Panoramaweg* erwartet. Ja, es eröffnen sich mehrfach herausragende Ausblicke auf die Hegauvulkane, vor allem auf den nahen Hohenhewen sowie hinaus zum Bodensee und zu den Alpen. Das ist natürlich spitze. Ansonsten aber weist diese Wanderung keinen allzu hohen Erlebniswert auf.

Man besteigt zunächst ohne größeren Höhenunterschied den Neuhewen, den mit 867 Metern höchsten Hegauvulkan. Auch ihn ziert eine Burgruine, die die Bevölkerung »Stettener Schlössle« nennt. Das Bauwerk ist jedoch reichlich zugewachsen und verwildert und kann nicht betreten werden. Der Abstieg führt an einigen imposanten Basaltblöcken vorbei, die von der Gewalt früherer Vulkanausbrüche zeugen. Am Waldrand bietet sich eine Grillstelle mit Spielplatz zu einer frühen Rast an.

Der Weiler Stetten schmiegt sich, versteckt zwischen zwei Bergrücken, malerisch an einen steilen Hang. Wegen seiner Lage heißt er im Volksmund »Dorf im Himmel«. Man umrundet Stetten im weiteren Verlauf, ohne es zu durchqueren, und kehrt über Wiesenwege zum Ausgangspunkt zurück. Dort befinden sich übrigens gleich zwei Gasthäuser. Als Appetizer vor dem Mittagessen oder als längerer Verdauungsspaziergang danach ist diese Tour deshalb durchaus zu empfehlen.

Hegauer Kegelspiele
Regio Konstanz-Bodensee-Hegau e.V. 

7,6 km; 2:30 h 

188 Hm 

leicht 

59

Parkplatz am Restaurant Hegaustern bei Engen
47.881708, 8.726170 

Bahn bis Engen, Buslinie 2 bis Stetten, Haltestelle Hegaublick 

Aussicht, Sonne, Geologie 

Ein Besuch auf der Festung Hohentwiel könnte den Ausflug abrunden 

out.ac/3ARY4 

Der Restaurantname Hegaublick hält, was er verspricht: Die Aussicht von der Terrasse ist atemberaubend.

Restaurant Hegaublick
Hegaublick 6
78234 Engen
www.hegaublick.de 

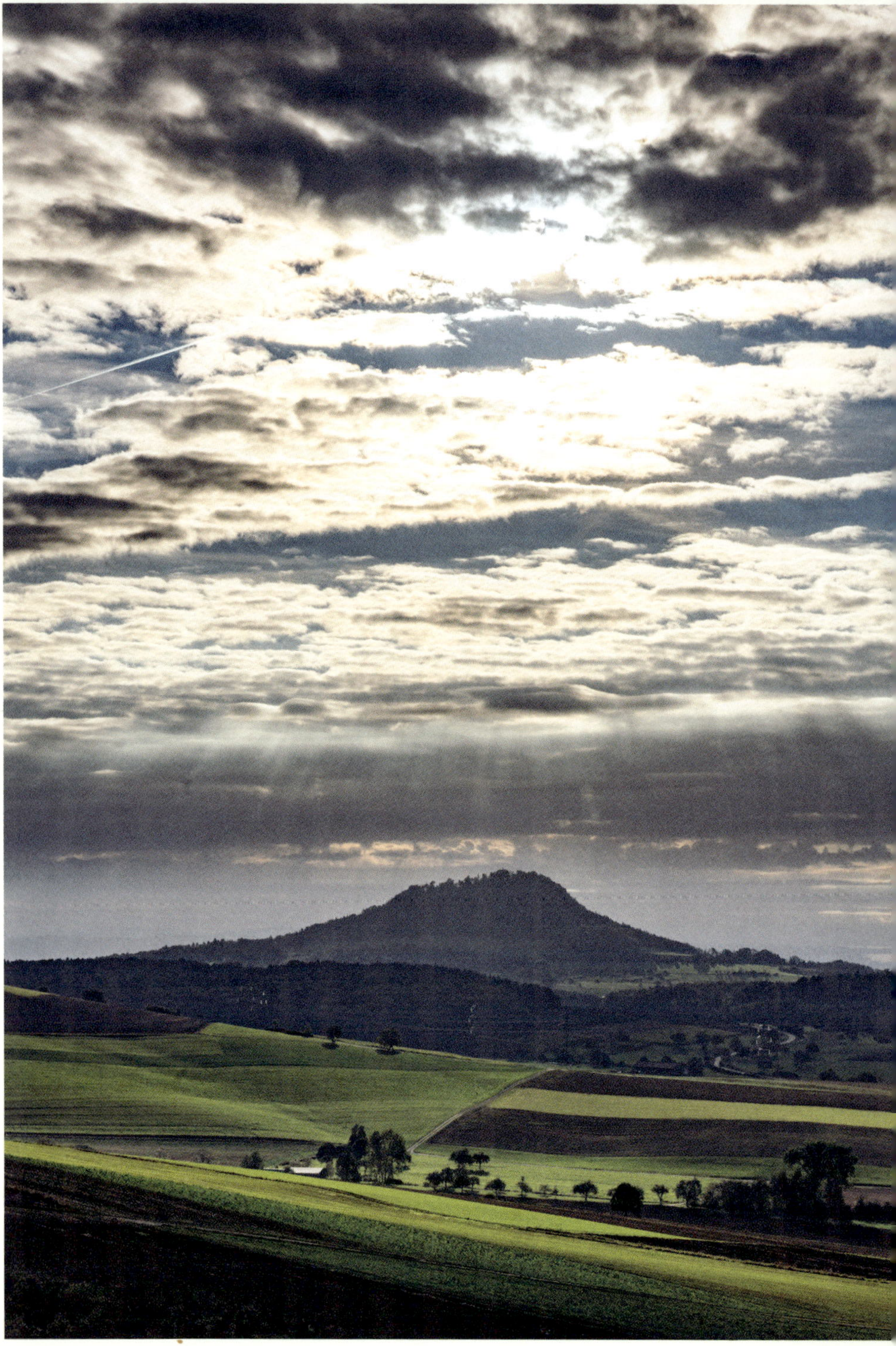

Der Hohenhewen bleibt bei dieser Wanderung fast immer im Blick

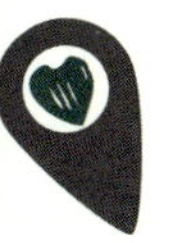

Grandioses Panorama

Alter Postweg

97

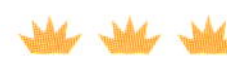

Im 17. Jahrhundert hätte ich im Hegau gerne Briefe ausgetragen: Der Alte Postweg, der zwischen Watterdingen und Leipferdingen auf einem Höhenrücken verläuft, gleicht einem fantastischen Aussichtsbalkon, von dem sich gleich mehrere Vulkanberge, der Bodensee und bei klarem Wetter die Alpen bewundern lassen. Der nahe Hohenhewen beansprucht die meiste Aufmerksamkeit, doch auch der Hohenstoffeln, der Hohenkrähen und der Hohentwiel ziehen die Blicke auf sich. Dieses Panorama ist schlichtweg grandios. Bis um das Jahr 1700 war die Poststrecke von überregionaler Bedeutung – heute gehört sie allein dem Wandervolk.

Insofern war es nur folgerichtig, diesen Premiumweg einzurichten, zumal man auf rund der Hälfte der Tour mit der prächtigen Aussicht beglückt wird. Allerdings, muss man sagen, führt die andere Hälfte dafür ohne weitere Höhepunkte durch Wald und über Felder. Nennenswert ist noch das Napoleonseck, an dem der kleine Korse und große Kaiser im Jahr 1800 auf die Österreicher traf und diese in einer Schlacht schlug. Deshalb ist bis heute der Name der Stadt Engen auf dem *Arc de Triomphe* in Paris eingraviert. Von dem historischen Ereignis ist am Napoleonseck aber nichts mehr zu sehen.

Direkt am Parkplatz befindet sich ein schoner Grillplatz mit Hütte. Der Alte Postweg kann mit der *Wannenbergtour* zu einer rund 19 Kilometer langen Wanderung kombiniert werden.

Hegauer Kegelspiele
Regio Konstanz-Bodensee-Hegau e.V. 

9,2 km, 2:30 h 

133 Hm 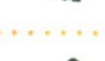

mittel 

59

Parkplatz *Alter Postweg Hütte* bei Tengen-Watterdingen
47.848657, 8.681919 

Bahn bis Engen, Buslinie 301 bis Watterdingen, Haltestelle Rathaus, 2 km Fußweg 

Aussicht, Sonne 

Das Städtchen Tengen und die Mühlbachschlucht unterhalb der Stadtmauern mit ihrem Wasserfall lohnen einen Besuch 

out.ac/3nOtE 

Die *Bibermühle* mit Mühlrad und Wasserfall bietet hochwertige und höherpreisige Küche, aber ebenso Wurstsalat und Flammkuchen.

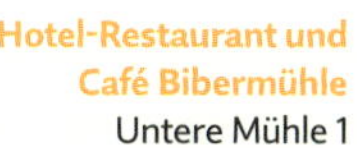

Hotel-Restaurant und Café Bibermühle 

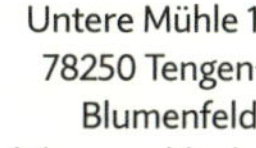

Untere Mühle 1
78250 Tengen-Blumenfeld
www.bibermuehle.de

Aus Gründen der Lesbarkeit und Sprachästhetik wird in diesem Buch das generische Maskulinum verwendet. Mit der grammatischen Form sind ausdrücklich weibliche sowie alle anderen Geschlechtsidentitäten berücksichtigt, insofern dies durch den Kontext geboten ist.

Um die QR-Codes im Buch zu nutzen, öffnen Sie die Kamera Ihres Endgeräts und richten den Rahmen auf den Code. Daraufhin erscheint eine Benachrichtigung. Bei Android-Geräten erfolgt ein direkter Zugriff auf die entsprechende Website. Nutzer eines Apple-Geräts werden vom iOS-Betriebssystem ggf. auf eine Suchmaschine umgeleitet. In diesem Fall muss die angezeigt URL bzw. der Kurzlink im Buch ins Browser-Feld übertragen werden.
Sollte die Kamera Ihres Geräts den Code nicht erkennen, müssen Sie ggf. zuerst das Scannen in den Einstellungen aktivieren. Wenn diese Option nicht verfügbar ist, können Sie einen QR-Code-Reader von Drittanbietern in Ihrem App-Store kostenfrei herunterladen.

Alle Informationen wurden geprüft. Gleichwohl verändern sich Gegebenheiten, daher erfolgen alle Angaben ohne Gewähr. Sollte bei einem QR-Code ein Fehler angezeigt werden, sind wir für eine Nachricht dankbar. Auch über Ihr Feedback zum Buch freuen sich Autor und Verlag: lieblingsplaetze@gmeiner-verlag.de.

Alle Bilder in diesem Band stammen von Thomas Faltin.

Besuchen Sie uns im Internet:
www.gmeiner-verlag.de

1. aktualisierte Neuausgabe 2024

Im Ehnried 5, 88605 Meßkirch
Telefon 07575/2095-0
info@gmeiner-verlag.de

QR-Code einscannen und kostenloses E-Book anfordern.

Lektorat/Redaktion: Ricarda Dück
Herstellung: Julia Franze
Bildbearbeitung/Umschlaggestaltung: Susanne Lutz
unter Verwendung der Illustrationen von © SylwiaNowik, SimpleLine, nasik – stock.adobe.com; © Susanne Lutz
Druck: Florjančič tisk d. o.o., Maribor
Printed in Slovenia
ISBN 978-3-8392-2968-2